本书的翻译得到国家自然科学基金（71471170、71874179）和
中国科学院青年创新促进会（2015131）资助

创新研究

演化与未来挑战

［挪威］詹·法格博格（Jan Fagerberg）
［英国］本·马丁（Ben R.Martin）◎编
［丹麦］艾斯本·安德森（Esben S.Andersen）

陈凯华　穆荣平◎译

科学出版社
北京

图字：01-2017-3340 号

图书在版编目(CIP)数据

创新研究：演化与未来挑战 /（挪）詹·法格博格（Jan Fagerberg），（英）本·马丁（Ben R. Martin），（丹）艾斯本·安德森（Esben S. Andersen）编；陈凯华，穆荣平译 .—北京：科学出版社，2018.10

ISBN 978-7-03-056807-6

Ⅰ.①创… Ⅱ.①詹… ②本… ③艾… ④陈… ⑤穆… Ⅲ.①技术革新-研究 Ⅳ.① F062.4

中国版本图书馆 CIP 数据核字（2018）第 048331 号

责任编辑：邹 聪 刘巧巧 / 责任校对：邹慧卿
责任印制：张欣秀 / 封面设计：有道文化
编辑部电话：010-64035853
Email：houjunlin@mail. sciencep.com

科学出版社出版
北京东黄城根北街 16 号
邮政编码：100717
http://www.sciencep.com
涿州市京南印刷厂 印刷

科学出版社发行 各地新华书店经销
*
2018 年 10 月第 一 版 开本：720×1000 B5
2019 年 1 月第二次印刷 印张：14 1/4
字数：212 000
定价：78.00元
（如有印装质量问题，我社负责调换）

作者简介

艾斯本·安德森（Esben S. Andersen），奥尔堡大学演化经济学教授

乔瓦尼·多西（Giovanni Dosi），比萨圣安娜高等学校经济学教授

詹·法格博格（Jan Fagerberg），奥尔堡大学和奥斯陆大学教授，隆德大学访问学者

爱德华·洛伦茨（Edward Lorenz），尼斯–索菲亚·昂蒂波利斯大学经济学教授

本特–奥克·伦德瓦尔（Bengt-Åke Lundvall），奥尔堡大学名誉教授，全球创新学术网络（Globelics）秘书长

本·马丁（Ben R. Martin），萨塞克斯大学科技政策研究中心（SPRU）教授

玛丽安娜·马祖卡托（Mariana Mazzucato），萨塞克斯大学科技政策方向菲利普斯（R M Phillips）教授

理查德·纳尔逊（Richard R. Nelson），哥伦比亚大学名誉教授，地球研究所科学、技术与全球发展计划主任

卡洛塔·佩雷斯（Carlota Perez），塔林理工大学技术与发展教授，伦敦经济学院访问学者

卢克·苏特（Luc Soete），马斯特里赫特大学校长

爱德华·斯坦缪勒（W. Edward Steinmueller），萨塞克斯大学信息与通信技术政策教授

译者简介

陈凯华

北京航空航天大学博士，中国科学院博士后，牛津大学访问学者，中国科学学与科技政策研究会理事、副秘书长。现任职于中国科学院科技战略咨询研究院、中国科学院大学公共政策与管理学院，近年主要从事创新发展政策、科技管理与政策、创新监测与评价、技术预见及科技战略与规划等方向的研究。曾获高等学校科学研究优秀成果奖自然科学类二等奖、全国百篇优秀博士学位论文提名奖、中国科学院卢嘉锡青年人才奖等。多篇学术论文发表在 *Research Policy*，*Technovation*，*Regional Studies* 等国际重要期刊。

穆荣平

德国柏林工业大学哲学博士。现任中国科学院创新发展研究中心主任、中国科学院大学公共政策与管理学院院长、中国科学学与科技政策研究会理事长、中国高技术产业发展促进会理事长、“十三五”国家发展规划专家委员会委员、《科研管理》与 *Innovation and Development Policy* 主编，主要从事科技战略与政策、科技管理与评估、技术预见和产业国际竞争力等方向的研究。

中文版序

创新变得越来越重要。无论是在西方工业化国家，还是在像中国这样快速发展的发展中国家，企业都意识到未来的成功甚至生存取决于它们的创新能力，不仅要开发新产品、流程和服务，还要发展新型业务模式和运营方式。政治家和政府相关人员都非常清楚，创新对实现经济发展的传统目标，保障福利和就业，应对新面临的“重大挑战”，如气候变化、环境可持续发展、社会老龄化和日益加剧的不平等现象等，都至关重要。这不仅适用于先进的工业化国家，如美国、日本、德国等，也适用于像中国和印度这样的发展中国家。

因此，研究创新并发展创新过程及相关活动（如创业、技术管理和科学政策）的系统性和可靠性知识至关重要，特别是，如何才能做到最好的创新管理（如企业内部），如何发展有效的政策以鼓励和提高经济与社会的创新能力。获得这些知识是创新研究领域的目标，也是本书的主题。

创新研究领域的先行者是奥地利–美国学者约瑟夫·熊彼特（Joseph Schumpeter），他留下的研究成果至今仍然被认可。然而，在其一生中只有少数的跟随者。1950 年，熊彼特去世之后，创新在学术界才开始受到关注，并且定期进行相关讨论。创新研究界的学者数量也从 20 世纪 50 年代末的少数几人发展到如今的上千人。现在，许多的商学院、经济学院和众多的专业研究中心都可以找到创新研究的身影。这个领域培养了许多博士生，它还拥有自己信誉卓著的期刊和会议，并且其许多领先的从业者在相近的社会科学研究领域也非常优秀，如管理学、经济学和组织学习。

本书着重探讨创新学者数年来所取得的成就，更重要的是，创新过程的哪些方面需要进一步了解。本书由领域内的权威学者撰写，他们批判性地审视了创新研究的现状，并识别与分析了该领域目前所面临的挑战。我们要同时考虑以下问题：在学习型社会中如何取得成功？创新不仅是为了富人？所有的创新都是好的吗？创新研究领域的主要挑战是什么？

我们非常欢迎将本书翻译为中文。中国和其他地区的读者可能会对本书很感兴趣，其中包括亚洲地区尤其是中国不断增加的创新研究学者。此外，创新对其业务活动至关重要的公司的管理者也可能会发现很多他们感兴趣的内容。本书同时也适用于政治家和政府的其他决策者阅读，在未来几十年的创新道路上，需要确保他们的国家可以充分利用先进的创新理念所带来的潜在利益。我们希望本书中文版可以为这项重要的事业做出贡献。

本・马丁（Ben R. Martin）

詹・法格博格（Jan Fagerberg）

艾斯本・安德森（Esben S. Andersen）

2017 年 7 月 28 日

译者序

实践没有止境，理论创新也没有止境。世界每时每刻都在发生变化，中国也每时每刻都在发生变化，我们必须在理论上跟上时代，不断认识规律，不断推进理论创新、实践创新、制度创新、文化创新以及其他各方面创新。

——2017 年 10 月习近平总书记在中国共产党第十九次全国代表大会上的报告

当今世界，创新已成为知识经济时代的“宠儿”，许多国家纷纷制定和出台国家创新发展战略以提升国际竞争力。对我国来说，由于同时面临经济增长、产业转型及生态环境压力，历史上没有哪个时期的政府、企业及学者像今天这样对创新如此重视。党的十八大报告明确指出，要实施创新驱动发展战略，必须把科技创新摆在国家发展全局的核心位置。这一前瞻性战略的提出表明，我国迫切需要通过创新提升国际竞争力，加速实现要素与资本驱动向创新驱动转型。这是我国在面临环境改善与可持续发展需求双重压力下的有效选择，也是我国经济发展新常态背景下提升经济质量的必然选择。党的十九大报告进一步提出，加快建设创新型国家。创新是引领发展的第一动力，是建设现代化经济体系的战略支撑。这些重要战略与实践需求迫切需要对创新理论与实践的进展进行全面了解。

熊彼特在一个世纪之前便提出，“创新”是“建立一种新的生产函数”，也就是把一种从来没有过的关于生产要素和生产条件的“新组合”引入生产体系，使人们对经济发展的动力有了全新的认识。尽管已有研究表明熊彼特开创了创新研究的先河，但对创新活动展开有目的的研究始于 20 世纪 50 年代，这要得益于美国兰德公司和经济合作与发展组织（OECD）对创新相关研究的资助。虽然创新理论的提出已有一个世纪的历史，但许多国家在历史上从来未像当今一样将创新作为经济发展的核心动力，而现在，创新研究迎来了发展的春天。现在看来，熊彼特的创新理论仍然适用，符合目前公众的关注视角从科技政策（管理）向创新政策（管理）及从科技创新向非科技创新的扩展。

译者2015年完成的一篇论文[①]选择20世纪50年代初作为起点，延续Fagerberg和Verspagen[②]的研究思路，分析了社会科学引文索引（SSCI）数据库中标题含“innovation”的文章占比情况（如图0.1所示，数据更新至2017年），并尝试划分了五个发展阶段。可见，从1951年开始该领域相关文献稳步增加，但创新研究仍处于零星的探索期；60年代初研究成果量逐步提升，每年发表论文数稳定超过两位数；随后每年发表的研究成果稳步增加，一直持续到2005年左右。值得注意的是，随后十余年的新发展期，该领域的论文发表数量呈现出爆发式增长，在SSCI领域的占比也表现出类似的特征，这表明社会科学领域创新要素特征愈加明显。这一趋势背后的原因可能较为复杂[③]，但可以反映出世界各国近年对创新研究领域日益重视。新发展期的一个代表性成果就是由当今科技与创新研究领域权威学者完成的著作《创新研究：演化与未来挑战》（本书英文版）。该书是译者在完成2015年论文写作时首次接触。当时受复旦大学《研究与发展管理》编辑部特别约稿，撰写一篇科技与创新领域综述类的文章，为此查阅了许多国际经典著作，其中就包括该书。该书内容的前瞻性和综合性深深地吸引了译者，同时感觉国内缺少创新理论方面的著作[④]，翻译该书也是一个深度学习的过程，因此就萌发了翻译该书的动机。随后与时任中国科学院创新发展研究中心主任的穆荣平研究员交流此事，穆荣平研究员欣然答应合作翻译，并大力支持和深度参与了该书的翻译。

---

① 陈凯华，寇明婷．科技与创新研究：回顾、现状与展望 [J]. 研究与发展管理，2015, 27(4):1-15.

② Fagerberg J, Verspagen B. Innovation studies—The emerging structure of a new scientific field [J]. Research Policy, 2009, (38): 218-233.

③ 中国数据份额较少，删除中国的数据仍呈现相同趋势。

④ 现任中国科学技术发展战略研究院副院长的武夷山研究员2017年3月8日在科学网博客肯定了该书从理论角度对指导中国创新发展的重要性。

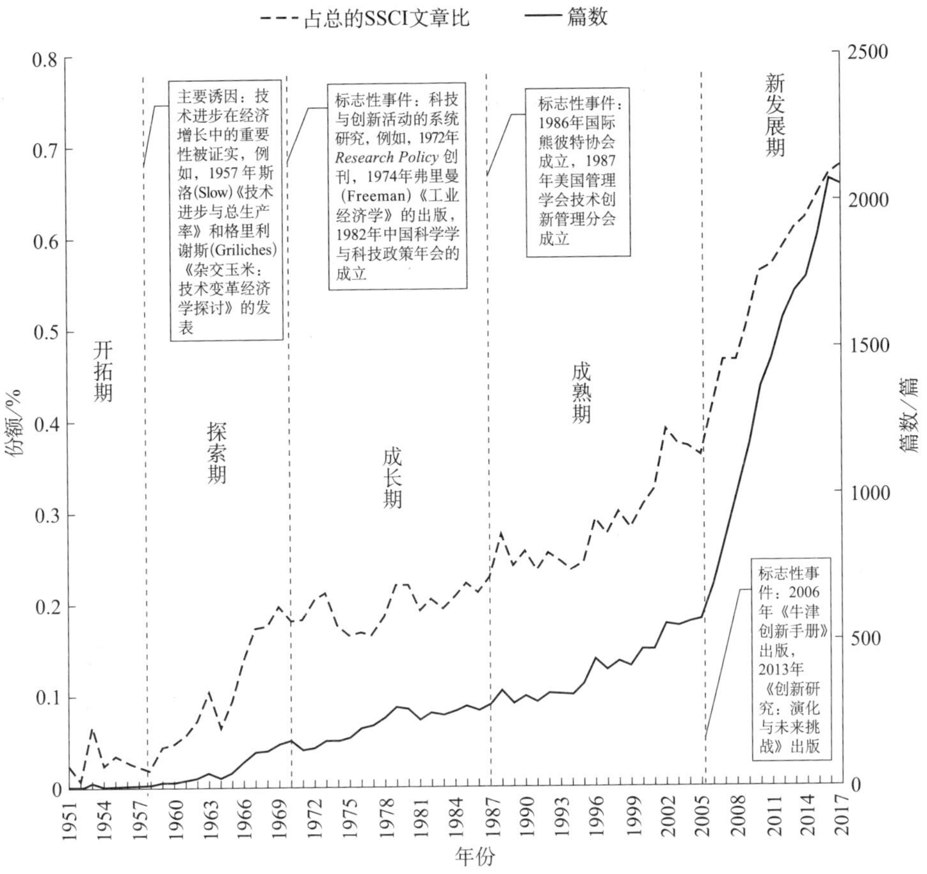

图 0.1 SSCI 数据库中标题含有“innovation”的文献篇数与份额（1951—2017 年）

资料来源：在陈凯华和寇明婷（2015）[①] 基础上进行了数据补充

创新将在我国发挥越来越重要的作用，处于我国五大发展理念的首位，但目前国内仍然缺乏对关于“如何对创新进行研究，创新研究的理论基础是什么，创新研究未来存在哪些挑战”等重要议题的系统讨论和研究。本书弥补了这一空白，可作为学术研究与政策实践的基础阅读材料，不但有助于学者选择未来研究议题，展开有价值的研究；而且有助于政府政策制定者准确地理解创新和未来挑战，提高战略制定与决策的科学性。

本书是法格博格领衔编著《牛津创新手册》后的另一部杰作，是经过精心组织的，每一位作者都是目前国际上创新研究领域的权威学者。他

① 陈凯华，寇明婷．科技与创新研究：回顾、现状与展望 [J]. 研究与发展管理，2015, 27(4):1-15.

们从不同的视角诠释了创新研究的发展，并提出了未来的挑战方向。本书的作者包括国家创新系统理论的提出者纳尔逊和伦德瓦尔，技术预见（technology foresight）的早期倡导者和实践者马丁，技术-经济范式（tech-economic paradigm）的提出者佩雷斯，以及被美国《新共和》(*The New Republic*）杂志评为创新领域最重要的三位思想家之一的马祖卡托。每一章都是权威学者思想的结晶，是从事科技创新管理与政策领域研究和学习的重要材料。

如果想了解创新研究的发展历程、重点研究问题、研究热点和未来发展走向，阅读本书将是理想选择。本书展现了创新研究的概念、发现、贡献和发展，包括该领域杰出学者的原创性贡献，主要包括以下几个方面：①阐述了创新从熊彼特提出后至今的发展历程，展望了创新研究未来发展的诸多挑战与方向；②让读者明白创新研究是个动态的、跨学科的研究领域，并对创新研究是否应有“固化”的学科特点和体系提供了不同的观点；③让读者熟悉创新研究与实践的主要推动者或因素，包括主要机构、项目、学者等；④让读者清楚经济学在创新驱动发展中面临的挑战，创新不一定都是好的，有可能是在损伤大多数人的利益基础上让少数人获利；⑤让读者懂得创新是一种普遍现象，在低技术部门和贫困地区存在，在非技术领域也存在；⑥让读者了解创新研究与科技研究、创新研究与创业研究、创新政策与发展政策等常见概念之间的关联与区别；⑦让读者系统掌握推动创新研究的国际主要研究项目，以及这些研究项目布局在推动创新研究中的重要作用；⑧是读者全面、系统掌握创新研究的相关理论及不同理论之间关系的重要文献资料；⑨为如何有效地（如良好的学术团队和跨学科的参与）促进创新研究提供了思路；⑩系统整理归纳了科学政策与创新研究在过去 50 年的 20 项进展及创新研究的 15 项挑战。

本书的翻译工作主要由中国科学院科技战略咨询研究院、中国科学院大学创新发展研究中心和中国科学院大学公共政策与管理学院人员完成，各章节分工如下：第 1 章，张婧婧、穆荣平、张久春、赵彦飞；第 2 章，孙茜、刘亚亚、冯泽、陈凯华；第 3 章，冯泽、阮馨逸、孙茜、陈凯华；第 4 章，文皓、马曼莉、穆荣平；第 5 章，文皓、马曼莉、穆荣平；第 6 章，张婧婧、冯泽、杨可佳（SPRU）、穆荣平；第 7 章，文皓、阮馨逸、陈凯华；第 8 章，李雨晨、张婧婧、陈凯华；第 9 章，李雨晨、冯泽、陈凯华；第 10 章，张玉、吴安琪（中国石油经济技术研究院）、陈凯华；第 11 章，张婧婧、冯泽、穆荣平。最后由陈凯华和穆荣平统稿。本书的顺利完成要感谢中国科学院科技战略咨询研究院顾淑林研究员的热情指导与中国科学技术发展战略研究院武夷山研究员的宝贵建议。

此外，还要特意感谢本书作者之一马丁教授。马丁教授是国际科学、技术与创新政策界的著名权威学者，曾任 SPRU 主任，现任 *Research Policy* 期刊的共同主编。为了本书更好地与中文读者见面，我们特意邀请马丁教授及其他两位作者为本书中文版作序，在此表示衷心感谢。本书涉及多方面的理论知识和实践背景，由于水平和时间的限制，译文中难免有不当之处，请读者批评指正。

译　者

2018 年 3 月 28 日

于中国科学院学术会堂

目　录

第二部分 未来创新研究面临的挑战

第 1 章　创新研究：迈向新的议程

詹·法格博格（Jan Fagerberg）
本·马丁（Ben R. Martin）
艾斯本·安德森（Esben S. Andersen）

1.1　引言

创新已经逐渐成为一种极其重要的社会和经济现象，值得认真、深入地研究。企业认为创新可能决定企业的未来，因此非常关注自身的创新能力，尤其是与竞争对手有关的创新能力。政府相信创新对保障国家发展、国民福利与就业有重要作用，所以也非常关注创新。不过，从创新可能带来的预期成效来认识创新的必要性是远远不够的，还需要掌握如何更好地促进创新及如何充分揭示创新带来的影响的系统的、可靠的知识。获取这些知识正是创新研究的目的。

迄今，创新研究的发展已经超过半个世纪，这是总结已有成果与探讨未来发展的绝佳时机，也是本书的研究重点。本书由创新领域的多位主要贡献者共同完成，深入分析了创新研究的现状，识别了值得重点关注的主要议题。讨论的焦点是，社会如何从创新中获得最大的收益，以及为了达到这一目标需要做些什么。为了更好地了解社会如何才能从创新中获益，需要掌握企业创新过程及其如何与更广泛的社会、制度、政治等因素间的互动。这些议题是本书讨论的核心。可以说，本书虽然不具体讲述如何管理企业创新过程，但也足以让那些起初对创新管理感兴趣的读者认为本书中的讨论极具开拓性与挑战性。

2012年2月，以“创新研究的展望”为主题的研讨会在丹麦的奥尔堡大学（Aalborg University）召开，多位对创新研究领域发展具有引领性贡献的学者参加了此次研讨会，本书大部分内容是该研讨会的研究成果。在研讨会上，本特–奥克·伦德瓦尔（Bengt-Åke Lundvall）的发言让其他的参与者倍感挑战，他不但给出了创新研究领域研究现状的一个更广泛的评估分析，而且提出了许多亟须进一步研究的议题。本书中，其他发言人从自身领域专业知识的角度出发也发表了对这些研究议题更为深入的看法。此外，为了紧扣展望的主题，本书在专家建议下增加了最后三章，增加的内容包括对未来需要研究议题的简要展望，提出建议的专家之一是该领域内被引频次最高、活跃于该研究领域超过半个世纪的理查德·纳尔逊（Richard Nelson）。

1.2 理解创新：历史概览①

对创新及其效果了解的需要在今天看来显而易见，但是之前并非如此。一百年以前，创新理论家约瑟夫·熊彼特（Schumpeter，1912，1934）②竭力传播自己关于“创新”的观点，他认为创新是经济增长的根本源泉，值得研究，但是这个观点在当时甚至之后的几十年里并没有得到太多人的支持。直到第二次世界大战之后，关于创新的研究才逐渐兴起，这在很大程度上还得益于非学术界人士的倡议，他们意识到进一步理解创新及其影响的必要性。

尤其是在20世纪50年代，美国军队信息化建设的研究顾问——兰德公司（Rand Corporation）支持包括肯尼思·阿罗（Kenneth Arrow）、理查德·纳尔逊和西德尼·温特（Sidney Winter）在内的青年经济学家研究研发和创新经济学（Hounshell，2000）③。与此同时，受聘于英国工业联合

① 关于创新研究历史的更多内容详见Fagerberg等（2012）和Martin（2012）。

② 1934年版（第一个英文版本）是在1926年彻底修订的德文第二版的基础上编译的。

③ 这带来了许多现在被视为经典的关于研发经济学的研究，如Nelson（1959）和Arrow（1962）。

会的经济学家克里斯托夫·弗里曼（Christopher Freeman）收集了英国企业研发活动的相关信息。几年后，总部坐落于巴黎的经济合作与发展组织（OECD）聘请弗里曼作为顾问，他的主要工作是制定可在全球范围内收集研发活动相关数据的统一框架。这也使得所谓的《弗拉斯卡蒂手册》（*Frascati Manual*）应运而生，该手册至今仍是世界范围内收集研发数据的基础文献（OECD，1962）。①

高校学者也开始关注技术和创新研究，这主要源于外部需求和（或）任务导向的机构资助的驱使。例如，来源于经济和政治上具有重要地位的美国农业部门的财政资助使得社会学家和经济学家能够研究农业产业内的创新扩散问题（如 Ryan and Gross，1943；Griliches，1957；Rogers，1962）。在英国，社会学家（和具有更多专业背景的工业社会学家或者工业心理学家）在新兴领域的表现也非常出色。例如，Woodward（1958）所著的具有影响力的书籍《管理和技术》（*Management and Technology*）就是在由英国科学与工业研究部资助的一个项目成果的基础上形成的，这只是促进社会科学在工业中应用的一个缩影。② 同样地，Burns 和 Stalker（1961）出版的广为流传的书籍《创新管理》（*The Management of Innovation*）也是一个项目的科研成果，该项目服务于由工业企业、工会和当地政府资助的民间自组织协会。③

创新研究早期多数发生在学术界的边缘。④ 尽管利用已有的学科，特别是经济学和社会学，但起初将不同学科架构的精髓结合起来的尝试却非常少见。而且，来自不同学科"部落"（Becher，1989）的研究人员一旦相遇，思想碰撞或激烈争论往往在所难免（Martin，2012，p.1235）。⑤ 但是，随着致力于科学、研发和创新及相关政策问题的第一批学术机构的建立，这

① 弗里曼的更多研究介绍请见 Fagerberg 等（2011）。

② 详见 http://www.lib.uwo.ca/programs/generalbusiness/WOODWARD.html（2012 年 12 月 4 日获取）。

③ 这是用以刺激苏格兰的工程企业进入电力控制设备新兴领域努力的一部分（Burns and Stalker，2005，p.215）。

④ 比如，瑞安（Ryan）和格罗斯（Gross）曾在艾奥瓦州立大学工作，罗杰斯（Rogers）也在那里工作直到 1962 年去了密歇根州立大学。伍德沃德（Woodward）早期在东南埃塞克斯技术学院从事研究工作，直到 1958 年加入帝国理工学院。伯恩斯（Burns）曾是爱丁堡大学社会研究的讲师，而斯托克（Stalker）曾是一位心理学家，他后来很快离开学术界成了一位管理顾问。格里利切斯（Griliches）也许是个例外，他早期是在芝加哥大学做研究。

⑤ 例如，《农村社会学》（Griliches，1960，1962；Rogers and Havens，1962）里记录的格里利切斯与罗杰斯之间的争论。

一局面开始有所改变。基于研究的本质特征，这些机构发现有必要针对不同的研究内容聘请拥有不同学科背景的员工。促进创新研究发展的一个重要事件是 SPRU 的成立。该研究机构 1966 年由英国新成立的萨塞克斯大学（University of Sussex）组建[①]，SPRU 第一任主任由弗里曼[②]担任。SPRU 因既聘请社会科学家又聘请工程师和自然科学家而倍感自豪。此外，尽管 SPRU 的名字里只有科学，但是 SPRU 的研究并不限于狭义的科学，还涉及产业创新和创新扩散过程的研究。从建立之初，中心就重视研究工作和领域内的研究生培养。该中心逐渐发展为拥有众多访问者的创新研究领域的全球中心，而且它的成立成为其他类似机构诞生的灵感源泉。例如，20 世纪 70 年代成立的相关中心包括坐落于卡尔斯鲁厄（Karlsruhe）的弗劳恩霍夫系统创新研究所（ISI），曼彻斯特大学的工程、科学与技术政策研究所（PREST），以及麻省理工学院（MIT）的政策方案中心（CPA）。

在之后的几十年间，创新研究这个极具生命力与多样性的科学领域不断发展。创新研究本质上具有多学科的特点，尽管起初仅仅是简单地吸收、利用其他学科的知识、方法、观点、概念、理论或其他内容，然而，随着研究人员交流、融合和整合多种学科知识，创新研究变得更加具有交叉学科的特征（Klein，2010；Martin，2011）。

创新研究由最初在少数国家（主要集中于英国和美国）活动的“星星之火”已发展成引起全球关注的“燎原之势”。在世界范围内越来越多聚焦于创新研究的中心和部门成立。多个致力于创新研究的新期刊得到创办，专业协会也相继成立。[③]20 世纪八九十年代见证了创新研究理论和框架的诞生，如纳尔逊和温特提出的企业的学习与创新活动如何演化及如何嵌入熊彼特式（技术）竞争过程中（Nelson and Winter，1982）的理论，这激发了

---

① 实际上，第一个类似的专业机构在瑞典隆德大学成立，先于 SPRU 几个月成立。斯特万·德迪耶尔（Stevan Dedijer）建立了研究政策所（Research Policy Institute）（详见 http://www.lunduniversity.lu.se/o.o.i.s?id=24890&news_item=5132，2012 年 12 月 4 日获取）。

② 弗里曼也是 1971 年创办《研究政策》（*Research Policy*）期刊的先驱，现在该期刊已经成为创新研究的核心期刊（Fagerberg and Verspagen，2009）。其他成立较早的专业期刊还有《研发技术管理》（*Research-Technology Management*）、《研发管理》（*R&D Management*）和《技术创新》（*Technovation*）。

③ 最负盛名的机构包括成立于 1986 年的国际熊彼特协会，1987 年的美国管理学会科技、创新和管理分会（TIM），1988 年的国际技术管理协会（IAMOT），1995 年的工业动力学研究中心（DRUID）会议，1996 年的三螺旋会议，以及 2002 年的全球创新学术网络（Globelics）。

大量远超出创新研究范围的以实证分析为主的新研究。①

大约到 20 世纪 80 年代后期，随着对创新和扩散有了更系统性的理解（Freeman，1987；Lundvall，1992；Nelson，1993），该领域的研究发生了一次新的转折，更加强调了企业创新活动与企业所处环境（国家的、区域的、部门的）特征之间的互补性。这种方法很快就获得了政策制定者的关注，因为他们相信这种方法有助于思考如何发展科学、技术和创新政策。

商业和管理类学院日益关注创新研究，随着在这些机构从事教学和研究的人员数量的增多，创新文献的使用者和贡献者中商业和管理类学者的比例也大大提高。在世纪之交，核心文献的引用频次中大约有 1/3 来自商业和管理类期刊，这几乎是创新研究发展早期时的 2 倍。②

1.3　不断演化的议程

前面的讨论表明，创新研究在这一领域的发展历程中其议程经历了重要的变化。比如，熊彼特的早期理论（称为“熊彼特 I 型”）主要聚焦于单个企业家的创新及其经济效益。又如，伦德瓦尔指出（见第 2 章），这一方向在快速发展的创业研究中一直是一个主要的焦点，因此熊彼特理论在这里被认为是重要灵感来源之一。③ 但是 Schumpeter（1943）后来意识到应该更加注重大企业的创新过程探索（称为“熊彼特 II 型”）。在熊彼特看来，研究大企业创新过程的方法之一是基于相同的研究框架进行历史导向的大量案例研究（Schumpeter，1947）。因此，第二次世界大战后，构建令人信服的大型企业创新的理论成为创新领域的核心研究议题。对这个议题最有影响力的理论贡献是前文提及的来自 Nelson 和 Winter（1982）所提出的经济演化理论，该理论聚焦于知识、规则和选择过程在企业创新活动和成长中的作用。

谈及实证研究工作，大部分都遵循熊彼特的建议，即将理论形成过程

① 商业和管理学者中有一批人接受了 Nelson 和 Winter 的理论（Meyer，2001），将这个理论视为后续研究企业识别、吸收和创造知识并挖掘其商业价值的能力的灵感来源（Cohen and Levinthal，1990；Teece et al.，1997）。

② 更多内容详见 Fagerberg 等（2012）。

③ 创业研究和熊彼特影响的分析请见 Landström 等（2012）。

建立在历史维度的案例研究上，商业历史学家的工作在这个方面就很有影响力，如 Chandler（1962，1977）。[①] 早期的案例研究大多数聚焦于创新的成功案例，如 Langrish 等（1972）曾分析 84 位荣获“产业创新女王奖”的获得者。直到 20 世纪 70 年代早期，SAPPHO 项目对比分析了成功和不成功的创新，借以深入研究影响创新成功或失败的因素，这是创新研究的一个重大进步（Rothwell et al.，1974）。

20 世纪 80 年代以来，另一种分析不同规模企业创新活动的研究方法——调查研究法的重要性不断显现。随着创新研究领域的不断发展，源于企业创新调查的证据被研究者更广泛地获取和使用，如耶鲁大学的调查（Levin et al.，1987），以及后来欧洲和其他地方的共同体创新调查（CIS）。[②] 这些调查中的新证据引发了对不同规模、不同区域和不同国家等层面的企业创新的全面探讨。一个显著影响创新研究议程进展的发现是，用户在创新过程中自始至终扮演着重要作用（Lundvall，1985；von Hippel，1986；Porter，1990）。另一个与很多经济学家的理念相反的发现是，一些特定产业部门的企业并不特别看重知识产权（尤其是专利）对企业从创新中获利能力的提升作用。相反，他们看重的是能打败竞争对手能力的培养（Teece et al.，1997）。因此，能力（capabilities）成为创新研究议程中一个很重要的议题。[③] 研究也表明不同产业和区域在能力及其他方面存在重要差别，对这些差异性的探索也吸引了较多关注，推动了新研究框架的发展（如 Pavitt，1984；Malerba，2004）。

总的来说，在过去的几十年间，创新领域的研究重点已经从早期的主要以企业为中心，转变为从一个更广泛的视角关注企业运行环境，尤其是企业所深深嵌入的创新系统环境。这是由几个原因引起的。第一个原因如前文所提及的来自调查的证据，强调企业与用户互动及其他环境因素对企业创新及经济效益的重要性。第二个原因是企业创新战略因势而变，发展大型的内部研发部门作为唯一或者最有效的创新方式的时代已经不复存在，取而代之的是强调创新所需知识、技能和资源倾向于广泛分布的方法，该

---

① 企业内的创新综述见 Lazonick（2004）。

② 见 Smith（2004）。

③ 综述见 Teece（2010）。

方法同时强调识别、获取、吸收和使用这些方法的能力对创新的重要性（Cohen and Levinthal，1990；Chesbrough，2003）。还有一个原因是认识到创新知识、创新技能和创新资源可能不仅存在于其他企业，也可能存在于公共部门组织，如高校、科研机构及其他组织，并且企业和这些公共部门间的交流互动可能对创新十分重要。如前面提到的，这些观点推动了“系统性”方法的发展，这一方法将不同企业之间及私营和公共部门主体之间的交流互动置于分析的中心。① 安德鲁・范・德・文（Andrew van der Ven）在“社会创新系统”（social system of innovation）的分析中也总结了一个新的观点：尽管流行的说法中创新历程是一个集体性的成果，但它仍需要大量的公共部门和私营企业带头人在其中扮演重要角色（van der Ven et al.，1999，p.149）。

1.4　进展与挑战

根据上一节的分析可以发现，在过去的几十年间，创新研究的议题越来越宽泛，但扩展到足够的范围了吗？和其他知识领域一样，当下的创新研究试图反映历史轨迹而不是未来的挑战，这是危险的。我们现在研究的是最相关、最紧迫的问题吗？我们是用正确的方法去解决这些问题吗？我们生产的知识对于需要的人来说足够有用吗？本书提出了诸多类似的问题，旨在激发对创新领域未来发展的讨论。

在本书的第 2 章，伦德瓦尔引入了相关讨论，涉及对创新领域已获得成就的评估，以及识别创新领域面临的一些挑战（这些挑战会在之后的章节中详细阐述）。伦德瓦尔提到一个评价创新理论好与不好的标准是，这个理论不是永久不变的，而是能随着社会变化和我们对这些变化的理解而演变。他也借鉴自己多年的研究项目的经验来说明这一点。基于近期对创新领域发展调查的尝试上，伦德瓦尔继续思考关于创新的学术文献是否已经形成一个共同的理论内核，他的结论是目前还没有。虽然如此，他仍将文献主要分成了三类：第一类是关于演化簇的文献，该类文献紧跟熊彼特雄心勃勃的计划，尝试为理解经济变革提供一个新的基础；第二类是关于“技术

① 创新系统的文献综述见 Edquist（2004）。

经济”（techno-economic）理论的文献，它们聚焦于研究不同产业和部门从创新中收益的条件；第三类是关于创新的“社会经济”（socio-economic）理论的文献，通过学习利益相关者及其在创新过程中的互动来理解创新。他虽然承认这三类文献之间存在关联，但发现第三类文献强调互动学习，最有望成为创新领域进一步发展的平台。他也强调创新领域是开放的，要与相邻的学科领域有开放的沟通渠道，如创业研究、科学与技术研究（STS）、工作生活研究、知识管理和创造性研究。

1.4.1　学习型社会：需要什么才能成功？

在此基础上，伦德瓦尔继续识别了将来有价值成为创新研究领域中心的一些议题。他提出的主要议题之一一方面涉及创新和学习之间的关系，另一方面涉及工作组织和社会保障体系，洛伦茨将在第3章详细阐述。伦德瓦尔和洛伦茨都认为创新与学习息息相关，所以在他们看来，对学习发生的社会条件的更加深入的认识使人受益匪浅。他们认为，在这个以知识为基础的当代社会，需要将工作、生活和社会保障组织起来，以使创新和学习发挥最大的潜力，他们识别对此影响最大的因素。通过这样做，他们也进入了一个与当时欧洲甚至世界其他地方高度相关的政治领域。例如，伦德瓦尔指出了学习型经济的一个基本矛盾：一方面，它很大程度上依赖于平等社会中兴盛的社会资本和信任；另一方面，随着低技能工作受到威胁，它可能会加速不平等。

1.4.2　创新：不只是富人的特权？

创新经常会被认为是主要发生在先进环境的活动，比如，发生在高科技企业、一流高校、研发中心和先进的国家。从这个角度来看，穷人和他们所在的国家经常会被认为对创新不太感兴趣。尽管创新的效益最终可能也会惠及他们，但通常认为他们不直接参与创新的过程。但是，这样阐述这种现象是否真的合理？伦德瓦尔（见第2章）对这一问题持否定观点，这与佩雷斯在第4章中的观点是一致的。佩雷斯认为，由于近几十年技术范式的巨大转变和大企业行为的相应改变，穷人拥有的和针对穷人的创新条件发生了翻天覆地的变化。佩雷斯指出需要通过创新研究和演化经济学来深入理解这些改变，尤其要完全将历史融入跨学科研究中。她也强调进化思维如何在不变的真理和不断改变的真理之间达到恰当的平衡，尤其是在从制定政策建议的视角研究创新的时候。

1.4.3　挑战经济学

在创新研究成为一个研究领域之前，熊彼特曾经批评许多经济思维中的一个核心概念，即经济学就是在主动性竞争之间分配稀有资源。多西（第 5 章）提出经济学应该主要关注创新驱动的改变，这些改变是如何产生的，以及这些改变可能带来的后果。他概括了把经济学描绘成一个复杂的演变系统的主要构建模块，并概述了创新在这个系统中的作用。这个系统的关键是理解经济行为人如何学习和创造、开拓和分享知识。如同伦德瓦尔（第 2 章）所指出的，理解知识及其在经济中的作用确实是传统经济学明显失败的地方。为了纠正这个失败，多西认为经济学家需要大量借鉴认知心理学和社会心理学，还应借鉴创新研究和演变经济学。多西提出的另一个需要解决的焦点问题是选择过程的作用。新的倡议不可能在不被潜在用户接受的情况下就得到认同，也就是说，新的倡议需要经受选择过程的考验。然而，正如多西所说，研究表明选择过程比大多数经济学家尝试去假设都要复杂得多。理解这些过程需要一个宏大的跨学科的历史视角。多西提出的其他需要深入研究的议题包括金融动态分析及其与实体经济的关系、收入分布的决定因素和动态分析。

1.4.4　创新总是有利的吗？

这是伦德瓦尔提出的发人深省的问题，由苏特（Soete）在本书的第 6 章中尝试解答。多年以来，创新研究文献中一直有一个普遍的现象，即前提假设认为创新总是有利的。然而，苏特意识到，创新不一定对整个社会都是有益的。创新可能经常会是破坏式创造（destructive creation），苏特描述这种创新是在牺牲大多数人的利益基础上让少数人获利，而非所谓更可取的创造式破坏，即可能破坏一些现任者的利益，最终为了社会整体的利益。这种“破坏式”创新的著名案例可以在金融部门（马丁在第 8 章中也有提及）和制造业中找到。在金融部门发生的例子包括让参与者在短期内获得巨大收益，但无视之后将对社会造成更大的损失。

在制造业领域发生的例子包括有计划的弃置（为增加销量故意制造不耐用商品）创新，以及造成不可持续的消费增长和环境恶化的创新。这都给政策制定和学术工作带来了一个重要的问题，那就是如何设计机制——或选择环境——来防范这种社会破坏式创新的扩散，同时激发社会有益的创新，以使金字塔底端的很多人而不仅是在顶端的一小部分人受益。苏特提出要解决这些问题，最需要的不是减少政府干涉，而是一个能够胜任且独立的公共部门，这个公共部门有能力吸引高素质人才，这些人才也有意愿保护公共利益和充分利用创新带来的不间断挑战。

1.5 迈向新的议程？

前面的讨论已经指出了需要更加关注的诸多挑战，但我们怎么才能确保创新的研究共同体能够通过一种建设性的方式来应对这些挑战呢？这个问题仍然由伦德瓦尔提出，斯坦缪勒在本书的第 7 章进行了深入的探讨。斯坦缪勒认为，创新研究的领域可能正在逼近一个库恩式的（Kuhnian）节点，因为它具备了常规科学所拥有的部分特点和体系，换句话说，它已经是一个在理论概念和方式方法及亟待解决的重要研究问题上达成高度共识的领域。斯坦缪勒提出，从某种程度上来说，这是创新领域发展过程中一个必要且可取的一步；他再次强调开发合适的教学和团队建设工具的重要性，如入门教科书、培训计划、会议和数字化，在斯坦缪勒看来，这些工具目前还都没有得到充分发展。但是，按照斯坦缪勒的说法，创建常规科学的过程虽然有必要，但是也不应削弱我们应对目前人类所面临的严峻挑战的能力，而且在这个过程中科学、技术和创新可能起到重要作用。斯坦缪勒认为，我们不应该倡导封闭创新领域和提高进入创新领域的壁垒；相反，我们需要倡导多样化，保证这个领域可以继续吸引那些想要在改变世界中有所作为的人才，无论他们之前的训练和学科背景是什么。斯坦缪勒建议未来或应对创新领域真正的路径突破和创造性工作设立更大的奖励（比如以一个重要奖项的形式）。

1.5.1　创新研究面临的 15 个挑战

马丁（第 8 章）首先列出了在创新领域的历史进程中取得的主要进步，然后引出了前面章节提出的问题，最后列出了创新研究在未来几十年里将要面临的 15 个挑战。马丁提出，我们的实证研究所关注的焦点有时会跟不上经济和世界快速变化的步伐，特别是从制造业向服务业转型，以及在经济增长的同时不断增加对可持续性的要求。此外，我们概念化、定义、实施和分析创新的方式深植于过去，让我们不太能够去处理其他不太明显可见的创新形式。对金融创新的相对忽视使得我们对当下金融危机和贫富两极分化的研究进展缓慢，以及对未来经济应该如何转型的问题无从下手。

马丁所列的一些挑战与我们渴望将创新发展成什么样的领域有关，尤其是我们要避免创新堕入学术泡沫或学科固化。重提斯坦缪勒在第 7 章提出的问题之后，马丁质疑创新应该成为一门更学术化的学科还是一个要继续应对政府、产业以及其他部门的决策者遇到的挑战的领域。成为后者意味着创新是一个较低学术姿态的跨学科“混血儿”，而没有一门学科那样单纯的“血统”。最后，马丁提出了一个重要的问题：在这个学术竞争日趋激烈的时代，创新学者要怎样才能坚守研究的诚信、维护学术道德和坚持成果分享。

1.5.2　未来挑战的思考

在本书之前章节的基础上，最后三章包含了对未来挑战的思考。第 9 章由创新领域的先驱人物之一——纳尔逊完成，他也是该领域一些最有影响力的出版物的作者。关于创新的未来议程，纳尔逊强调三点。第一，尽管熊彼特提出了一个关于创新的宽泛概念，但是他在创新领域的绝大部分工作都集中在创新的一个独特的子集里，即产品和工艺的创新，而现今应该优先关注其他类型的创新（他描述为技术创新之外的创新），如商业组织创新和管理实践创新。这也会促进创新研究学者与商业和管理的研究学者形成更强的联盟，而且纳尔逊认为这个联盟会有益于创新领域的进步。第二，影响各种创新产生的因素和我们如何影响这些因素的研究。虽然这个问题列入重要研究议程已有一段时间，但纳尔逊认为，如果我们更加关注历史细节上（并且随后与历史学家进行更多交流），那么对这些现象的见解会更深刻。第三，更深入地理解是什么决定了创新成果被广泛分享给并满足特定的群体和利益。纳尔逊认为这个问题能够激起经济学家的兴趣，因此与经济学家合作非常有利于这个特定目标的实现。

玛丽安娜·马祖卡托（Mariana Mazzucato）最近被任命为萨塞克斯大学SPRU的主任，SPRU最初由创新领域的另一位先驱——弗里曼所创立。马祖卡托紧接着纳尔逊的讨论，在第10章谈到了创新的创造和收益分配之间的关系，并将此标记为未来可能是该领域的研究人员需要解决的最重要问题。在她看来，世界发达地区日益增加的不平等主要体现了不同阶级的人群拥有的技能差异，但这一论证无法充分解释这些已发生演变的巨大差异。根据来自信息与通信技术（ICT）和医药行业的相关证据，她识别出创新的另一个重要促进因素，该因素与私营企业从政府知识创造公共投资中获得多数“租金”以及把这些“租金”转移给它们的管理者和拥有者的能力有关。她认为如果这些收入仅有一小部分为初始投资人（即国家）所有，那么在对社会非常重要的其他领域，如绿色科技领域，新的举措将会得到更大范围的扩散。她断言只有创新共同体更加关注这些问题，我们才有希望获得“巧妙”并且“包容”的增长。

本书的最后贡献第11章由伦德瓦尔完成，它覆盖了更大范围的议题，与纳尔逊和马祖卡托讨论的议题呈现方式相当不同。伦德瓦尔也是本书第2章的作者。伦德瓦尔的见解与斯坦缪勒在第7章中对创新领域的不断进步所需要的框架和资源的讨论有关。然而伦德瓦尔在斯坦缪勒所确定的因素之外，提出了一种未来的可能方式：设立国际参与的、广泛的高级-初级（senior-junior）互动的大型研究项目作为一种推力方式。他特别强调这样的项目是研究训练的理想工具。伦德瓦尔在很大程度上利用了本书前几个章节中的建议，概述了很多适用于这类大型研究项目的主题，其范围从全球化为国家创新系统带来的挑战与机遇到创造性的源泉和限制创造性的束缚。

1.5.3 从这里走向哪里？

本书的贡献在于为“未来可能需要关注的研究”提供了大量建议。创新领域显然不缺少想法，这预示着它未来的生命力。虽然在这个丰富的选择组合（这些组合最终还是要由下一代或几代的科研工作者来决定）里很难优先选取议题，但我们依然可以总结出以下四点。

首先，那种认为创新只会发生在世界上先进的高技术环境的富有地区，而且仅限于产品和工艺创新的观点在社会各界中非常普遍，更不用说在学术界了。不过在创新领域内，认为创新是一种普遍现象的观点正在逐渐升温，这种观点认为创新在低技术部门和高技术部门、贫穷境况和富有境况下都存在。而且人们越来越意识到，创新的形式多种多样，不只限于产品和工艺的创新，组织创新（包括商业模式创新和管理实践创新）等也同样重要。如果创新领域要进一步提高创新在社会中的相关性，那么创新研究者对创新现象的分析范围需要继续扩大。例如，对于为什么公共部门的创新活动不应该是创新的核心部分并没有具体解释。但是，本领域内学者研究问题的持续扩展也给创新理论带来了一个不应被轻视的重要挑战。在私营部门和公共部门、在工业和农业，以及在富有境况和贫穷境况等情况的创新都能通过同一个“镜头”进行研究吗？如果不可以，怎样的调整是必要的呢？

其次，创新已经成为一个普遍现象，这个重要事实提升了创新在社会和经济变革中的关键驱动作用，也增强了创新在应对挑战（如气候变化带来的挑战）时作为一个问题解决机制的潜力。实际上，这就是创新得以吸引政策制定者和整个社会关注的主要原因之一。就如斯坦缪勒所谈到的，这也是创新领域从一开始就能够吸引超出正常比例的那些试图改变世界的人才的一个重要原因。创新研究人员应该意识到创新可能扮演的重要角色，然后持续地反身自问该如何调整创新的理论、框架和研究议程才能使创新与这个角色相称。例如，就像马祖卡托之前指出来的，国家在创新活动中扮演的角色，以及其与创新收入分配之间关系的全新视角应该成为议程中的重要议题。这样做的话，研究人员无疑将学会欣赏凯恩斯（Keynes）指出的问题“在解决旧问题时不太注意发展新的观点”。

再次，就像之前提到的，创新研究最初是在已有学科尤其是经济学和社会学内进行相对独立的“专业”研究。创新研究在这些不同的学科环境之间建立更强的联系花了很多年，而使得跨学科成为该领域的一个重要特点则花了更长的时间。我们应该将此看作一个优势，因为以单独的学科为基础并不能正确地理解创新关注的焦点。但是，学科的狭隘性有其自身的内部动态性，因此，不能认为一个跨学科领域能够持续充满生机是理所当然的事情。相反，正如本书好几位作者指出的，这需要长期为之奋斗并使之有所发展。创新无处不在的特点及其给我们带来的兴趣的拓展，意味着其他可能与之相关的领域的范围也在不断扩大。深入多学科和跨学科领域以处理共同关注的问题应该是我们未来工作的一个中心目标。

最后，如果没有一个运行良好的创新研究团队，以上谈到的几点都不能实现，这对本书作者指出的好几个其他目标也同样适用。之前在弗里曼、纳尔逊等的带领下，创新团队的运作方式备受好评，吸引了很多有前途的年轻研究人员加入这个令人振奋的学术共同体，并参与讨论如何卓有成效地解决当下重要的经济、社会和环境问题（见本书伦德瓦尔所写的相关章节）。从此以后，创新团队变得更加强大，也更具多元化。虽然多年来，期刊、会议和培训计划等大量的组织资源已经有所发展，但是正如斯坦缪勒指出的，它们往往是更加专业甚至是“宗派”的。因此，就如最近一篇领域内的实证研究（Fagerberg et al.，2012）提到的，构成更广泛领域的不同的组成部分或子领域有可能会逐渐分离，这可能会对该领域内的学术互动和——如果演化逻辑成立——未来的学术进步产生负面结果。要想避免这个结果，创新研究人员需要创造新的学术互动框架以吸引更多创新研究人员的注意力。这些人员不只是一个特定的“族群”，还可以是经济学家、管理学者或者政策研究者。

参考文献

Arrow, K. J. (1962). ‘Economic Welfare and the Allocation of Resources for Invention’, in *The Rate and Direction of Inventive Activity: Economic and Social Factors*. Cambridge, MA: National Bureau of Economic Research, 609-26.

Becher, T. (1989). *Academic Tribes and Territories: Intellectual Enquiry and the Cultures of Disciplines*. Buckingham: Open University Press.

Burns, T. and Stalker, G. M. (1961). *The Management of Innovation*. London: Tavistock.

Burns, T. and Stalker, G. M. (2005). ‘Mechanistic and Organic Systems’, in J. B. Miner (ed.) *Organizational Behavior 2: Essential Theories of Process and Structure*. New York: Sharpe,

Armonk, 214-25.

Chandler, A. D. (1962). *Strategy and Structure: Chapters in the History of the American Enterprise*. Cambridge, MA: MIT Press.

Chandler, A. D. (1977). *The Visible Hand: the Managerial Revolution in American Business*. Cambridge, MA: Harvard University Press.

Chesbrough, H. W. (2003). *Open Innovation: the New Imperative for Creating and Profiting from Technology*. Cambridge, MA: Harvard Business School Press.

Cohen, W. and Levinthal, D. (1990). 'Absorptive Capacity: A New Perspective on Learning and Innovation', *Administrative Science Quarterly*, 35: 128-52.

Edquist, C. (2004). *Systems of Innovation—A Critical Review of the State of the Art*. Oxford: Oxford University Press.

Fagerberg, J. and Verspagen, B. (2009). 'Innovation Studies—The Emerging Structure of a New Scientific Field', *Research Policy*, 38: 218-33.

Fagerberg, J., Fosaas, M., Bell, M., and Martin, B. R. (2011). 'Christopher Freeman: Social Science Entrepreneur', *Research Policy*, 40: 897-916.

Fagerberg, J., Fosaas, M., and Sapprasert, K. (2012). 'Innovation: Exploring the Knowledge Base', *Research Policy*, 41: 1132-53.

Fagerberg, J., Mowery, D. C., and Nelson, R. R. (eds) (2004). *Oxford Handbook of Innovation*. Oxford: Oxford University Press.

Freeman, C. (1987). *Technology Policy and Economic Performance: Lessons from Japan*. London: Pinter.

Griliches, Z. (1957). 'Hybrid Corn: an Exploration in the Economics of Technological Change', *Econometrica*, 25: 501-22.

Griliches, Z. (1960). 'Congruence Versus Profitability: A False Dichotomy', *Rural Sociology*, 25: 354-56.

Griliches, Z. (1962). 'Profitability Versus Interaction: Another False Dichotomy', *Rural Sociology*, 27: 325-30.

Hounshell, D. A. (2000). 'The Medium is the Message, or How Context Matters: The RAND Corporation Builds an Economics of Innovation, 1946—1962', in A. C. Hughes and T. P. Hughes (eds), *Systems, Experts, and Computers*. Cambridge, MA: MIT Press, 255-310.

Klein, J. T. (2010). 'A Taxonomy of Interdisciplinarity', in R. Frodeman, J. T. Klein, and C. Mitcham (eds), *The Oxford Handbook of Interdisciplinarity*. Oxford: Oxford University Press, 15-30.

Landström, H., Harirchi, G., and Åström, F. (2012). 'Entrepreneurship: Exploring the Knowledge Base', *Research Policy*, 41: 1154-81.

Langrish, J., Gibbons, M., Evans, W. G., and Jevons, F. R. (1972). *Wealth from Knowledge: Studies of Innovation in Industry*. Basingstoke: Palgrave Macmillan.

Lazonick, W. (2004). 'The Innovative Firm', in J. Fagerberg, D. C. Mowery, and R. R. Nelson (eds), *The Oxford Handbook of Innovation*. Oxford: Oxford University Press, 29-55.

Levin, R. C., Klevorick, A. K., Nelson, R. R., Winter, S. G., Gilbert, R., and Griliches, Z. (1987). 'Appropriating the Returns from Industrial Research and Development', *Brookings Papers on Economic Activity*, 1987: 783-831.

Lundvall, B.-Å. (1985). *Product Innovation and User-Producer Interaction*, Industrial Development Research Series. Aalborg: Aalborg University Press.

Lundvall, B.-Å. (1992). *National Systems of Innovation: Towards a Theory of Innovation and Interactive Learning*. London: Pinter.

Malerba, F. (2004). 'Sectoral Systems: How and Why Innovation Differs Across Sectors', in J. Fagerberg, D. C. Mowery, and R. R. Nelson (eds), *The Oxford Handbook of Innovation*. Oxford: Oxford University Press, 380-406.

Martin, B. R. (2011). 'What Can Bibliometrics Tell Us About Changes in the Mode of Knowledge Production?', *Prometheus*, 29: 455-79.

Martin, B. R. (2012). 'The Evolution of Science Policy and Innovation Studies', *Research Policy*, 41: 1219-39.

Meyer, M. (2001). 'Nelson and Winter's Evolutionary Theory—A Citation Analysis, Mimeo, SPRU, University of Sussex, Brighton.

Nelson, R. R. (1959). 'The Simple Economics of Basic Scientific Research', *Journal of Political Economy*, 67: 297-306.

Nelson, R. R. (ed.) (1993). *National Innovation Systems: A Comparative Study*. Oxford: Oxford University Press.

Nelson, R. R. and Winter, S. G. (1982). *An Evolutionary Theory of Economic Change*. Cambridge, MA: Harvard University Press.

OECD (1962). 'The Measurement of Scientific and Technical Activities: Proposed Standard Practice for Surveys of Research and Experimental Development ('The Frascati Manual'), DAS/PD/62.47. Paris: OECD.

Pavitt, K. (1984). 'Sectoral Patterns of Technical Change: Towards a Taxonomy and a Theory', *Research Policy*, 13: 343-73.

Porter, M. E. (1990). *The Competitive Advantage of Nations*. New York: Free Press.

Rogers, E. M. (1962). *Diffusion of Innovations*. New York: Free Press.

Rogers, E. M. and Havens, A. E. (1962). 'Rejoinder to Griliches "Another False Dichotomy"', *Rural Sociology*, 27: 330-2.

Rothwell, R., Freeman, C., Horsley, A., Jervis, V. I. P., Robertson, A. B., and Townsend, J. (1974). 'SAPPHO Updated—Project SAPPHO Phase II', *Research Policy*, 3: 258-91.

Ryan, B. and Gross, N. C. (1943). 'The Diffusion of Hybrid Seed Corn in Two Iowa Communities', *Rural Sociology*, 8: 15-24.

Schumpeter, J. A. (1912). *Theorie der wirtschaftlichen Entwicklung*. Leipzig: Duncker & Humblot.

Schumpeter, J. A. (1934). *The Theory of Economic Development*, translated by R. Opie. Cambridge, MA: Harvard University Press.

Schumpeter, J. A. (1943). *Capitalism, Socialism and Democracy*. New York: Harper.

Schumpeter, J. A. (1947). 'The Creative Response in Economic History', Journal of Economic History, 7: 149-59. Reprinted in Schumpeter, J. A. (1989), *Essays on Entrepreneurs, Innovations, Business Cycles and the Evolution of Capitalism*, edited by R. V. Clemence, New Brunswick, NJ: Transaction Publishers, 221-71.

Smith, K. (2004). 'Measuring Innovation', in J. Fagerberg, D. C. Mowery, and R. R. Nelson (eds), *The Oxford Handbook of Innovation*. Oxford: Oxford University Press. 148-78.

Teece, D. J. (2010). 'Technological Innovation and the Theory of the Firm: The Role of Enterprise-Level Knowledge, Complementarities and (Dynamic) Capabilities', in B. H. Hall, and N. Rosenberg (eds), *Handbook of the Economics of Innovation*, Vol. 1. Amsterdam: Elsevier, 679-730.

Teece, D. J., Pisano, G., and Shuen, A. (1997). 'Dynamic Capabilities and Strategic Management', *Strategic Management Journal*, 18: 509-33.

Van der Ven, A. H., Polley, D. E., Garud, R., and Venkataraman, S. (1999). *The Innovation Journey*. Oxford: Oxford University Press.

von Hippel, E. (1986). 'Lead Users—A Source of Novel Product Concepts', *Management Science*, 32: 791-805.

Woodward, J. (1958). *Management and Technology*. London: HMSO.

第一部分
演进、发展和重要问题

第 2 章　创新研究：研究现状

本特–奥克·伦德瓦尔（Bengt-Åke Lundvall）

2.1　引言

本章探讨了创新研究的现状及未来可能的发展方向。如第 1 章所介绍的，创新研究出现于 20 世纪 60 年代，经过 50 年的发展，已发展成一个由来自众多从事跨学科研究项目的数千研究者组成的相对大的研究领域。该领域涉及许多计量工作，与一系列科学性的学科存在关联，并受到外界的较多关注。一个核心问题是，创新研究这个领域是否存在一个核心理论视角。事实上，可以认为有三种互补性的理论视角：一是由熊彼特、纳尔逊和温特提出的演化经济学视角；二是技术经济学视角，在这一视角下，创新被视为反映技术机会和产业特征的技术特征；三是强调互动式学习和创新系统的社会经济学视角。

这些不同视角的整合使得创新研究面临几大挑战。第一大挑战：如何发展与创业研究、科学技术研究及其他相邻领域研究（如知识管理和创造力研究）的关系。特别需要考虑与工作生活研究（working life studies）的关联性，即将工作组织的分析纳入创新系统的研究中，这将会使创新绩效与劳动力市场和教育机构的特殊性联系起来。第二大挑战：扩大创新研究学者在分析不同发展水平国家中的参与度。如果经济发展被视为能力建设，那么国家能力建设和创新之间的联系是至关重要的。第三大挑战："非期望创新"（unsatisfactory innovation）现象的分析。加强用户的参与是使创新成果更加令人满意的一个关键途径，但这似乎特别需要给予"金融创新"相当多的关注，也许发展"金融产业复合体"的概念可以使人更好地理解为什么金融创新有时是破坏性的。第四大挑战：鉴于作为政策建议来源的标准经济学已处于主导地位，形成并传播用来阐明这类建议方式存在严重局限性的见解是一个巨大的挑战，需要付出更多的系统性努力。第五大挑战：使创新研究领域的稳定发展与引进机制相结合，确保该领域保持开放，并接受来自用户和其他知识领域的想法。

本章并不试图给出创新研究领域一个完整的、平衡的、客观的回顾。现状评估以及对未来研究的设想不可避免地在一定程度上反映我自己特有的视角。本章的一个出发点是，源于研究经验的个人知识起到作用，在集体研究项目中发展的基于问题的学习是创新研究中知识创造的一个重要驱动力。本章首先概述了我一直参与的研究项目中最重要的发现（2.2 节）。在 2.3 节中，我基于自己的研究经验和最近的研究，讨论了创新研究领域的理论内核由什么组成。在 2.4 节中，我勾画了创新研究和相邻的两个领域即创业研究和科学技术研究之间的界线。在 2.5 节中，对该领域进行开放讨论，并把它与相关的劳动组织、发展研究及经济学关联起来。在 2.6 节中，讨论了创新研究在制度化和研究训练方面面临的主要挑战。①

2.2 从项目研究中学习

在学术生涯中，学者都会被期待扮演一个"客观分析机器"的角色。②一个理想的情况是，学者在被给予同等获取数据的条件下，得出和同行相同的结论。学术训练旨在发展隐藏而不是揭露学者个人历史的人格和

① 本章讨论的一些结论在第 11 章又会提到，我在那一章提出了一组应对上述挑战的国际研究项目，并建议为年轻的研究人员提供适当的训练场所。

② 这一点至少是关于科学家本性的传统意识形态。然而，科学技术研究领域的学者数十年的研究表明，现实往往与这种理想化的观点相距甚远。

语言。[①]

确实有一些很好的理由应当为主观性设置限制，例如，尽管一些学者很明显更“偏好”一些理论，而不是另外一些理论，但学者也有责任在他们的研究中说明为什么选择某一理论，而不是其他理论。采取行动和思考是有益的，“好像”那里有值得期待的东西，我们或许可以称之为“合理可靠的知识”。

然而，正如 Polanyi（1958/78）所指出的，不同的科学家掌握不同的知识，因为他们的学习经验不同——他们的知识构成是个人特有的而不是一般性的。并且，一些个人知识不是从书本得来的，而是在与其他学者的互动过程中学来的，特别是从问题导向和基于项目的实证研究工作中学习到的。这就是为什么我选择具体的研究项目为切入点来探讨我目前基于经验的对创新的理解，从而对创新研究现状进行更广泛的讨论。

2.2.1　IKE 研究小组的形成

1977 年，奥尔堡经济学家举办了丹麦经济学家年会。我和三个同事一起为会议写了一篇关于工资和竞争力的论文（Christensen et al.，1978）。论文的主要结论是：工资增长最强劲的国家最具竞争力。这一有争议的结论后来成为国际上公认的“卡尔多悖论”（Kaldor，1978）。

据研究，这一悖论的关键是理解生产率的内生性，在一定条件下，国际竞争和国内工资压力结合会对其产生的积极效应。在我发表在奥尔堡经济学家年会上的文章中，我们假设企业不具有“X 有效性”[②]，从平均数据来看，无论是在加强发展更具吸引力的产品上，还是在加大投入更高效的生产方式上，企业均愿意面对由此而产生的更大工资压力。研究还指出了

① 当你请诺贝尔科学奖得主们指出他们的理论工作中最重要的经验时，他们通常会提到自身领域与杰出资深学者的合作或学徒关系（Nielsen and Kvale，1999）。我个人非常感谢三位杰出的学者。第一个是瑞典经济历史学家拉尔斯·赫利茨（Lars Herlitz），在 20 世纪 60 年代末，他向我介绍了经济思想史，尤其是卡尔·马克思（Karl Marx）的著作。我也很感激弗里曼，在 20 世纪 80 年代初，他帮助我理解创新过程，并向我展示了如何结合马克思、凯恩斯和熊彼特的理论。克里斯（Chris）由于他的谦逊以及对学术浮夸的不容忍，成为一个榜样（不容易做到！）。在过去几十年里，我有幸借鉴了迪克·纳尔逊（Dick Nelson）的智慧。此外，我也从他身上学到了多样性作为创新的源泉的重要性，以及将科学工具使用的多样性应用到创新过程中的需要。

② 换句话说，经济理论所假设的公司的有效行为与实际行为之间存在差异（Leibenstein，1966）。

与限制经济增长国际竞争和收支平衡相关联的产品创新及工艺创新之间的重要区别（Thirlwall，1979）。产品创新被认为是持续增强国际竞争力的关键。

这些经验引出了一些关于创新、生产力和国际竞争力关系的有趣的研究问题。1977 年的 IKE[①] 研究项目就是在此基础上形成的。IKE 被界定为国际竞争力和产业发展领域的一项研究项目。20 世纪 80 年代初，弗里曼以客座教授的身份加入 IKE 研究小组后，开辟了一个全新的分析视角并使之进入国际创新学者的网络中。

弗里曼的观点为了解熊彼特的工作及其与马克思和凯恩斯观点的联系提供了一个视角。弗里曼吸引课题组的成员从事新的课题研究，例如，将创新作为一个互动的过程和创新的系统性特征。弗里曼在研究小组人员的帮助下编辑了一本关于创新、竞争力和国际分工的小册子（Freeman，1981）。[②]

2.2.2 MIKE 项目（1980～1983 年）

20 世纪 80 年代初，新兴技术，也就是随后在欧洲国家科技政策领域被称为“微电子学”（microelectronics）的技术引起了人们广泛的关注。MIKE 项目于 1980 年在丹麦技术委员会的资助下启动，为期三年。该项目重点关注经济绩效、影响发展的因素评估及信息技术在就业、增长与国际竞争力中的应用（Brændgaard et al.，1982；Brændgaard，1984）。

这项研究项目围绕被称为“产业复合体”（industrial complexes）的四个研究单元展开。选定的四个研究单元分别为：

- 农业产业复合体；
- 纺织产业复合体；
- 办公自动化产业复合体；
- 环境产业复合体。

首先，该项目的运作基于对“复合体”的定义，这个定义很接近今天的产业创新系统或者产业集群。随着研究的推进，人们认识到，这一术语

① 当今，缩写“IKE”同样指的是创新、知识和经济动力学（economic dynamics）。

② 我的大部分研究都是在 IKE 小组的讨论中形成的。我借鉴了创始成员——阿斯格·布兰德（Asger Brændgaard）、本特·达卢姆（Bent Dalum）、比约恩·约翰逊（Björn Johnson）和艾斯本·斯洛特·安德森（Esben Sloth Andersen）——很多的想法和灵感。

应该被更为广泛地阐释——更接近于在美国被当作经典的“军工产业复合体”（military industrial complex）。这种在视角上改变的一个原因是，我们发现技术的用户和生产者之间有共同愿景，这些愿景在一些情况下会导致“非期望创新”。在一些复合体中，这一方面反映出监管者和政策制定者职能之间的人员互换，另一方面反映出存在着技术的生产者和用户之间的人员互换。我们观察到一个常见模式，即人们在最初植根于如何发展和利用技术的理性思路的道路上越走越远，这是因为各方均认为这条道路必须是正确的。①

在四个复合体中，现有的研究都集中在发展、生产和提供技术的企业是如何与用户互动的。我们观察了不同类型的用户－生产者关系模式，发现其在标准化技术和成熟技术的关系之间存在着或多或少的不同，同时对不同特征的技术——基于渐进式变化或激进式变化的技术——其关系模式也不同。特别是当部门展现出非破坏性的不断渐进的变化时，用户和生产者之间的长期关系被认为非常重要。我们同时发现，用户和生产者之间的地理距离所扮演的角色反映了一种占主导地位的创新过程。②

MIKE 项目对 IKE 研究小组所从事的研究方向产生了重大的影响。Lundvall（1985）受到了该研究经验的直接启发。伦德瓦尔主持编著的小册子对标准经济学采用了批判性的立场，当然是为创新研究做出建设性的贡献。该册子指出，“纯市场”不支持产品创新，并且新古典模型和交易成本理论都不能解释在实体经济中所观察到的用户和生产者之间的这种长期关系。③

① 1984 的秋天，我在斯坦福大学的 TEP 研讨会上展示了这些观察结果，我还了解到由布雷恩・阿瑟（Brian Arthur）和保罗・大卫（Paul David）发展的类似关于“锁定”（lock in）的构想。

② 对科学过程理解的一个刻板印象是，从形式化的抽象知识中获得的灵感在某种程度上优越和优先于历史、经验观察和好的启示性的故事。这个观点从现有的理论出发，然后得到假设，最后回到理论中并改善它。我们可以在创新研究中观察到一个逆向学习过程，案例研究在形成理论观点的过程中起着重要的作用。我们可以把这种现象视为“重要的范式案例”。我在创新研究中提出学者和“范式案例研究”之间具有的以下联系。熊彼特与铁路，弗里曼与化学工业和萨福（Sappho）项目，罗森伯格（Rosenberg）与纺织和纺织机械，纳尔逊与月球和贫民窟，多西与信息技术。我自己的范式案例研究发生在前面提到的 MIKE 项目中（Lundvall，1985）。经验使我确信，这对分析和理解创新是一个互动的过程，并且努力走向创新系统的概念是非常有用的。

③ 市场是“有组织的”，以及卖家和顾客之间存在关系，这个观点已经在不同的基础上被 Kirman（1994）发展。见本书 Dosi 的部分（第 5 章）。

该册子提出，理解所观察到的模式最好的方式是通过网络关系（network relationships）将生产者与用户联系起来，这样才能让人意识到让多元主体参与到交互学习中的重要性。垂直整合企业，包括其内部的“消费者”和“供应商”，将会变得功能不完善，因为此时交互学习的开展将会变得过于狭窄和“封闭”。另一个极端的情况是，在纯市场上运作的专业公司将不会获得来自供应商和消费者任何形式定性的反馈。那些和大量外部多元化的消费者与供应商存在长期网络关系的企业将会学到更多。虽然互动会产生交易成本，但从互动学习中获得的利益可能超过成本，特别是在一些技术为不断地创新提供了基础的行业和市场中。

该分析阐释了 Schumpeter（1934）及 Nelson 和 Winter（1982）的观点，即标准经济学理论在创新罕见的虚构的静态经济中最有效。在没有产品创新的经济体中，标准经济学提出的“纯市场”假设将更为合理。

2.2.3 PIKE 项目（1989～1992 年）

在 20 世纪 80 年代末，“索罗悖论”（Solow paradox）的一个极端版本（除了在生产率统计领域，计算机无处不在）在丹麦得到呈现。1986～1989 年，投资和就业得到了快速增长，然而在一些重要行业包括制造业领域，生产率却是呈负增长的。该现象不能被主流经济学家所解释，因此我们成立了 PIKE 项目，以分析这种生产率之谜的背景。

该项目将不同整合层面的定量分析与企业层面的案例研究相结合，最终得出一个相当明确的结论。研究发现，最重要的原因是在丹麦的公司，企业组织结构变革和员工能力提升未与信息技术的加速引入相匹配。在劳动生产率上，那些将信息技术引入与组织变革和技能提升相结合的企业能比一般企业获得更强劲的增长，而那些没有将信息技术的引入与组织变革和技能提升相结合的企业则经历了生产率的负增长（Gjerding et al.，1990）。

该项目阐释了突破性技术的应用和已存在的组织结构和技能结构不匹配问题的重要性。事实上，在微观层面这种不匹配在整体上对经济增长产生了重大影响，这有力地支持了弗里曼和佩雷斯的观点，即由于对技能、组织的设计和制度的设置的适应性缓慢，新的技术-经济范式（techno-economic paradigms）所带来的增长的可能性不容易被发现（Freeman and Perez，1988）。

2.2.4　Nis 项目（1987～1992 年）

伦德瓦尔协调的国家创新系统的项目（Nis 项目），先于纳尔逊项目（Nelson project）（将会在 2.3 节中介绍）启动，但并行开展。然而，Nis 项目与纳尔逊项目在设定上是存在差异的。首先，该项目的目的是从理论上去理解创新作为一种交互式过程。其次，受到邀请的项目参与者被要求聚焦于对某一具体的子系统或国家创新系统的某一特定维度进行研究，包括系统的开放性议题和政策启示。事实上，大多数来自丹麦或其他北欧国家的参与者在对该项目进行剖析时都进行了特定的研究。例如，尽管北欧国家专业化发生在低技术领域，但是它们也取得了相对的成功（出口主要来自研发强度低的行业）。因此，研究人员对能力建设如何摆脱生产和营销相关的日常活动有了强烈的关注。

该书[①]的出发点是描述知识和学习的重要性——知识是最重要的资源，学习是最重要的过程。组编该书的一个显著的任务是对用户如何与生产者互动以及最终他们是如何形成持久关系的分析。正如我将在 2.3 节中所展示的，弗里曼（他对该书做出了重要贡献）和其他 SPRU 研究人员已经发展了对创新系统隐性和有时显性的系统性的理解。

其他关于国家创新系统的早期贡献是 1992 年出版的一本书，该书研究了信息技术革命是怎样影响小国家创新系统的（Freeman and Lundvall, 1988），该书中由 Dosi 等（1988）编著的关于国家创新系统的三个章节分别由弗里曼、纳尔逊和伦德瓦尔完成。

2.2.5　OECD 作业研究（1992～1995 年）

作业研究（job's study）最重要的启示是对全球化、技术变革、技能和不平等之间关系的新理解（OECD，1994）。[②]研究表明，在所有成员国中，研究期间（20 世纪 80 年代后期）技术工人与非技术工人之间的不平等日益明显。这就形成了高技术与低技术工人之间在就业率和劳动收入上不断增

① 指 Nis 项目的一个成果。——译者注

② 1992～1995 年，我被聘为 OECD 科学技术与工业局副局长。在这段时间里，我领导一小群经济学家协调了这项作业研究。

长的差距。在解释这一趋势时，OECD 的报告提出了两个可能的原因：一是技能要求严格的技术（特别是信息和通信技术）带来的冲击；另一个是受到低收入国家日益增长的贸易的影响。

然而，第三个解释是 Lundvall 和 Johnson（1994）提出的学习型经济假说。[①] 学习型经济假设新技术、全球化和放松管制的共同作用导致了一个加速的变革。在这种变革中，技术工人在学习能力上具备更充足的准备，因此比非技术工人获得了更多的优势。

该视角与 OECD 围绕知识经济活动开展的新兴领域相关。在即将上任的克林顿政府的支持下，OECD 被要求促进对资本主义发展这一新阶段的理解。关于这一议题的首次会议于 1994 年在哥本哈根举行（Foray and Lundvall，1994）。这一经历以及几年后由 OECD 教育研究与创新中心（CERI）组织的学习型社会中知识管理的后续项目对知识和学习的复杂性提供了有益的研究视角（OECD，2000）。[②]

2.2.6 Disko 项目（1996～1999 年）

Disko项目由丹麦工业部提供经费支持，它试图分析丹麦的创新系统。[③] 该项目围绕四个广泛界定的研究主体：

- 企业（组织结构、创新活动、竞争压力）；
- 企业间的互动（创新型企业的国内外互动模式）；
- 企业与制度背景（教育、研究、劳动力市场、财务）；
- 创新系统整体（创新调查、投入产出模式、经济增长）。

其中，多元研究工具组合的应用包括案例研究以及计量经济学分析的应用。一个重要的方法是一项在私营部门针对 2000 家企业进行的邮寄调查

---

① 当我在OECD工作时，该组织在1994年与艾伦·格林斯潘（Alan Greenspan）会晤后采纳了“新经济”（the new economy）的概念。信息技术的使用将导致生产率大幅提高的假设被用来证明美国和其他地方的宽松货币政策是合理的。该观点认为提高生产率会消除通货膨胀的风险。在信息与通信技术泡沫破裂后，这个观点被修正了。

② 1995 年秋天，当我回到奥尔堡大学时，我做了一次就职演讲来分享我在 OECD 的经验。演讲的题目是“学习型经济的社会维度”，隐性知识的作用在演讲中被置于一个突出的地位（Lundvall, 1996）。

③ Disko 项目的一个有趣的特点是，它为六个博士生提供了培养平台。这样的大型项目是研究培养的绝佳框架——我稍后会再提到这一点。另一个有趣的特点是，有三个博士生接受工业部的资助，并在工业部里从事一些项目工作。这一事实再次证明，当时的工业部在创新研究方面扮演着“高级用户”的角色。

（postal survey）。这项调查进行了三轮（1996 年、2001 年和 2006 年）。事实上，该调查是与丹麦统计局合作开展的，这使我们能够将大量相关数据与具体的回应联系起来。其中一个最重要的数据来源是劳动力市场研究综合数据库（IDA），其拥有完整的劳动力市场登记册，涵盖丹麦的所有企业和个人。这种独特的数据访问权限使得检验组织形式、组织变革、创新和就业模式之间关系的有趣的假设变得可能。①

Lundvall（2002）对这个项目的主要成果进行了总结。许多研究结论加深了我们对互动式学习作为创新的基础这一初始假设的理解。这是分析产品创新和企业间合作的依据。我们发现，所有从事产品创新的公司都或多或少在创新过程中扮演了外部合作者的角色，从而对长期（国内）关系发挥了重要作用。然而，我们也发现，尽管与国内企业的互动相比较，企业与国外企业的互动没有那么频繁，但这种企业间的互动还是对创新成果产生了重大的影响。

该项目也使得转向关注劳动力市场两极分化现象中竞争所扮演的角色这一议题成为可能。企业通过发展新的组织形式和新产品来应对不断增长的竞争，被证明能够扩大就业，而非使员工失去工作。从整体水平上来看，创新型企业甚至增加了非技术工人的雇佣量。这一结果预示，当全球化压力遇到创新性响应时，劳动力市场中的两极分化趋势超出了其补偿。

之后，我们用 Disko 调查结果研究了学习的不同知识和不同模式是如何与创新相联系的。这一分析显示，那些把开展研究与提升基于经验学习相结合的企业是如何比那些只进行研究的企业更具创新性的（Jensen et al., 2007）。STI 和 DUI 模式之间的区别有助于解释为什么旨在促进创新的企业战略和经济政策不应该仅仅认为科学是创新的唯一来源或驱动。②

2.2.7　LocNis 项目（2002～2005 年）

LocNis 项目是与欧盟委员会（EU Commission）合作设立的，旨在整

① IDA 是劳动力市场研究综合数据库的缩写。详情可见 http://www.dst.dk/en/Statistik/dokumentation/Declarations/integrated-database-for-labour- market-research--ida-.aspx。

② STI（科学、技术和创新）指的是一种学习模式，它侧重于形式化知识，而 DUI 则是指通过做事（doing）、使用（using）和互动（interacting）而产生的隐性和经验性知识。稍后我将讨论 Cohen 和 Levinthal（1990）的开创性论文——这些概念可能会被用来更好地理解什么是一个企业的吸收能力。

合一些欧盟支持的项目的观点，并产生一个跨学科和跨部门的综合体。在LocNis项目中，我们基于项目所涵盖的劳动力市场、管理、教育和创新研究的领域分别邀请代表来组织一系列的研讨会。最后，Lorenz和Lundvall（2006）的研究整合了不同成果。

在LocNis项目中，有一项来自Lorenz和Valeyre（2006）的有趣的研究发现。他们基于2000年第三次工作情况调查（working condition survey）的数据——该项调查由改善生活和工作条件的欧洲基金会（European Foundation）组织——构建了工作组织模式的分类，发现其在欧洲不同地区之间存在非常显著的差异。这为之前研究国家创新系统中被忽视的方面提供了一个新的观点和视角，并被用来表明如果国家系统拥有高比例的能够提供学习机会的工作，那么该国家则拥有较大份额的创新企业（Arundel et al.，2007）。

2.2.8 启示①

我的研究经验带来的最重要的启示是，把创新作为交互过程理解是十分重要的。在产品创新领域，对"用户—生产商交互"一系列的分析久而久之使得这一视角变得更加清晰和明确。这一观点帮助我们理解为什么理想化的纯市场经济理论是远远不够的。理解创新是一个交互过程，为管理战略和公共政策的制度设计提供了一个更有用的平台。

正如前文提到的，弗里曼开创了两种观点：交互学习对创新的重要性和创新的系统性视角（见2.3节）。Lundvall（1985，1988）对这两个层面作了明确、详细的分析，对创新系统的分析基础做出了贡献。最近更多的研究项目也加深和加强了对国家创新系统的理解。例如，Disko项目（Lundvall，2002）对国家创新系统中学习型组织所扮演的角色进行了研究，而LocNis项目（Lorenz and Lundvall，2006）则侧重研究了国家教育和劳动力市场在国家创新系统中扮演的角色。

Lundvall（2002）的研究表明公司内部的交互对创新极其重要，并且这

① 我个人的知识与在创新研究领域工作的同行不同。它反映了我从北欧福利经济的研究中得到的启示，以及具体研究项目的设计和执行。例如，除了洛伦茨（Lorenz）的贡献，这本书的其他作者并不十分关注工作组织，这是创新研究的一个重要方面。另外，本章说明了我参与科学与技术研究可能比SPRU的同行更少。

种交互处在被提及的“学习型组织”（learning organizations）的核心。后来 Lorenz 和 Lundvall（2006）的研究表明，在工作场所的学习对创新很重要，但工作场所的学习取决于一个国家如何组织劳动力市场和教育。

“学习型经济”（learning economy）这一概念的提出受到了瑞典教育学教授 Husén（1974）提出的一个相似概念的启发，他提出了作为一个规范概念的“学习型社会”（learning society）（Lundvall and Johnson，1994）。这一概念背后的理念很简单，其假设加速的变革需要快速的学习。

洛伦茨最近的研究侧重分析欧洲不同的国家和地区的学习型经济是如何被区别组织和管理的。在更加平等的北欧国家，我们发现了工人广泛参与的现象。在英国和南欧，思想家和实干家的参与程度差距则较大。不同高福利国家以及社会距离的差异性或多或少地解释了不同的创新系统中创新模式不同的原因（Lundvall and Lorenz，2011）。差异的模式影响创新模式，同时创新浪潮也反过来影响差异的产生（Freeman，2001）。

2.3　创新研究的理论内核

本节参考创业研究领域类似的尝试，讨论是否有可能对创新研究定义一个“理论内核”（theoretical core）。有学者认为这确实有可能实现，该内核围绕的一个视角是创新被看作是一个交互的过程。这种解释是可行的，其通过对创新研究领域中被创新研究工具书最常引用的相关研究工作的理论贡献的探讨进行了证实。在这三个时期（1969 年及以前、1970～1989 年和 1990～2009 年），我将借鉴 Fagerberg，Fosaas 和 Sapprasert（2012）的研究成果并参考五个高引用率的研究工作对其进行说明。

2.3.1　创新是一个交互过程：创新研究的一个理论内核？

创新研究涵盖广阔的研究领域，不同学科背景的学者通过大范围的分析工具强调不同整合层次的议题。近期的两个研究用不同的方法分析了创新学者团体和他们共享的知识基础（Fagerberg and Verspagen，2009；Fagerberg，Fosaas，and Sapprasert，2012），这两项研究都强调该领域分成了若干的子领域或研究集群。Fagerberg，Fosaas 和 Sapprasert（2012）的研究表明，存在着一个汇集了一批学者的集群，他们将创新与管理和企业绩效联系在了一起，另外一个集群则由一批对创新与研发、经济增长以及公共政策之间的关系感兴趣的经济学家和其他社会科学家组成。这两项研究还表明，虽然创新研究领域有其经济学根源，但它也吸引了众多学者从管理学、组织学、政策科学、历史学、哲学和社会学的视角来研究创新。①

在这样一个知识多元且复杂的领域中探寻理论内核有意义吗？我认为这样的内核一定会被识别出来，而且这个内核在近几十年来已经变得越来越清晰了。我提出“一个理论内核”议题的灵感来自 Shane 和 Venkataraman（2000）的研究，他们两个是创业研究领域的高引用率学者。他们认为界定什么是构成同样具有异质性的创业研究领域的理论内核具有战略性意义。他们指出创业研究的理论内核的关键构建模块分别是个体及其机遇。创业过程中需要研究的是个体在面对机遇时的感知、评估和行为。因此，了解个体企业家和他们所处的环境都至关重要。例如，当提供机遇的时候环境有可能丰裕或者贫瘠；当机遇出现的时候，个体可能会或多或少地利用它们。②

我认为在创新研究中，将创新概念化为一个涉及诸多参与者并且随着时间不断扩展的交互过程，是最接近这一内核的。该分析聚焦于具有异质性技能的个体和具有异质性能力的组织间的交互。他们通常将从事信息交流、问题解决和相互学习作为创新过程的一部分。在这一过程中，他们建立了可以被解释为形成组织、网络、集群，甚至“创新系统”的“关系”。③

---

① Fagerberg 和 Verspagen（2009）使用调查问卷并要求学者界定自己的研究工作，而 Fagerberg、Fosaas 和 Sapprasert（2012）借鉴创新研究工具书来描绘该领域。事实上，这两种方法得到了大致相似的结果，提高了各自研究的可信度。

② 该模型的结构与技术变革的生产函数方法有一些共同之处，企业可以在不同的技术之间做出选择，这些技术在劳动力和资本使用方面或多或少都是密集的。当然，与主流经济学相比，一个主要的区别是创业学者（与创新学者一样）认识到，主体是在基本不确定的条件下运作的。

③ 这一提出的理论的核心可以比作是多西提及的系统综合体（SYS-synthesis），即萨塞克斯大学、耶鲁大学和斯坦福大学研究成果的联合体（Dosi et al.，2006，p.1451）。根据多西的研究，系统综合代表的是创新过程中形成的某些特征的共识：在搜索过程中的不确定性和偶然性；从“发现”到“应用”的长时间滞后；有时技术发展领先于科学；收益具有公共物品的元素；隐性知识与经验式学习的重要作用；背景（特别是技术或行业）起到的作用。这一“程式化的事实”清单是有用的，因为它总结了大量来自创新过程历史与实证研究的重要见解。它也有助于解释当涉及理解和解释在一个经济中创新无处不在，为什么新古典经济学是如此不适用的。然而，它并未真正构成沙恩（Shane）和文卡塔拉曼（Venkataraman）定义的理论核心。

这一关于理论内核的定义假定，将创新过程看作是一种以结合现有知识元素为起点和将新知识作为重要输出为终点的过程是有用的。创新可以被看作是或多或少的不同知识元素的“新组合”。元素越是不同，创新越是激进。激进式创新（radical innovation）可能反映了“遥远”的自然科学学科（如物理学和生物学）见解或者“遥远”的技术领域（如 ICT 和基因工程）的结合。渐进式创新也许或多或少整合了基于经验的“遥远”形式的知识（如营销经验和生产经验），以及通过跨越组织边界的交互学习成果。

交互可以作为信息交换被研究，作为互动学习的过程被研究，或作为组织内部或跨组织边界的协作被研究。为了了解交互和知识共享的特点，针对不同形式的知识做出区分是有必要的。在任何时间点上，一个创新系统均可以以一系列主体之间的关系为区分特征。创新过程将会反映这些关系，并且创新过程会导致关系的不断建构、繁衍和毁灭。

2.3.2　以高引用率研究为资源，探寻理论内核

在本小节，我将简要介绍 15 项研究工作，它们分别来自三个不同的时期。我将探讨它们在创新研究领域是否对理论内核有贡献，以及是如何做出贡献的，并检验我们提出的假设，即创新被看作是一个交互的过程构成了这样一个内核的视角。为了检验提出的假设，我将参考一些其他相关的研究，作为对选出的 15 项研究工作的补充和追踪。这种处理模式也应该为该领域 2.0 工作的演化提供一种合理的理解。[①]

1. 1969 年及以前

Fagerberg，Fosaas 和 Sapprasert（2012）的研究，创新领域高引用率的研究按照三个不同的时期列了出来（表 2.1～表 2.3）。1969 年及以前的这段时期，主要成果包括社会学家 Rogers（1962）对创新扩散的开创性研究，Burns 和 Stalker（1961）对创新管理的研究，Arrow（1962b）对科学成果独占性（appropriability）的分析，以及 Schumpeter（1934，1942）两个最重要的奠基性成果。这些研究给人的第一印象是它们不仅在研究特点上不同，还代表了

① 我们应该期待理论核心的发展。这种进化可以概括为理论的细化，反映出基于历史和实证研究的新见解。然而，正如佩雷斯在第 4 章中所指出的，理论也需要适应历史背景的根本变化。例如，在创新理论中更强调交互作用可能反映了一种向网络社会的转移。因此，坚持“一般理论”在所有历史时期都是有效的，这是没有意义的。

创新领域极具差异化的研究视角。在这里，我将探讨这些学者是如何作为一块一块的基石促进创新研究的发展，推进创新研究领域不断发展到今天的。

表 2.1　核心文献（1969 年及以前）

1	Rogers（1962）	创新扩散
2	Schumpeter（1934）	经济发展理论
3	Arrow（1962）	经济福利和发明资源的分配
4	Schumpeter（1942）	资本主义、社会主义和民主主义
5	Burns 和 Stalker（1961）	创新管理

资料来源：Fagerberg，Fosaas 和 Sapprasert（2012）表 7 的改编版。

表 2.2　核心文献（1970～1989 年）

1	Nelson 和 Winter（1982）	经济变革的演化理论
2	Freeman（1974）	产业创新经济学
3	Pavitt（1984）	技术变革的部门模式
4	Freeman（1987）	技术政策与经济绩效
5	von Hippel（1988）	创新资源

资料来源：Fagerberg，Fosaas 和 Sapprasert（2012）表 7 的改编版。

表 2.3　核心文献（1990～2009 年）

1	Nelson（1993）	国家创新系统：一个比较研究
2	Porter（1990）	国家竞争优势
3	Lundvall（1992）	国家创新系统
4	Cohen 和 Levinthal（1990）	吸收能力：学习与创新的新视角
5	Saxenian（1994）	区域优势

资料来源：Fagerberg，Fosaas 和 Sapprasert（2012）表 7 的改编版。

阿罗（Arrow）的研究表明，经济理论和经济政策应该更加重视科学技术。在此之前，经济学上主张关注科学的论证主要由科学家或工程师提出，如英国的 Bernal（1939）和美国的 Bush（1945）。Arrow（1962b）提供了基于福利经济学的佐证，来解释为什么政府要承担直接或间接资助基础研究的责任。正如索罗对经济增长的分析将技术进步称为一个主要的无法解释的“剩余”，科学技术在为创新研究创造需求中扮演了相似的角色（Solow，1956，1957）。

阿罗的文章也可以看作是一个早期“创新的线性模型”（the linear model

of innovation）的经济构想，该思想最初是由 Bush（1945）提出，即我所称的“创新的技术经济理论”（the techno-economic theory of innovation）。独占性（这是创新研究者引入一项创新时获取利益的可能性）和知识产权保护制度已经成为创新研究领域的经典议题。其中耶鲁调查（Yale survey）向前迈出了重要的一步，该调查要求管理者评估一系列独占性和技术机会相关的议题（Levin et al.，1987）。耶鲁调查最惊人的研究成果是，在不同的行业和技术之间，以及在工艺创新和产品创新之间，用来保护知识的工具应用的方法和有效性都有着极大的差别。认识到这种差异可能反映在不同的技术竞争中仍然是当前很多创新研究关注的核心。

Burns 和 Stalker（1961）的贡献是建立了企业环境的变革速度与其最合适的组织形式之间的关系。他们认为，相比通过纵向交流具有形式化特征和严格专业化特征的组织，具有更加灵活分工合作特性和具有横向交互特性的“有机组织”（organic organizations）更具创新性，且能更好地应对变革。① 在其分析中，研究人员区分了组织内部不同的交互方式和沟通形式，这涉及前文所定义的理论内核。在他们研究的基础上，后续研究人员进一步发展了在当代创新研究中扮演重要角色的组织类型之间的差别。Mintzberg（1979）的分类法已被证明是卓有成效的：

- 创业型组织的简单结构特征；
- 机械官僚组织；
- 专业官僚组织；
- 多元化形式；
- 偶发性或创新性组织；
- 传教士组织。

近年来，创新的组织维度分析得到了进一步发展。受明茨伯格（Mintzberg）的启发，爱丽斯•拉姆（Alice Lam）分析了知识特点和组织形式是如何相互依赖的，并通过研究不同国家劳动力市场和创新系统的组织结构解释了这种依赖性（Lam，2000；Lam and Lundvall，2006）。

① 后来 Cohen 和 Levinthal（1990）提出很重要的一点，即有助于灵活性和新思想吸收的组织形式与促进创新和创造新想法的组织形式区别不是很大。这一点是通过实证研究显示企业有机形式的特点，如“偶发性”，这比其他的形式更具创新性和组织灵活性（Lundvall，2002）。

埃弗里特·罗杰斯（Everett Rogers）的创新扩散研究基于一个特定的农业创新扩散的传统研究，即在20世纪40年代启动的一项关于美国混合型玉米的传播研究（Ryan and Gross，1943）。Valente和Rogers（1995）给出了关于这一领域的研究如何出现，以及如何逐渐消失的概述。罗杰斯的研究贡献的一个有趣特点是，他十分重视网络的形成，并且他反对狭隘地关注个体农民特征的研究。他对信息的交换在网络中和地理空间中是如何发生的强调也许应该被视为“创新是一个交互过程”这一视角的先驱。相比更多的近期研究，值得注意的是，当涉及创新的技术维度时，这里介绍的三个研究都不太具体。在罗杰斯的研究中，创新在一个非常广泛的层面上被应用，主要是指行事新方法的应用和扩散。

熊彼特的研究更加具体，并对创新的内涵进行了定义：

> 新产品的引入……新的生产方式……新市场的开发……新供应资源的获取……以及任何行业新组织的实施（Schumpeter，1934，p.66）。

在他的《经济发展理论》（*Theory of Economic Development*，1934年）一书中，他也把创新看作“新的组合”，有时也进一步具体指生产函数上的改变。这本书和他的后续研究《资本主义、社会主义和民主主义》（*Capitalism，Socialism and Democracy*，1942年）都是奠基性的成果，因为它们把创新与经济发展联系起来，尤其是它们传递了对主流经济学的根本性批判。

根据《经济发展理论》一书的观点，创业和创新理论更加贴近于现代创业研究的理论内核，而非现代创新研究的理论内核。熊彼特所定义的企业家是指具有特定个人特质的个体，这些个人特质使得个体能够从其他具有模仿者特性或者抵制改变的经济主体中脱颖而出。企业家是那些看到机会并引进新的创新组合的人。创新理论是基于社会学的，主要基于经济主体之间多样性的假设。这一社会学的焦点也在其著名的关于资本主义生存的文章中得到了反映（Schumpeter，1936/91），他在其中概述了针对系统的主要威胁来自社会形式和生活方式的变革，在这种变革中传统资产阶级家庭被削弱，批判性的知识分子占统治地位。

熊彼特论证了为什么资本主义理论的发展必须要将创新作为其分析的核心。以经济增长和商业周期为表现形式的资本主义的动力，不仅仅是创新和创业项目浪潮的反映，根据熊彼特的研究，资本主义本身如果没有创新就不可能存在。创新创造了以利润为表现形式的差异性租金，没有利润就没有资本主义。这意味着，与资本主义有关的经济理论需要认识到不确定性的必然性，因为显而易见的是未来可能的创新过程成果并不能提前被预知。这也意味着用一般均衡假设模型进行操作不具有一致性，因为创新的本质是一种不均衡的现象。

在创新文献中，Schumpeter（1942）主要指的是反映作者对“创业功能”观点的转变。现在已经不是一个英雄的个人能给市场带来新工艺和新产品（通常被称为熊彼特Ⅰ型）的时代了。相反，创新现在被视为由拥有充分资源的大企业（通常是寡头公司）从事研发而带来的系统性努力的结果。当然，这一趋势使得理解组织内部发生了什么变得更加重要。受到 Burns 和 Stalker（1961）启发的创新管理领域的扩展研究被看作是熊彼特Ⅱ型的后续。更普遍的是，这一新视角为思考集体创业精神（collective entrepreneurship）和采用务实的态度开辟方法论提供了可能性，在这种方法论中个人的行为不再作为分析的唯一合法切入点。

熊彼特对创新过程的理解已经对现代创新研究产生了一个实质性的影响。首先，他提出的Ⅰ型和Ⅱ型视角之间的区别，引起了一场对企业规模、市场影响力、创新绩效的激烈辩论。这场辩论取得的初步成果是企业规模与创新绩效之间存在倒 U 形关系。在竞争较弱的行业，越激烈的竞争会刺激企业从事越多的创新活动；然而在竞争较为激烈的行业，创新绩效可能会随着竞争加剧而降低。一些有趣的研究，如 Richardson（1996），批判了支撑这些分析的关于竞争的静态理解，并认为，在技术上不断变化的行业，“垄断者”可能仍然是非常活跃的创新者，尽管依靠他们的市场力量可以提供低价格和高品质的产品。

从现代创新研究的角度来看，更有趣的是，争论最终以一个新兴的观点结束。该观点认为，这两种熊彼特模式可以共存，且在不同行业和在技术生命周期的不同阶段以不同的频率存在。Dosi（1988）在对创新微观经济学领域具有重大影响的一文中指出，技术机会、技术积累和独占性是影响在一个特定的行业哪种模式占据主导地位的三个变量。Malerba 和 Orsenigo（1997）后来提出了“技术体制”（technological regimes）的概念，该概念仍然是马莱尔巴（Malerba）关于“部门创新系统”（sectoral innovation systems）研究的核心内容。

熊彼特对现代创新研究的第二个重大影响来自于由他单方面地聚焦供给侧的理论带来的社会影响所引发的争论。熊彼特假定，“在创新变革中需求方不发挥积极作用”[①]。他把新市场开放定义为一种创新，这是正确的。然而，即使在这种情况下，他认为是供给方说服了消费者和用户来调整他们以往的日常行为。总的来说，他认为这是熊彼特式（Schumpeterian）企业家或企业设计了创新并且使创新最终成功。事实上，可以认为创新系统视角部分源于对熊彼特忽略需求侧的批判。

Schmookler（1966）提出了几乎与熊彼特完全相反的观点。他用大量的发明的实证数据和二手数据，证明在一些需求强烈和需求不断增长的领域，发明和创新趋于更加活跃。持续辩论的一个重要成果是产生了“一个反映技术推动和需求拉动之间相互作用的创新的新视角”（Mowery and Rosenberg，1979）。“链环–回路模型”（chain-linked model），即供给推动和需求拉动都被认为与科学知识相关，或许被认为是对新视角的一个贡献（Kline and Rosenberg，1986）。将创新视作生产者和用户之间交互过程的视角也许可以被看作是这一新视角的一个微观维度（Lundvall，1985）。同时，正如我们所看到的，弗里曼在引入创新的系统性观点上起到了至关重要的先驱作用。

2. 1970～1989 年

这一时期被引用最多的作品是纳尔逊和温特的《经济变革的演化理论》（*An Evolutionary Theory of Economic Change*）一书。其试图实现熊彼特的设想，发展一个新经济理论来替代新古典经济学理论，从而解释创新和变革普遍存在的经济环境中正在发生着什么现象。这本书参考了基于个人与企业如何学习和做决策的经验性观点，提供了一个对微观经济理论广泛的和

---

① 此外，熊彼特方法不同于 NSI 方法的地方是他忽略了学习和知识对认识创新过程的重要性。熊彼特方法中企业家是带来新的市场组合的积极分子，但对于如何具体地实现新的组合尚没有答案（Witt，2003，p.xiv）。

现实的介绍。在此基础上，它基于演化视角构建了仿真模型，使得理解规制（和企业）的创新、保留和选择如何塑造集聚和产业化发展成为可能。

虽然这一工作反映了作者在创新研究中所积累的经验，但其主要目的并不是为了提供一个创新理论。尽管如此，在这一分析视角下存在着一个解释公司如何参与创新过程的隐性或者有时显性的理论。这个视角来自作者早期题为“寻找一个有用的技术创新理论”（Nelson and Winter，1977）的文章中的一些细节。一个重要的假设是使用启发式方法（搜索程序）和那些直接参与技术创新的企业，往往都遵循特定的技术轨迹。一个核心主题是不同行业之间的创新活动的条件非常不同，这必定与技术的特点、技术需求及制度设置有关。与交互的角度一致，该视角认识到了创新过程应包括用户的积极作用，但却很少提及交互作用和相互关系。例如，自然轨迹被视为供给侧方面的演化，而事实上如果不将用户纳入讨论的范畴，基于长期关系的技术轨迹会变得越来越固定且难以变革。①

弗里曼所著的两本书和 Pavitt（1984）的开创性文章的突出地位推进了行业分类，这反映了在 20 世纪 70 年代 SPRU 已成为欧洲创新研究领域的主要团体。需要注意的是，SPRU 从一开始就是跨学科的研究机构，并拥有具有不同相关科学和技术领域经验的经济学和社会学专家。弗里曼在他 1974 年的那本书的书名中提到“创新经济学”（economics of innovation），书中考虑到不同技术的特点，这要比熊彼特的研究更丰富，也进一步刻画了创新过程的特征。

Fagerberg 等（2011）针对弗里曼在创新研究中的贡献分析指出，弗里曼的出发点是为了研究和理解科学与产业创新之间的关系。然而他在早期定义了一个更广泛的研究议程，这也许可以被视为我所定义的理论内核的源头。在 SPRU 的第一次年度报告中，该机构的目的被描述为“为深入理解研究、发明、发展和创新的复杂社会过程做贡献”。目标是在产业界、政府部门和高校机构中研究这一复杂过程，且把它在发展中国家的大环境下和在产业集群背景下展开（SPRU，1967，p.5；Fagerberg et al.，2011，p.900）。

① 有趣的是，Nelson 和 Winter（1982）参考的不是 Burns 和 Stalker，也不是 Mintzberg。组织理论受到了 March 和 Simon（1958）提出的有限理性下决策研究的启发。权力下放被作为一个管理问题讨论，然而激励“学习型组织”中的普通员工并不被视为一种通过管理减少对细节控制和监控需要的方法。

SPRU在其1971年的年度报告提出的使命中更加清晰地意识到了创新的系统性特征：

> SPRU的核心兴趣在于政策，政策旨在服务专业的研发网络以及这一社会子系统与社会整体交互作用的方式。该兴趣既包括来源于研发的技术创新，又包括作为基础研究的"科学"这一狭义的概念。它延伸到了社会系统中的创新扩散过程（SPRU，1971，p.6；Fagerberg et al.，2011，p.900）。

在Freeman（1974）的书内关于企业是如何参与创新的章节中，展示了SAPPHO项目（Rothwell，1972，1977）的研究成果，强调了企业内部个人与部门之间互动的重要性，同时也强调了企业与供应商、消费者及研究机构互动的重要性。Freeman（1987）的关于日本的书是第一个明确提出国家创新系统的出版物，该书重点强调了网络化的作用及工作组织的重要性。虽然由Rosenberg（1976）完成的关于机器用户在创新中作用的历史性工作为链环—回路模型奠定了基础，但是弗里曼从SAPPHO项目中所获得的经验为创新系统视角奠定了研究基础。

在这一中间时期，五个重要贡献研究中的其余两个是Pavitt（1984）和von Hippel（1988），他们的研究都涉及创新过程中的劳动分工。帕维特（Pavitt）提出了部门之间的差异性，冯•希佩尔（von Hippel）从微观层面的研究发现一些创新是由用户发起和实现的，另一些则是由供应商或者生产者创造的。

最初的帕维特分类法区分了以下几个部门：

- 供应商主导的；
- 生产集约化的；
- 规模集约的；
- 专业化供应商的；
- 基于科学技术的。

在供应商主导的部门中，创新倾向于从专业化的供应商那里以机器的形式输入，或者从规模密集型企业和基于科学的企业以新材料的形式输入。

规模密集型企业依赖于内部的生产工程能力，同时也依赖于成功地从专业供应商和基于科学的企业那里吸收创新的能力。专业的供应商和以科学技术为基础的企业往往都是活跃的创新者。专业的供应商高度依赖于与客户的交互，而基于科学的企业同样依赖于与科研机构之间的互动。帕维特从技术来源、用户需求和独占性方面的差异性解释了所观察到的模式。

von Hippel（1988）的一个主要贡献是对创新的用户和生产者之间劳动分工的理解。他使用一些与帕维特相同的变量来解释为什么某些创新活动发生在用户之间。在他的一些研究中，“独占性”的定位似乎是关键的变量。后来，他引入呈现“黏性信息”（sticky information）状态的专业知识的定位作为最重要的潜在解释。[①]

尽管帕维特和冯 • 希佩尔的这些研究有助于了解系统的相互依存的重要性及创新过程中的劳动力分工，但是他们对在合作过程中和交互模式中这种相互依存是如何体现的却缺少关注。

3. 1990～2009 年

所有列出来的早期作品都出版于 20 世纪 90 年代上半期，与另外两个时期的作品相比，这一时期的作品在理论视角上似乎形成了更具有同质性特征的集合。

三个被引最多的研究工作正是如此。Nelson（1993）提出了一系列关于国家创新系统的案例研究，Porter（1990）研究了国家竞争优势的构成，而 Lundvall（1992）不仅试图研究国家创新系统内的子系统，还试图在微观层面上给出国家创新系统的理论基础。然而正如我们所看到的，这些研究之间也存在着重要的交叉，前文提到的三位学者聚焦在国家层面，Cohen 和 Levinthal（1990）聚焦在企业层面，而 Saxenian（1994）则从区域层面研究了机构及其交互现象。

作为与弗里曼并列的现代创新研究最重要的创始人纳尔逊，其研究风格为后世的创新学者提供了一种模式。与温特一起，他到目前为止沿着熊彼特的目标，开展了雄心勃勃的尝试，试图建立一个在解释经济运作现象上比新古典更有效的新经济学范式（Nelson and Winter，1982）。同时他也

① 这一术语令人困惑，因为通常把信息作为知识的最不具有“黏性”的形式，而知识能够以数字媒体的方式进行交流。

从事和组织了一系列令人印象深刻的重大科研项目，并进行了实证研究来比较不同的技术的创新过程和不同国家背景下的同一技术的创新过程（Nelson，1984）。

Nelson（1993）的《国家创新系统：一个比较分析》一书是一个重大项目的研究成果。该项目由来自不同国家的学者一起完成，这些学者被要求结合自己国家的国家创新系统开展分析。该书负责不同章节的作者被给予了充分的自由去设计他们自己的章节，研究内容的主要协调工作通过与其他参与者一起开会时共同完成。这就解释了为什么不同的章节将重点放在国家创新系统的不同维度上。但是很多研究贡献强调了行业和知识研究机构之间的交互关系，为此纳尔逊在该书的介绍章节提及了用户与生产者关系的国家特性，并将其作为在国家创新系统层面而非区域或者全球创新系统层面的驱动力。

波特或许通常不被视为创新研究的一个中心人物，然而正如Dosi等（1988）所指出的，他关于竞争优势的研究成果（Porter，1990）与弗里曼、纳尔逊和伦德瓦尔提出的国家创新系统的研究有非常紧密的联系。[①] 一类看法是竞争对企业绩效和国家竞争优势非常重要。在同一个经济部门中拥有一些杰出企业的国民经济将趋向于在该经济部门中保持活力和创新性。针对这一较为传统的产业经济学方法，波特增加了供应商产业和用户产业交互的重要性内容。垂直关系和集群的形成被认为是将技术竞争转变为持续的竞争力的必要条件。

Lundvall（1992）一文是前面提到的国家创新系统项目的成果（2.2节）。其副标题“面向创新和交互学习的理论”暗示了有意从理论上将创新理解为一个交互的过程。受邀加入的学者被要求关注国家创新系统的某一特定的子系统某一特定维度，包括系统的开放性。子系统的例子包括公共部门、金融部门和科学系统。因此该项目着重聚焦于如何从日常的生产和营销活动中形成能力建设。关于干中学（learning by doing）、用中学（learning by using）和互动中学（learning by interacting）与研发一样重要的观点在分析中是内生的。

① 事实上，在20世纪80年代末，波特与奥尔堡IKE项目的研究人员接触时，他的项目存在一些直接溢出效应。

Cohen 和 Levinthal（1990）针对一个重要的概念“吸收能力”（absorptive capacity）提出了一个新的定义和视角。在参考该文的文献中，这一概念与内部研发投入紧密联系在一起。有争议的是，发展内部研发的一个主要原因是为了能够快速地和有效地利用外部知识资源。然而在该文章的前半部分，作者对知识创造和学习提出了一个更综合、更完整的理解（Cohen and Levinthal，1990，pp.128-137）①。

Saxenian（1994）认为在区域网络中交互学习也发挥着重要作用。她认为网络化及支持网络化的制度是重要差异之一，这些解释了为什么在硅谷的基于创新的半导体企业比在东海岸的半导体企业（128 号公路）的增长更迅速。事实上，经济地理学的学者是将创新作为一个交互过程的这一概念的“早期采用者”。他们也迅速开展了不同形式的知识和学习是如何与地理位置相关的研究。这可以反映一个事实，即地理学领域的学者如托尔斯腾 • 哈格斯特朗（Torsten Hägerstrand），是研究创新扩散的先驱者（Hägerstrand，1952，1967）。现有大量的关于区域创新系统和创新集群研究的文献存在（Polenska，2007）。

2.3.3　创新研究存在理论内核吗?

基于涵盖 20 世纪的 15 个高被引的研究为创新研究提炼出一个单一的理论内核是不可能的。不过我们可以区分出三种主要的理论构成元素来发展这样一个内核。

（1）许多成果，包括由纳尔逊和温特发展的演化经济学模型，代表了研究人员想要通过创新研究中提供的见解对熊彼特的观点进行补充，以试图为经济学建立一套可供选择的理论范式。

（2）关于独占性的研究是由 Arrow（1962）开创的，然而其最初狭隘地聚焦于信息领域。通过纳尔逊和温特早期的研究，以及通过 Freeman

① 该文章的第一部分提到识别能力可能是建立在问题解决的基础上，包括企业内部和跨企业的行动学习和交互学习，仅有一段内容可以理解为缩小对研发实证部分关注的理由（Cohen and Levinthal，1990，p.134）。在这一段中，有人认为“干中学”是有问题的，因为它可能会减少多样性。这忽视了一种事实，即企业内部的异质专家和部门之间的交互，特别是与不同顾客的交互可能会带来新的组合。在这方面，Jensen 等（2007）表明—最具创新性的企业联合研发活动与系统的尝试来激励干中学、用中学及互动中学—为 Cohen 和 Levinthal（1991）发展的吸收能力理论提供了一个更令人满意的实证说明。

（1974）、Pavitt（1984）、耶鲁调查（Levin et al.，1987）及 von Hippel（1988）的贡献，它发展成了类似于创新的（技术）经济理论。这一理论可以看作是组成部门创新系统分析的理论基础。

（3）创新作为一个交互的过程隐含在 Burns 和 Stalker（1961）及 Rogers（1962）的研究成果中。它在弗里曼的工作中是重要的，而且在最后一个时期是五大研究成果的核心要素。这指向创新的社会经济理论（socio-economic theory），形成了国家和区域创新系统的理论基础。

尽管无论是创新的技术经济理论还是社会经济理论都可通过多种形式构建（存在一些关键概念来构成理论），然而它们的共同点是到头来都表明了在创新发生过程中历史和当地背景的重要性这一事实。在技术经济理论中，部门和潜在技术之间存在根本的区别。在社会经济理论中，制度在企业、地方、区域和国家系统中都不尽相同，并且这些区别产生了不同的交互模式和相互依存模式。

熊彼特的研究可以分别划分为Ⅰ型和Ⅱ型，其中Ⅰ型强调企业家个体所扮演的角色，Ⅱ型强调具有突出研究能力的大公司是创新最重要的驱动力（Phillips，1971）。这种研究变化阐释了在第 4 章中由佩雷斯提出的一点，即理论必须适应现实世界中的变革。尽管在不同的历史时期将创新作为交互过程或创新系统进行研究或许是有用的，但我们仍想假设从一个时期到下一个时期这种交互的关键界面将会发生变革。在演化经济学中，我们应该期待引起多样性和选择性的机制将会随着技术经济背景的变化而不同。

2.4 创新研究：廓清与相近领域的界限

在上一节中，我们通过寻求创新研究的理论内核来努力刻画创新研究。在这一节中我们通过思考创新研究与相邻的两个研究领域—创业研究和科学技术研究—的边界来对其进行定义。我们将从以下两个问题开始：创新研究领域的学者有哪些？创新领域的研究发生在哪里？ Fagerberg 和 Verspagen（2009）使用《研究政策》期刊中的引文模式定义了核心文献，并将之与问卷调查方法相结合。在问卷调查中，他们通过邮箱对约一千名创新研究学者（这些学者自我界定为创新研究学者）进行问卷调查并收回结果。最近，Fagerberg 等（2011）用引文模式作了一项创新领域的研究，反应在了一本权威手册上。其后续项目涉及其他用相同方法分别刻画科学技术研究（Martin 和 Nightingale）和创业研究（Landström 和其同事）的同行。在 Fagerberg，Landström 和 Martin（2012）的研究中，这些文献研究结论被整合在了一起。下文中，针对创新研究和其他两个相邻领域之间的差异，我提出了一些思考。

2.4.1　创新研究与创业研究之间的边界

尽管创业研究和创新研究都基于熊彼特的研究工作，但是目前两者分别隶属于两个不同的研究领域，而且两个研究团体之间的重叠相对有限。① 创业研究的理论内核非常近似于我们前面提及的创新研究的技术经济理论内核，这是令人诧异的。在这两种情况下，焦点都是在不同独占性条件下经济主体是如何应用机会的。其中一个区别是，技术经济视角更加关注在不同技术领域中机会和独占性水平有何不同。

另一个更基本的区别则与个体创业与集体创业的区别有关。在主流的有关创业研究中，传统的研究侧重于对个体层面的关于个体为了利用机会而从事行动的分析。在这些研究中，方法论的个人主义相对未受到挑战。确实，一些支持者明确坚持应当把关注点放在个体层面而不是集体行动上（如 Casson，1985）。这在一个事实中反映出来，即在创业研究中，典型企业家的个体特征分析是一个重要的子研究领域，这在创新研究中没有相应的体现。创新是企业家行为的结果，因此创新研究同样也研究创新主体，只不过创新研究中的主体也许同时包括集体和个体。

创业研究共同体和创新研究共同体之间的这些差异可能反映了在特定子领域存在着不同历史联盟的情况。历史上不同联盟的存在引起了不同团体之间的一些偏见，使得这两个研究团体不能相互兼容。一方面，早期的

① 用谷歌学术中前 10 位文献分别区分“创新”和“创业”两个方面学者共同体。其中，创新成果最常引用的文献包括 Nelson（1993），von Hippel（2005），Cohen 和 Levinthal（1990），Freeman 和 Soete（1997），Tidd、Bessant 和 Pavitt（1997），Lundvall（2010）和 Rogers（2010）。创业成果最长引用的文献包括 Shane 和 Venkataraman（2000）、Kirzner（2015）、Baumol（1996）、Drucker（1985），以及 King 和 Levine（1993）等。没有文献同时出现在两个前 10 位的列表中，虽然这并不排除在两个领域之间存在一些重叠和交叉［更为系统的分析可参考 Bhupatiraju 等（2012）］。

创业文献与研究小企业在经济中的作用有关。当时，一些有影响力的研究（如 Birch，1979，1987）成功地将新企业和小公司的创办过程和与创造就业机会联系了起来，创业研究与小企业研究之间的联盟在战后的美国得到了进一步加强。这种联系有时是有道理的（Davis et al.，1993）。另一方面，相比于创业研究，创新研究更加植根于科学政策研究。萨塞克斯大学 SPRU 的弗里曼以及在美国的理查德•纳尔逊指出，技术创新的关键在于研发上的努力。这引起了研发人员对拥有充足资源来建立研发实验室的大企业的极大关注。这两类研究的不同联盟可能有助于解释为什么创业研究更接近于熊彼特Ⅰ型视角，而创新研究更关注熊彼特Ⅱ型的观点。创新研究与科学政策的联盟以及创新研究与线性创新模型间的冲突鼓励了创新研究共同体努力探寻知识在创新和经济发展中所扮演的角色。在最近的研究中，这已经产生了知识形式和学习模式之间的重要区别。创新被看作既不是科学发展的结果，也不是单个个体行动的结果。相反，它被看作是一个主体之间进行干中学、用中学和互动中学的过程。这种交互学习的过程不仅引起了经济主体之间的变革，也引起了经济主体之间相互关系的变革（例如“关系学习”）。①

2.4.2 创新研究和科学技术研究：外部用户和批判视角的作用

科学技术研究共同体和创新研究共同体在分析科学知识在经济社会发展中的作用上已经达成了共识。尽管如此，Martin 和 Nightingale（2012）以及 Bhupatiraju 等（2012）的研究表明，从各自的核心文献来看这两个研究领域之间的重叠较少。在本部分，我将聚焦两个研究领域在外部用户上的差异以及批判视角的作用。

① 边界不可能如早期提出的区别那么清楚。在研究团队如 IKE 和最近的 CIRCLE 中，学者对这两个领域都做出了贡献。例如，创业学者将高科技创业企业和其他企业区别开（Storey and Tether，1997）；他们研究创业团队完成的“集体创业”（Reich，1987）；他们也考虑到源于具体部门雇佣关系的早期经验对创业成功的重要性，引入学习（learning）的观念（Dahl and Reichstein，2007）。在他们的身边，创新学者通过分析新公司在特定的部门创新系统、特定阶段的技术周期中的作用，为创业文献做出贡献。他们研究金融业在创新系统中的作用，包括风险投资与创业研究分析的重叠。值得注意的是，虽然这两个领域对来自行为科学的输入是开放的，创业研究偏爱心理学，因为它有助于理解企业家的个人特质，而创新研究首选的行为学科将会是（或至少应该是）社会学和社会心理学，如代表性人物有约翰•杜威（John Dewey）和乔治•赫伯特•米德（George Herbert Mead）。

法格博格和其同事的研究试图根据学科和学术期刊描述用户特征。他们所采用的书目方法只涵盖了学术出版物，并且不允许对私有和公共部门之间的外部用户分类进行任何分析。我们希望，这能在后续的文献计量研究或其他研究中进行。创新研究拥有其独特的特点，该特点源于用批判的视角结合与外部用户的紧密互动，这种方式在创业研究和科学技术研究中都不存在。创新研究是一个相对年轻的研究领域，其在与一些国际组织紧密互动中获得发展，如 OECD 和美国的兰德公司。其最重要的两个创始人是弗里曼和迪克 • 纳尔逊，他们都参与了这些公共政策机构的建立，同时他们正在建立创新研究领域的研究基础，并且他们的分析在相当程度上受到了公共政策议题的驱动。创新研究中与外部用户的互动得以持续维持，并且这种互动使得创新研究领域没有变得太过于抽象，从而丧失其与现实世界的联系。但是这样一个“社会工程”（socio-engineering）方法并不是没有争议的，该方法认为提出可被私有部门和公共部门主体执行的提议是合理的甚至是正向的。值得注意的是，无论是马克思还是熊彼特都未把为私有或公共部门的决策者提供建议作为学者的任务。在这方面，弗里曼和纳尔逊与凯恩斯有更多共识①。科学技术研究共同体更加关注新技术和公共科技政策的负面影响，这与创新研究共同体不同。在这一传统下，学者在参与探寻政策和管理问题的解决方案上明显更少。②

这种差异可能反映了这样一个事实：创新学者因其主要植根于经济学，所以更致力于经济目标，如经济增长和国际竞争力；而科学技术研究主要植根于批判性的社会学传统，这里科学被视为服务于更广泛的目标。然而这也许反映了一个事实，即创新学者或明或暗地把经济环境视为构成一种选择体制（selection regime），该体制主导着来自政治和规范方面的竞争性选择机制。

2.4.3　将创新研究与其他相邻领域联系起来

Fagerberg，Landström 和 Martin（2012）把创新研究的内容与创业研究

① 事实上，当我问弗里曼在他看来谁是最伟大的经济学家时，他提及的是凯恩斯，而不是马克思或熊彼特。

② 最近，我提出这个区别并与安德鲁 • 斯特林（Andrew Stirling）交流。他回应说，他看到一个更重要的区别是，创新研究往往认为创新过程是单向的，而科学技术研究认为它可以有多种方向。

和科学技术研究的内容进行了对比，这种比较对于理解其中任何一个研究领域的具体特征都非常有用。这两个相邻的领域（创业研究和科学技术研究）非常适合比较，因为它们在其研究过程上有很多共同点。这种比较性的研究对于创新研究领域不断发展与更新具有潜在的帮助。其不断发展和更新的机制之一是从相邻领域传输观点和思想。

比较研究的一个优势是单一的、相对简单的方法论的应用（参见与"手册"相关的引文模式）。尽管如此，将这种方法与其他方法结合起来将会很有意义，这使得在涉及学者与非学术用户互动的情况时，研究一个特定的领域是如何被组织的成为可能。可以合理地假设该领域独特的演化将会越来越多地取决于与外部用户之间的交互，正如与学术界内部的交互一样。这也为特定知识领域的社会作用提供了重要的见解。

其他相邻领域的存在也会促进创新研究的丰富和发展，尤其是知识管理（knowledge management）、创造力研究（creativity research）和工作生活研究（working life studies）这三个领域。知识管理与创新管理（management of innovation）存在交集，然而知识管理更深入地探讨了对知识和学习的理解。传统地，大多数创造力研究都聚焦在对个体创造力的探讨上，但也有越来越多的文献聚焦在集体创造力的研究和创意阶层（creative class）作用的研究（Florida，2002）。创新过程可能被视为不同形式的知识以新的创造性的方式整合在一起的过程，因此，理解创新研究与这些研究领域之间的关系变得非常重要。

2.5 打开创新研究的新边界

本书中的一些章节，通过向工作场所学习研究领域（Lorenz）、经济发展研究领域（Perez）、经济学研究领域（Dosi）打开创新研究的边界，为创新带来了新的研究视角。下面我将针对创新研究与这三个领域互动和演化的模式分别进行探讨。

2.5.1 创新、工作组织和社会保障体系

工作生活研究先前已开展的工作与创新研究相距较远。这一领域被社

会学家所主导，主要关注的是工作生涯的质量以及与健康或压力有关的工作环境。如果全面考虑，新技术和创新对员工来讲更多的是威胁而不是潜在的工作机会。创新领域的学者，除了几个很少的权威外，其他人都忽视对工作生活的研究。下文给出了一些将工作生活研究与创新研究联系在一起的讨论，并讨论把工作生活的组织作为创新系统的一个重要的维度。

古典经济学家把劳动力或工作视为经济中最基本的范畴。当他们将工作时间作为衡量价值的指标时，它反映了生产方法和知识贡献到财富创造上时都需要利用人类活动这一事实。人在工作中遇到的经验是福祉的基础。[①] 在工作场合通过干中学（learning-by-doing）是知识创造的重要源泉。

创新源于工作。科学家在实验室里花的大多数时间用来从事日常活动。科学家通过不断努力产生新的见解，这将可能奠定技术突破的基础。对工程师而言情况也是同样的，工程师的工作主要是使企业技术流程操作更加顺利。然而，他们中的有些人一直在从事一些具体的项目，目的是为生产过程中的瓶颈问题寻找新的解决方案，或者是为满足顾客的需求开发出新的产品。营销人员的工作将销售标准产品与推销新产品结合，并为他们自本公司的产品开发人员提供反馈和启发。

这些相对来说都是没有争议的，并为传统的观点做出了贡献。在传统观点中，创新代表了精英式活动，其主要参与方包括管理者、科学家、工程师和政策制定者。这也符合创新系统的狭义定义：一个聚焦在企业领导者、大学职员和政府官员之间互相交互的“三螺旋”模式（Etzkowitz and Leydesdorff，1995，2000）。创新被看作是一个过程，主要涉及由 Florida（2002）定义的创意阶层。此外，目前仍不明朗且更具有争议的是，创新过程也取决于包括那些通常被称为“非技术工人”在内的大多数工人的工作是如何被组织的。

在创新研究中，很少有研究试图探讨创新是如何与工作流程相联系的。最重要的一个联系可能是关于技术性的失业问题的研究。在 TEMPO 项目中，弗里曼、苏特和其他人分析了信息技术对劳动力市场的影响，这或许

① 标准福利经济学假设消费可使得福利增长以及工作对个人具有负面效应。在学习型经济中，这是一种讽刺，因为未能捕捉现实经济正在发生什么（Lorenz and Lundvall，2006）。某些类型的工作需要在技能上投资，并且所涉及的学习可能具有内在的价值。

是一次最认真的尝试，它不仅试图将创新与就业联系在一起，还试图将创新与工作流程联系起来（Freeman and Soete，1987）。从那时起，大多数的创新研究都忽略了工人的作用，而是将研究聚焦于政策制定者、科学家、工程师和管理者的作用上。

将技术与工作组织和技能发展联系的工作社会学相关的文献得出了相当悲观的结论。这些结论不但在经典研究看来是正确的，如 Braverman（1975）的经典研究，而且在最近关于工作生活研究趋势归纳的尝试中，如 Sennett（1998），也认为是成立的。假设自动化和流程创新为中心，布雷弗曼（Braverman）得出了非技能劳动过程占主导地位的结论，而森尼特（Sennett）则强调工作生活的转型是如何损坏工艺以及产业工人身份的。

通过欧洲不同国家系统的比较研究揭示了一个比前面这些主要基于美国数据的研究更细致入微的画面。工人参与的国际差异是相当引人注目的，它似乎与国家创新绩效存在着相互关联性（Arundel et al.，2007）。在大多数国家，员工参与性越强往往伴随越高的工作满意度（Lorenz，2006）。重要的是要理解异化并不是一种与创新相关的一般趋势，也要明白新技术的实施涉及不同的创新模式（或多或少的包容性工人参与）之间的政治选择。

理解与创新和学习相关的工作流程对于理解创新过程也很重要。尽管这一流程的关键步骤可能涉及管理人员、科学家和工程师的参与，然而考虑到资源的合理和有效使用，这一过程的成果取决于企业的整体组织。在员工和老板之间社会距离越小的组织中，以及在思想家和实干家之间具有更多渗透性的创新系统中，某些类型的创新得以产生，而其他的创新不可能得到发展。在大多数情况下，具有更多包容性参与的系统将能够确保一个更快速的创新流程。员工更愿意为新流程的工作方式提供反馈意见，并且更愿意自行解决新技术的问题。

由 Lorenz 和 Valeyre（2006）提出的工作组织的刻画为这一领域的研究开辟了一个新的思路，使得将经济发展理解为工作生活的转型成为可能。我们发现，员工积极参与的程度和形式在欧洲的南部、西部、中部和北部都有很大的不同。Arundel 等（2007）的研究表明，在欧洲各国之间，工作场所的员工参与率和突破性创新（作场所的员工参与率和突破性创新在欧洲的）频率之间存在着相互关系。

自 2000 年以来的欧洲数据表明，北欧国家只剩下极少根据泰勒原理（Taylorist principles）组织的工作岗位，而在较大程度上暴露在欧元危机之下的南欧国家里，此类工作岗位的比重则更高。一个乐观的解释是，经济发展将逐步使工作生活更加民主化，更具参与性。

2.5.2　学习型经济的社会维度

“学习型经济”（learning economy）这一概念指的是资本主义发展过程中的一个特定阶段。在这一阶段，全球化、放松金融管制、信息和通信技术的广泛使用等因素的组合，从不同的维度加快了变革的速度（在需求侧，用户需求快速变化；在供给侧，存在新技术的创造、扩散和应用的加速）（Lundvall and Johnson，1994）。

我们注意到，管理学文献越发重视将“学习型组织”（learning organizations）作为反映一种新情景的观点。在一个迅速变化的时期，具有广阔横向沟通的扁平化组织，比职能部门之间存在障碍的垂直化组织更有效（Senge，1990；Drucker，1993）。我们可以参考“网络社会”（network society）（Castells，1996）和“开放式创新”（open innovation）（Chesbrough，2003），指出学习型经济的另一个重要维度。在一个越发复杂和快速变革的时代，找到组织内部所必需的所有能力变得越来越困难。

正如前文已经提到的，OECD 就业研究（OECD Jobs Study）（OECD，1994）最有趣一项结果显示，成员国中劳动力市场呈两极分化的总体趋势。这一结果已经从贸易模式和技能偏态（skill-biased）的技术变革两个方面进行了解释。学习型经济的视角提供了另一种解释。受教育的员工变得更好，这反映了教育提高了他们学习能力这一事实。支持这一观点的重要理论贡献可以从 Nelson 和 Phelps（1966）及 Schultz（1975）的研究中找到。

Nelson 和 Phelps（1966）一文提出了一个简单的经济增长模式，即受过高等教育的人对经济增长的贡献通过两种机制来实现。一是，相比于一般的工人，他们能够更有效地从事一般性的工作。二是，这也是该文中提出来的新观点，即当涉及开发新的技术时，受过高等教育的人更能够胜任。分析得出，高学历者的边际生产率能够反映出技术变革率（模型中外生确定的）。Schultz（1975）遵循类似的思路，进一步指出了推理原因。特别的是，他基于经验观察指出，教育能够使个体更好地应对失衡。

学习型经济存在固有的矛盾。一方面，它依赖于社会资本——如以“普遍信任”（generalized trust）的形式——通常在同质和平等的社会中蓬勃发展。另一方面，由于劳动力市场中低技能的劳动者将会被削弱，这样往往会导致不平等的日益加剧。这种矛盾指出了国家干预来重新分配技能和学习机会以支持低技能人员的重要性。我也在几篇论文中指出了这一点，并称之为“新的新协议”（new new deal）（如 Lundvall，1996）。

2.5.3 创新、教育和劳动力市场政策

Lundvall 等（2008）的研究表明，拥有开放的并能够平衡理论和实践因素的教育系统的国家，更倾向密切参与工作场合学习。Holm 等（2010）的研究表明学习型组织在劳动力市场具有“弹性安全”（flexicurity）的国家得到了蓬勃发展。[①] 对于创新学者来说理解教育和劳动力市场系统塑造创新过程的不同制度设置是一个主要挑战。创新学者也许能够从 Whitley（1994）关于不同国家的商业系统的研究中找到灵感，一个雄心也许可以为国家系统开发一种分类体系，这种分类体系对于理解创新而言比资本主义种类的文献更丰富、更相关（如 Hall and Soskice，2001）。

北欧国家（和其他小的欧洲福利经济体）在财富生产方面取得了相当大的成功。在战后，这些基于平等主义的“福利国家”，在人均国民生产总值、人类发展指数（UNDP index）以及在更高质量的竞争力排名均位列世界领先水平。在最近的一项根据欧洲创新记分牌（European Innovation Scoreboard）得出的排名上，丹麦、瑞典、芬兰与德国一起，被认为是欧盟的“创新领导者”。这些国家的共同点是，在变革的进程中，他们将低收入差距与高度工人参与相结合。较低的收入不平衡与在变革的过程中工人的高度参与结合。这些国家的教育体系是开放的，并且平衡了理论和实践，其劳动力市场具有灵活性的特点，同时它们作为“福利国家”为变革中的受害者提供了再培训。所观察到的相关性是系统性的，它并不意味着北欧模式可以直接复制到欧洲其他国家，甚至这种模式对世界范围内的其他国

① “弹性安全”是指劳动力市场的高流动性和雇佣与解雇的较少限制的联合，同时是对于那些失业者相对慷慨的支持。在欧洲，丹麦和荷兰都被视为劳动力市场具有弹性安全的国家。

家和地区也不一定合适。

尽管如此，2000 年启动的里斯本战略（Lisbon Strategy）还是向这一方向发出了信号，它将“更多的社会凝聚力”和“更好的工作”作为战略目标。但到 2005 年，该战略已经变得越来越窄，仅聚焦在增长和就业上（Lundvall and Lorenz，2011）。目前，欧洲出现了一种回到粗糙竞争战略的趋势，在这种战略中，低工资和低税被视为吸引投资和促进出口的主要手段。经济危机通过紧缩方案和降低工资成本增强了这一趋势。

在传播如欧洲“弹性安全”的优秀实践时令人非常失望的经历以及近期狭窄的竞争战略的回归，都增强了创新研究的挑战。在创新的系统性特征下，国际政策学习有哪些可能发生的情况？是否可以实施旨在实现收入平等和高福利制度的措施，并激励那些规模较大且同质性较低的国家进行创新？我们是否进入了一个全球竞争的新时代？这里，如此“好的战略”正在达到它们的极限，或者还是回归到了非创新型的竞争战略，这些战略仅仅反映既得政治利益的力量和对可疑经济理论的依赖。

这表明，需要研究议程来研究和比较目前全球化竞争的背景下替代竞争战略的结果。这一研究议程也许会加深政策对创新绩效影响的理解，包括劳动力市场政策和教育政策。与工作经验相关的知识创造应该纳入考虑。例如，收入分配如何影响工人和老板之间的社会距离，以及如何影响技术变革过程中的工人参与形式？

2.5.4　一个连接创新与经济发展的研究议程

最近有一些重要的研究试图努力理解“追赶”（catching-up）的过程，其中涉及新兴经济体，如印度、韩国、中国和巴西（Malerba and Nelson，2011）。在这些国家中，经济活动越来越依赖于技术知识，由创新学者在发达经济体背景下开发的很多概念都能被应用。然而，在这些经济体中，区域和部门发展很不平衡，他们往往包含了大量的具有低生产率和低技能特征的非正式行业（Cassiolato and Vitorino，2009；Lorentzen，2009）。试图理解知识和技能的调节作用在正式的高生产力行业与非正式行业之间的区别，仍然是创新系统视角的一个主要挑战。

要分析在创新和能力建设以农业和原材料为主的最不发达经济体的作

用，需要发展新概念。从创新系统的角度来看，发展经济学中既有经典研究议题，又有与生产全球化和信息技术新角色有关的新问题。首先需要理解这些经济体怎样将基于对原材料强烈需求的经济增长转化为相关工业和服务业的持续的发展能力。在“三螺旋”结构中将创新等同于基于科学技术的活动，以及将高校作为知识主要来源的趋势在这些国家尤其是个问题。理解工程和设计能力在经济发展中所发挥的作用是创新研究的一大挑战。是否有可能通过一个能力建设的协调战略开展必要的相关活动将不同层次上的正式培训与提升经验的学习联合在一起？

另一个议题不可避免地与来自西方和“BRIC”国家的农业领域和原材料开采相关的外来资金持续增长有关。外资的出现可能被视为技术学习的潜在资源。理解在什么情况下最不发达国家有可能利用这些资源优势是一个重要问题。这要求这些最不发达国家必须同时具备吸收能力和与主要的外国投资者进行谈判的能力。

佩雷斯在第 4 章中指出，小规模企业在欠发达国家的新机遇被认为是来自新的通信技术、较低的运输成本及新的商业模式。由于贫困国家以外的地区的重要需求，全球资源短缺的特殊情况可能激发出可以变成产品和服务的解决方法。在全球资源稀缺的背景下，资源循环是一个重要的方法。

最后，非正规部门的作用需要从创新和能力建设两个视角来理解。正如近期的一些研究所描述的，非正规部门的活动可能会受到信息技术应用的强烈影响。例如，移动电话可以帮助渔民定位市场需求，并可能将其与金融系统或者其他服务联系起来。

2.5.5 创新研究和对标准经济学的批判

创新研究领域的经济学家经常由于得不到主流经济学的认可，而深感挫败。即使当主流经济学的学者从创新共同体中借鉴观点时，他们也往往忘记提及观点的来源。这种挫折感始于熊彼特本人，他野心勃勃地想要在资本主义的发展中建立一个连贯的理论，而其努力却从未得到认可。这种不被认可的挫败感不利于创新学者在致力于对经济理解上的努力。或许忽略主流经济学是一个好的选择，从而聚焦在向公众解释为什么主流新古典主义的思想在当下以知识为基础且创新无处不在的经济体中是不充分的。

标准经济学也出人意料地被证实了抗拒批评，包括理论的不一致性、抽象的误导及不切实际的假设。即使在出现重大经济危机，实践者毫无应对方案而标准经济学的基本原理毫无疑问发挥了贡献的时候，我们也不应该放弃通过批判性分析建立一个更满意的理论框架的努力。

标准经济学的劣势之一是对知识和学习概念的处理，而这正是创新研究的核心概念。这涉及科学和技术分析的历史起源，当然，事实上从创新过程来看，知识作为投入要素和产出要素都是非常重要的。了解在这个创新过程中用于应用和生产的知识的不同形式，是理解创新及标准经济学局限性的基础。同时，区分隐性知识和显性知识，并且区分基于经验的学习和基于系统性科学研究的学习也非常重要。在 Lundvall 和 Johnson（1994）的研究中，我们提出了一个实用的知识分类法，来区分知道是什么（know what），知道为什么（know why），知道如何做（know how），并知道是谁（know who）。另一个重要的议题是区分个人和集体知识、组织内和跨组织边界的知识分享及局部和通用知识。Winter（1987）在其研究知识管理的探索性文章中，探讨知识的特征时提到“语言的缺乏”（a paucity of language），我们仍旧需要一个更精确的词语。

如果认为知识是从一种情境扩散或转移到了另一种情境，那就低估了在不同的情境下吸收知识需要的努力。要理解学习是如何发生的以及阻碍其发生的重要障碍，包括那些基于知识保护的不平等权利和法律法规，理解将创新与经济发展联系起来的可能性是非常重要的。虽然一些知识可能会迅速扩散和转移，但是其他类型的知识可能真的需要个体或群体将其从一个地方移动到另一个地方。基于经验性个人主义或对全球通用知识设想的知识的传播，在大多数相关知识都被定位在基于不平等的和局限性的评估基础上建立的、不连续性的“知识库”的当今世界，很具有误导性（Arrow，1994）。因此，发展我们对知识和学习的基本理解是赋予创新研究资格以及使得对标准经济学的批评更有效的基础。

2.5.6 学习型经济中创新比率太高了吗?

在第 6 章中，苏特指出了创新似乎会带来负面影响的两个特殊情况。一个与导致更多破坏而非创造的技术竞争有关，另一个与金融创新有关。对于上述两者而言，或许增加了技术集群和“用户–生产者关系”导致的“非期望创新”（unsatisfactory innovation）的实例，并且引发了“变革的最佳速度”这一议题。在经济学中，经济学家看待变革的方式存在一定的偏差。他们通常会将变革视为进步。社会科学家更关心个人是如何从共同体稳定的繁殖中获益，他们倾向于持不太乐观的态度，并且更愿意考虑变革的负面影响。在这些经济学家中，同时为投入产出分析研究和创新研究做出重要贡献的安妮·卡特（Anne P. Carter）却是个例外，她在试图衡量变革的成本。她将所有以改变他人管理变革的后果为导向的工作进行了分组，并将这种分类作为衡量变革成本的指标。在Carter（1994，1996）的研究中，她提出了对创新和变革的加速是否能带来更好的福利的质疑。

这一议题与当前世界现状有关。在当今世界环境下，国家政府将发展本国经济作为参与国际竞争的一部分，因而很难想象如何在国家层面上降低变革的速度。因此，思考达成怎样的全球共识可能会产生更令人满意的变革率成了一个有意义的话题。全球变暖和金融动荡也许可以被视为需要通过创新过程减速或者需要寻求创新过程的新方向来解决的问题。通过采取托宾税（Tobin tax）形式的新制度以降低金融交易速度及金融创新效率可能是一种解决方式。另一方面，制定全球规制以达到节约资源和减少污染的目标，如采取二氧化碳税（CO_2 tax），也许对于减缓全球变暖是必要的。

2.5.7 金融产业复合体

从创新这一视角分析金融产业复合体尤其有意义。正如苏特在第6章中指出的，近期大量的“金融创新”也许是关于创新是如何产生大量破坏性后果的最有力的例子。在金融产业复合体中，由于金融创新为杠杆作用提供了新工具，用户–生产者之间的交互关系在过去的10年里变得越来越混乱。这些金融创新使得发生在综合体内部不断增长的交易份额成为可能，而针对剩余的经济体进行征税。对金融产业复合体来说，为企业家和产业顾客提供信贷却变成了次要目的。由OECD提供的国家银行业的数据显示，2000～2007年，来自普通信贷活动的总收益和净利润（净利息率）的比例在所有的国家中都在萎缩，然而杠杆效应所带来的利润分配却在急速增长。

即使经历了金融危机对金融行业信誉的影响，金融产业复合体仍旧拥有相当大的影响力，并继续在经济中发挥破坏性作用。金融产业复合体的优势来自几项资源，其拥有巨大的金融资源，可以用来购买政治权力，监管机构与该部门的利益息息相关。事实上，尽管该部门是国家性的，有时甚至是区域性的（如伦敦金融城和华尔街），但其在运作上却是全球性的，这造成了监管上的困难。最重要的事实是，金融产业复合体对整个经济体形成了一种脚手架式的支撑性作用。其一旦崩溃，整个经济可能陷入严重的萧条。这种独特的地位和由此产生的傲慢体现在民众尽管愤怒却依然无节制地向高管支付金钱。

金融产业复合体与政策制定者联合起来参与敲诈的能力不断地得到增强。因为那些对这一综合体的运作有深入见解的金融专家，其大部分的收入往往来自本部门。政策制定者几乎是无能为力的；在一些关键的情况下，他们有必要进行干预，但不愿意采取行动，因为行动可能会破坏信心并由此引发金融系统中最脆弱环节的运转。这也增强了这一事实，即金融产业复合体已经变成了整个经济体的主要发动机，尤其是在英国和美国。

在此情境下，认为专注创新研究的学者没有责任关注与金融危机相关的金融分析中发生的事情是不合理的。在这里，我们应该听听弗里曼的看法。在其后期的一个采访中（Sharif，2006），他告诉我们，对新古典宏观经济学发起攻击比寻求提升特定技术或集群的方法更重要。[①] 在其一篇重要的论文中，聚焦于金融的动态性，预见了在美国经济中发生的信息与通信技术金融泡沫（ICT-financial bubble）（Freeman，2001）。现在是时候多加关注他的忠告和建议了。

2.6　创新研究的未来

斯坦缪勒在第 7 章中提出的主要观点之一是他有些悲观的观察结果，即今天很多年轻的学者倾向于不将创新视为一个开创性的、令人兴奋的领域，

① 大部分从事创新系统研究的人都倾向于在微观层面上研究，在宏观层面上，他们对新古典范式的力量仍然感到震惊，尽管这是他们必须研究的地方。需要对宏观经济理论的核心进行抨击。这正在发生，但仅在有限的程度上，目前的情况是还没有足够有力的主张（Sharif，2006）。

而是认为创新研究越来越像“常规科学”。本节中，我将思考如何组织该领域，将基础结构的可持续性与内容和方法的更新相结合，使其对未来一代的学者更具有吸引力。

2.6.1 研究组织

在 Fagerberg 和 Verspagen（2009）的创新研究文章中，他们提出了该领域未来的问题：

> 在这方面，从事研究最相关的问题将会引起以下思考：在该领域，目前的制度和组织是否足够强大得能让领域内的知识以累计的方式演变？这在之前可能并不是一个问题，但随着该领域的持续增长（和多样性），人们希望这些要求变得更加严格。正如我们所描述的，整个领域的唯一的沟通渠道是《研究政策》这一期刊。没有一个固定可以开会的地方或某一个学会可以贯通整个领域。这可能是该领域持续发展最具挑战性的限制。（p.230）

在 Fagerberg，Fosaas 和 Sapprasert（2012）最近的一篇文章里，他们开始着手绘制创新研究领域的地图，并且发现，研究文献可以被分为三个群：

- 研发经济（economics of R&D）；
- 组织创新（organizing innovation）；
- 创新系统（innovation systems）。

一个有趣的发现是，第三群似乎是第一群和第二群之间的纽带。这是极其重要的，因为第三群基于 SPRU 早期的研究，主要是欧洲研究人员作为作者或用户，而前两个群主要由美国学者和美国机构主导。在他们的结论里，Fagerberg，Fosaas 和 Sapprasert（2012）提出了以下的问题：

> 20 世纪 70 年代和 80 年代，这一领域的发展壮大与领先学者的努力是分不开的，这些学者互相换位思考，并创造足够的空间进行互动和辩论。在当下发展的更具规模（和更加多元化）的学者团

体中，已有的非正式的整合是否已经足够了？如果不够的话，构成现在领域的不同研究团体可能会进一步分离，并最终走上完全不同的轨道，这可能会对这一领域的科学研究的进展带来负面影响……因此，一个相关的问题是，对于这一领域的学者来说新的整合方式是什么……这可能需要确保该领域的多个研究团体之间保持联系并且作为一个整体继续成长。(p.1147)

本书的目的之一是试图对这些问题进行回答。在讨论制度和组织问题之前，反思为什么其与研究和理解创新是相关的非常有用。正如已经指出的那样，创新研究领域与它在企业和公共政策相关的实践中的外部应用共同演化，这种演化或好或坏。这反映在之前提到的群模式中，一个是围绕技术变革的经济学为中心的宏观群，另一个是创新管理群。

2.6.2　为什么要研究创新?

创新研究中占主导地位的外部需求来自政策制定者和商业领袖，政策制定者为了刺激经济增长而采取的措施需要根据，商业领袖想知道为了从创新中获利应该如何组织活动。这可能会导致这样一个结论：创新研究最终会成为经济学的一个子分支或者管理学的一个子分支。往这个方向发展无疑将强化斯坦缪勒在第 7 章中指出的问题。出于不同的原因，如涉及创新研究领域的本质及其研究的议题，跨学科性是至关重要的，没有一系列学科的持续开放，创新研究领域也许无法生存。

技术创新植根于科学和技术领域的特定分支。要理解为什么创新过程是多样的，有必要对一些特定的技术具备基本的洞悉。因此，创新研究需要吸引自然科学与工程背景的学者。

研究创新的一个原因是，通过对变革的关注，包括对突破性变革的关注，其提供了一种了解社会如何构建和演化的特殊视角。研究与技术革命相联系的社会转型的过程也许对社会现实提供了深入见解。这与第 4 章佩雷斯的观点非常吻合，它指出需要在我们的研究网络和课程教学中整合历史学家和未来学家。

从历史的角度研究创新和创新政策，有助于更好地理解国家在经济中的作用。正如马丁（第 8 章）在提及 Mazzucato（2013）的重要研究时所指出的，传统假设认为政府的唯一作用是解决市场失灵，这与政府实际上所做的事情及其应该做的事情是相脱离的。这一系列的研究需要与政治科学家合作。

正如苏特在第 6 章中指出的，我们需要发展一个对于创新的批判视角。创新产生了破坏性的创造，而不是创造性的破坏，这是一个明显的值得进一步研究的问题。这或许对于一个需要与主要对经济增长和利益感兴趣的外部用户密切互动的领域来说，是极其困难的。这就需要创新研究中的制度机构和研究项目，与来自科学与技术研究领域的学者互动交流。

理解参与和民主在创新过程中的作用，也有着巨大的研究空间。无论是在公司层面还是在区域层面，有一种将主要参与者从“三重螺旋”的角度思考的倾向——即将他们作为管理者、学者和公共服务者。为了理解包容了消费者和工作者积极角色的替代创新模式，我们需要工作组织、劳动力市场、教育和福利系统方面的专业知识，如果我们想去探索更多的“民主创新”方面的潜力，我们也需要消费者组织和市场方面的专家团队。在国家层面，创新通常被看作是促进经济增长和国际竞争力的一种手段。国家创新系统概念的广泛采用从本质上反映了国家利益。在这里，有必要重新平衡一下过度地强调科研支撑的国家创新政策与评估其对全球稳定、经济增长和福利的影响。这需要国际经济和政策方面的专业知识支撑，也需要经济发展和欠发达地区的专业知识。在这种关联情况和当涉及在地方和区域背景下理解创新时，知识在地理空间和文化维度所扮演的角色是非常重要的。一方面，这需要专家在知识和学习上的合作，另一方面，这也需要经济地理学家的参与。要了解交互学习的过程，我们还需要从事社会学和社会心理学中信任和社会资本研究的专家的参与。

很明显的是，即使是最大的创新研究单位，如 SPRU、曼彻斯特大学创新研究所（MIoIR）或位于隆德（Lund）的学习型经济创新与能力研究中心（CIRCLE），都希望能够覆盖所有的这些研究维度。连接不同制度和研究团体的网络必须是组织设置的重要部分。同样非常明显的是，即使其目标想要是这样，创新研究也不可能成为一门非常自律和独立的学科。个体研究者、研究团队和研究机构肯定会从不同的学科范式和视角继续拥有不同的概况和议程。

前面关于一个“综合功能”（integrative function）的问题暗示了一个更温和的目标。这或多或少地需要正式的机制和规范，以促进各个子共同体之间的交流与协作，来激发“新组合”和创造力。当前的组织和制度架构能够充分地服务于这个目标吗？

2.6.3　建设一个开放的、多样化的共同体

有一些定期举办交流会议的组织，如熊彼特学会（Schumpeter Society）、DRUID 和全球创新学术网络（Globelics）。每个会议都有自己的特点。例如，熊彼特学会吸引经济学家参与，DRUID 会议有企业经济学家和地理学家的参与，而全球创新学术网络会议将创新领域的专家和经济发展领域的专家召集在一起，尤其是有来自南欧学者的参加。DRUID 网络仅覆盖了研究技术和创新管理的庞大共同体中的一部分（如管理学会的技术创新管理部门），可以说也是现在创新研究的最大组成部分。还有很多人出席三螺旋会议（Triple Helix conference）。

由法格博格等所完成的研究表明，SPRU 和《研究政策》期刊在创新研究的形成中起到了独一无二的作用。SPRU 也成为运行在该领域内最具有多学科研究共同体特征的机构之一。这一历史记录可以激励 SPRU 承担成为一个将不同子共同体的学者汇聚在一起开会交流场所的任务——例如，形成了每年一次的聚会，且与之前例会的内容和风格有所区别。一年一度的奥尔堡研讨会也将作为一个很好交流的方式，其主要是在研究议程上给予核心的跨学科主题特别的关注。

在创新研究领域，早期的努力是为研究培训建立制度框架。ETICS——起源于 EUNETICS，成立于 20 世纪 90 年代初，曾为研究人员尤其是为来自欧洲的学生提供研究训练，但现在已不存在。一年一度的全球创新学术网络会议，从全球层面及地区层面（非洲、拉丁美洲等）汇集了世界各地致力于创新和经济发展研究的博士生。DRUID 会议是一个博士生可以对其研究进行汇报并能得到反馈意见的会议。在美国，竞争合作联盟（CCC）学术网络有类似的功能。然而大多数现有的系统研究训练仍限于区域层面。

在为年轻学者提供学术研究训练时，一个重要的问题是如何开发和利

用学者与研究机构间的协同效应。[①] 这对那些与任何主要的研究中心都没有联系的博士生尤其重要。理想的形式是允许任何一个学生既能够拥有接触到他们研究领域内顶级专家的机会，又能够全方位地感受到领域的多元性。全球创新学术网络正在努力加强在全球范围内组织开展研究培训。尤其是在欧洲 DIME-ETIC 时代结束后，目前似乎特别需要跟进开展新的研究培训活动计划。培训目的不仅是为学生提供使用研究工具和方法的先进专业知识，也要为学生介绍创新研究领域里不同研究主题的前沿研究。

2.6.4 “我们是谁？”

这是 Reich（1990）在国际贸易领域提出的激发美国公众的问题。当谈到“创新研究”时，我们也可以提出一个类似的问题。值得注意的是，当法格博格等定义和描绘创新研究为一个“科学领域”时，他们正在进行一种社会构建。他们对其所使用的方法保持诚实和开放的态度，当然，确实存在需要描绘的东西。但是，描绘本身也对创建一个“创新学者”的分类做出了贡献，这提升了他们的自我意识并且为创新领域的学者提供了一种身份上的认同感、一个专业上的和情感上的归属感。

一个重要问题是，是否有可能发展一个更强大的创新共同体，而不会降低异质性和对“外部人士”的开放态度。从这种整合中的获益是否能够抵得过因为降低多样性和开放性而产生的成本？一个使研究共同体维系的重要因素是导师的存在，如纳尔逊和弗里曼。在职业生涯中，他们并没有将研究领域限制在创新研究上。我自己的研究经历也同样是多样化的，也不断地从与新领域知识的互动中获得最有趣的见解。

基于此，我们应该自问，为什么我们需要新一代的“创新学者”在一个学科化的科学领域内探索？这意味着制度上的解决方案不应该走向封闭。因此，我倾向于进一步发展现有的“软”组织形式，并与建立新的会议场所、网站，特别是重要研究项目相结合，将来自主要研究中心的学者和学生聚集在一起。当涉及在学术圈中“巩固”领域地位时，在不同的方向上保持对新领域知识开放和合作的做法并不够理想。同时，当涉及学术对立

① 法格博格最近在奥尔堡创建了一个由 IKE-group 主办的创新研究社区内的信息循环的网站（http://www.innoresource.org）。这在联结不同的研究小组和社区方面可以发挥重要的作用。

问题的时候，该做法也许会被认为是在削弱原有研究领域的地位。然而这也许是我们应该发展的方向。

致谢

正如第 1 章所述，本书是 2012 年 2 月在奥尔堡举行的寒冬活动的成果，正值我辞去 IKE 集团研究总监一职，也是我 70 周岁生日之际。特别感谢发起和组织本次项目的安德森和法格博格，感谢朋友和同事抽出时间参与研讨会及对本章的贡献。也要感谢马丁和纳尔逊对本章的初稿所给出的重要的有益的意见。

参考文献

Arrow, K. J. (1962a). 'The Economic Implications of Learning by Doing', *Review of Economic Studies*, 29: 155-73.

Arrow, K. J. (1962b). 'Economic Welfare and the Allocation of Resources for Invention', in R. R. Nelson (ed.) *The Rate and Direction of Inventive Activity: Economic and Social Factors*. Princeton: Princeton University Press, 609-26.

Arrow, K. J. (1994). 'Methodological Individualism and Social Knowledge', *American Economic Review*, 84, Papers and Proceedings, 1-9.

Arundel, A., Lorenz, E., Lundvall, B.-Å., and Valeyre, A. (2007). 'How Europe's Economies Learn: a Comparison of Work Organization and Innovation Mode for the EU-15', *Industrial and Corporate Change*, 16: 1175-1210.

Bernal, J. D. (1939). *The Social Function of Science*. Cambridge, MA: MIT Press.

Bhupatiraju, S., Nomaler, Ö., Triulzi, G., and Verspagen, B. (2012). 'Knowledge Flows—Analyzing the Core Literature of Innovation, Entrepreneurship, and Science and Technology Studies', *Research Policy*, 41: 1205-18.

Birch, D. L. (1979). 'The Job Generation Process', MIT Program on Neighborhood and Regional Change.

Birch, D. L. (1987). *Job Creation in America: How Our Smallest Companies Put the Most People to Work*. New York: The Free Press.

Brændgaard (1984). *Strukturproblemer, Teknologipolitik, Sociale Innovationer*. Aalborg: Aalborg Universitetsforlag.

Brændgaard et al. (1982). *Mikroelektronik og Samfundsøkonomi*. Aalborg: Aalborg Universitetsforlag.

Braverman, H. (1975). *Labour and Monopoly Capital—The Degradation of Work in the 20th Century*. New York: Monthly Review Press.

Burns, T. and Stalker, G. M. (1961). The Management of Innovation. London: Tavistock.

Bush, V. (1945). *Science: The Endless Frontier: A Report to the President on a Program for Postwar Scientific Research*. Washington, DC: United States Office of Scientific Research and Development.

Carter, A. P. (1994), 'Production Workers, Meta-investment and the Pace of Change', Paper prepared for the meetings of the International J. A. Schumpeter Society, Munster, August.

Carter, A. P. (1996). 'Measuring the Performance of a Knowledge-Based Economy', in D. Foray, and B.-Å. Lundvall (eds), *Employment and Growth in the Knowledge-Based Economy*. Paris: OECD Documents, 61-67.

Cassiolato, J. and Vitorino, V. (2009). *BRICS and Development Alternatives: Innovation Systems and Policies*. London: Anthem Press.

Casson, M. (1985). *The Entrepreneur—An Economic Theory*. Totowa, NJ: Barnes & Noble.

Castells, M. (1996). *The Rise of the Network Society*. Oxford: Blackwell.

Chesbrough, H. (2003). *Open Innovation: The New Imperative for Creating and Profiting from Technology*. Boston, MA: Harvard Business School Press.

Christensen, P. et al. (1978). *Lønniveqau og konkurrenceevne*. Aalborg: Aalborg Universitetsforlag.

Cohen, W. M. and Levinthal, D. A. (1990). 'Absorptive Capacity: A New Perspective on Learning and Innovation', *Administrative Science Quarterly*, 35: 128-52.

Dahl, M. S. and Reichstein, T. (2007). 'Are You Experienced? Prior Experience and the Survival of New Organizations', *Industry and Innovation*, 14: 497-511.

Davis, S. J., Haltiwanger, J., and Schuh, S. (1993). 'Small Business and Job Creation: Dissecting the Myth and Reassessing the Facts', NBER Working Paper, 4492.

Dosi, G. (1988). 'Sources, Procedures, and Microeconomic Effects of Innovation', *Journal of Economic Literature*, 26: 1120-71.

Dosi, G., Freeman, C., Nelson, R. R., Silverberg, G., and Soete, L. (eds) (1988). *Technical Change and Economic Theory*. London: Pinter Publishers.

Drucker, P. (1993). *The Post-Capitalist Society*. Oxford: Butterworth-Heinemann.

Etzkowitz, H. and Leydesdorff, L. (1995). 'The Triple Helix—University-Industry- Government Relations: A Laboratory for Knowledge-Based Economic Development', *EASST Review*,

14: 14-19.

Etzkowitz, H. and Leydesdorff, L. (2000). 'The Dynamics of Innovation: From National Systems and "Mode 2" to Triple Helix of University-Industry-Government Relations', *Research Policy*, 29: 109-23.

Fagerberg, J. and Verspagen, B. (2009). 'Innovation Studies: The Emerging Structure of a New Scientifi c Field', *Research Policy*, 38: 218-33.

Fagerberg, J., Fosaas, M., Bell, M., and Martin, B. R. (2011). 'Christopher Freeman: Social Science Entrepreneur', *Research Policy*, 40: 897-916.

Fagerberg, J., Fosaas, M., and Sapprasert, K. (2012). 'Innovation: Exploring the Knowledge Base', *Research Policy*, 41: 1132-53.

Fagerberg, J., Landström, H., and Martin, B. (2012). 'Exploring the Emerging Knowledge Base of "the Knowledge Society" ', *Research Policy*, 41: 1121-31.

Florida, R. (2002). *The Rise of the Creative Class*. New York: Basic Books.

Foray, D., and Lundvall, B.-Å. (1996). *Employment and Growth in the Knowledge Based Economy*. Paris: OECD.

Freeman, C. (1974). *The Economics of Industrial Innovation*. Harmondsworth: Penguin.

Freeman, C. (ed.) (1981). *Technological Innovation and National Economic Performance*. Aalborg: Aalborg University Press.

Freeman, C. (1987). *Technology Policy and Economic Performance: Lessons from Japan*. London: Pinter Publishers, 330-34.

Freeman, C. (1988), 'Japan: A New National Innovation Systems?', in G. Dosi, C. Freeman, R. R. Nelson, G. Silverberg, and L. Soete (eds), *Technology and Economic Theory*. London: Pinter Publishers, 330-34.

Freeman, C. (2001). 'A Hard Landing for the "New Economy"? Information Technology and the United States National System of Innovation', *Structural Change and Economic Dynamics*, 12: 115-39.

Freeman, C. and Lundvall, B.-Å. (eds) (1988). *Small Countries Facing the Technological Revolution*. London: Pinter Publishers.

Freeman, C. and Perez, C. (1988), 'Structural Crises of Adjustment: Business Cycles and Investment Behaviour', in G. Dosi et al. (eds), *Technical Change and Economic Theory*. London: Pinter Publishers, 38-61.

Freeman, C. and Soete, L. (eds) (1987). *Technical Change and Full Employment*. Oxford: Basil Blackwell.

Gjerding, A. N. et al. (1990). *Den forsvundne produktivitet*. København: DJØFs forlag.

Hägerstrand, T. (1952). 'The Propagation of Innovation Waves', *Lund Studies in Human Geography*, Series B, 4: 3-19.

Hägerstrand, T. (1967). *Innovation Diffusion as a Spatial Process*. Chicago: University of Chicago Press.

Hall, P. A. and Soskice, D. (2001). *Varieties of Capitalism: The Institutional Foundations of Comparative Advantage*. Oxford: Oxford University Press.

Holm, J. R., Lorenz, E., Lundvall, B.-A., and Valeyre, A. (2010). 'Organisational Learning and Systems of Labour Market Regulation in Europe', *Industrial and Corporate Change*, 19: 1141-73.

Husén, T. (1974). *The Learning Society*. London: Methuen.

Jensen, M. B., Johnson, B., Lorenz, E., and Lundvall, B.-Å. (2007). 'Forms of Knowledge and Modes of Innovation', *Research Policy*, 36: 680-93.

Kaldor, N. (1978). 'The Effect of Devaluations on Trade in Manufactures', in *Further Essays on Applied Economics*. London: Duckworth, 99-116.

Kirman, A. P. (1994). *Economies with Interacting Agents*, Santa Fe: Santa Fe Institute.

Kline, S. J. and Rosenberg, N. (1986). 'An Overview of Innovation', in R. Landau and N. Rosenberg (eds), *The Positive Sum Game*. Washington, DC: National Academy Press, 275-305.

Lam, A. (2000). 'Tacit Knowledge, Organisational Learning and Societal Institutions: An Integrated Framework', *Organization Studies*, 21: 487-513.

Lam, A. and Lundvall, B.-Å. (2006). 'Learning Organizations and National Systems of Competence Building', in E. Lorenz, and B. Lundvall (eds), *How Europe's Economies Learn: Coordinating Competing Models*. New York: Oxford University Press, 109-39.

Leibenstein, H. (1966). 'Allocative Effi ciency versus Efficiency', *American Economic Review*, 56: 392-415.

Levin, R. C., Klevorick, A. K., Nelson, R. R., and Winter, S. G. (1987). 'Appropriating the Returns from Industrial Research and Development', *Brookings Papers on Economic Activity*, 1987: 783-831.

Lorentzen, J. (2009). 'Learning and Innovation: What's Different in the (Sub)Tropics and How Do We Explain It? A Review Essay', *Science, Technology & Society*, 14: 177-205.

Lorenz, E. and Lundvall, B.-Å. (eds) (2006). *How Europe's Economies Learn*. Oxford: Oxford University Press.

Lorenz, E. and Lundvall, B.-Å. (2011). 'The Organisation of Work and Systems of Labour Market Regulation and Social Protection: A Comparison of the EU-15', in M. Ekman, B. Gustavsen, B. Asheim, and Ø Pålshaugen (eds), *Learning Regional Innovation: Scandinavian Models*. Basingstoke: Palgrave Macmillan, 50-69.

Lorenz, E. and Valeyre, A. (2006). 'Organizational Forms and Innovation Performance: A Comparison of the EU15', in E. Lorenz, and B.-Å. Lundvall (eds), *How Europe's Economies Learn*. Oxford: Oxford University Press, 140-60.

Lundvall, B.-Å. (1985). *Product Innovation and User-Producer Interaction*. Aalborg: Aalborg University Press.

Lundvall, B.-Å. (1988). 'Innovation as an Interactive Process: From User-Producer Interaction to the National System of Innovation', in G. Dosi et al. (eds), *Technical Change and Economic Theory*. London: Pinter, 349-69.

Lundvall, B.-Å. (ed.) (1992). *National Systems of Innovation: Towards a Theory of Innovation and Interactive Learning*. London: Pinter Publishers.

Lundvall, B.-Å. (1996). 'The Social Dimension of the Learning Economy', Aalborg University, Department of Business Studies.

Lundvall, B.-Å. (2002). *Innovation, Growth and Social Cohesion: The Danish Model*. Cheltenham, UK, and Northampton, MA: Edward Elgar.

Lundvall, B.-Å. (2006). 'Interactive Learning, Social Capital and Economic Performance', in D. Foray, and B. Kahin (eds), *Advancing Knowledge and the Knowledge Economy*. Cambridge, MA: MIT Press, 63-74.

Lundvall, B.-Å. (2011). 'Notes on Innovation Systems and Economic Development', *Innovation and Development*, 1: 25-38.

Lundvall, B.-Å. and Johnson, B. (1994). 'The Learning Economy', *Journal of Industry Studies*, 1: 23-42.

Lundvall, B.-Å., Rasmussen, P., and Lorenz, E. (2008). 'Education in the Learning Economy: A European Perspective', *Policy Futures in Education*, 6: 681-700.

Malerba, F. and Nelson, R. (2011). 'Learning and Catching up in Different Sectoral Systems: Evidence from Six Industries', *Industrial and Corporate Change*, 20: 1645-75.

Malerba, F. and Orsenigo, L. (1997). 'Technological Regimes and Sectoral Patterns of Innovative Activities', *Industrial and Corporate Change*, 6: 83-117.

March, J. G. and Simon, H. A. (1958). *Organizations*. New York: Wiley.

Martin, B. R., Nightingale, P., and Yegros-Yegros, A. (2012). 'Science and Technology Studies:

Exploring the Knowledge Base', *Research Policy*, 41: 1182-1204.

Mazzucato, M. (2013). *The Entrepreneurial State: Debunking Private vs. Public Sector Myths*. London: Anthem Press.

Mintzberg, H. (1979). *The Structuring of Organizations*. Englewood Cliffs, NJ: Prentice-Hall.

Mowery, D. and Rosenberg, N. (1979). 'The Influence of Market Demand upon Innovation: A Critical Review of Some Recent Empirical Studies', *Research Policy*, 8: 102-53.

Nelson, R. R. (1984). *High-technology Policies—A Five-Nation Comparison*. Washington, DC: American Enterprise Institute.

Nelson, R. R. (ed.) (1993). *National Systems of Innovations: A Comparative Analysis*. Oxford: Oxford University Press.

Nelson, R. R. and Phelps, E. S. (1966). 'Investment in Humans, Technology Diffusion and Economic Growth', *American Economic Review*, 56: 69-75.

Nelson, R. R. and Winter, S. G. (1977). 'In Search of a Useful Theory of Innovation', *Research Policy*, 6: 36-76.

Nelson, R. R. and Winter, S. G. (1982). *An Evolutionary Theory of Economic Change*. Cambridge, MA: The Belknap Press of Harvard University Press.

Nielsen, K. and Kvale, S. (1999). 'Mesterlære som aktuel læringsform', in K. Nielsen and S. Kvale (eds), *Mesterlære, Læring som Social Praksis*. Copenhagen: Hans Reitzels Forlag, 9-53.

OECD (1994). *The OECD Jobs Study—Facts, Analysis, Strategies*. Paris: OECD.

OECD (2000). *Knowledge Management in the Learning Society*. Paris: OECD.

Pavitt, K. (1984). 'Sectoral Patterns of Technical Change: Towards a Taxonomy', *Research Policy*, 13: 343-73.

Phillips, A. (1971). *Technology and Market Structure*. Lexington, MA: Heath Lexington Books.

Polanyi, M. (1958 / 78). *Personal Knowledge*. London: Routledge/Kegan Paul.

Polenska, K. (ed.) (2007). *The Economic Geography of Innovation*. Cambridge, MA: Cambridge University Press.

Porter, M. (1990). *The Competitive Advantage of Nations*. London: MacMillan.

Reich, R. B. (1987). 'Entrepreneurship Reconsidered: The Team as Hero', *Harvard Business Review*, 65: 77-83.

Reich, R. B. (1990). 'Who is Us?', *Harvard Business Review*, 68: 53-64.

Richardson, G. B. (1996). 'Competition, Innovation and Increasing Returns', Department of Industrial Economics and Strategy, Copenhagen Business School.

Rogers, E. M. (1962). *Diffusion of Innovation*. New York: Free Press.

Rosenberg, N. (1976). *Perspectives on Technology*. Cambridge, MA: Cambridge University Press.

Rothwell, R. (1972). 'Factors for Success in Industrial Innovations: Project SAPPHO—A Comparative Study of Success and Failure in Industrial Innovation', Science Policy Research Unit, University of Sussex, Brighton.

Rothwell, R. (1977). 'The Characteristics of Successful Innovators and Technically Progressive Firms', *R&D Management*, 7: 191-206.

Ryan, B. and Gross, N. C. (1943). 'The Diffusion of Hybrid Seed Corn in Two Iowa Communities', *Rural Sociology*, 13: 15-24.

Saxenian, A. (1994). *Regional Advantage*. Cambridge, MA: Harvard University Press.

Schmookler, J. (1966). *Invention and Economic Growth*. Cambridge, MA: Harvard University Press.

Schultz, T. W. (1975). 'The Value of the Ability to Deal with Disequilibria', *Journal of Economic Literature*, 13: 827-46.

Schumpeter, J. A. (1934). *The Theory of Economic Development: An Inquiry into Profi ts, Capital, Credit, Interests and the Business Cycle*. London: Oxford University Press.

Schumpeter, J. A. (1936 / 91). *Can Capitalism Survive*? New York: Harper and Row.

Schumpeter, J. A. (1942). *Capitalism, Socialism and Democracy*. London: Unwin.

Senge, P. (1990). *The Fifth Discipline: The Art & Practice of the Learning Organization*. New York: Random House.

Sennett, R. (1998). *The Corrosion of Character: The Personal Consequences of Work in the New Capitalism*. London: W.W. Norton & Company.

Shane, S. and Venkataraman, S. (2000). 'The Promise of Entrepreneurship as a Field of Research', *Academy of Management Review*, 25: 217-26.

Sharif, N. (2006). 'Emergence and Development of the National Innovation Systems Concept', *Research Policy*, 35: 745-66.

Solow, R. M. (1956). 'A Contribution to the Theory of Economic Growth', *Quarterly Journal of Economics*, 70: 65-94.

Solow, R. M. (1957). 'Technical Change and the Aggregate Production Function', *Review of Economics and Statistics*, 39: 312-20.

SPRU (1967). Annual Report, University of Sussex.

Storey, D. J. and Tether, B. (1997). 'Smaller Firms and Europe's Growth of New Technology-

Based Firms High Technology Sectors: A Framework for Analysis and Some Statistical Evidence.' Paper presented at the Firm Dynamics and High Tech Industries-Conference, Zentrum für Europäische Wirtschaftsforschung, Mannheim, 9-10 June.

Thirlwall, A. P. (1979). 'The Balance of Payments Constraints as an Explanation of International Growth Rate Differences', *Banca Nazionale del Lavoro Quarterly Review*, 32: 45-53.

Valente, T. W. and Rogers, E. M. (1995). 'The Origins and Developments of the Diffusion of Innovations Paradigm as an Example of Scientific Growth', *Science Communication*, 16: 242-73.

von Hippel, E. (1988). *The Sources of Innovation*. Cambridge, MA: MIT Press.

Whitley, R. (1994). 'Societies Firms and Markets: The Social Structuring of Business Systems', in R. Whitley (ed.), *European Business Systems*. London: Sage Publications, 5-45.

Winter, S. (1987). 'Knowledge and Competence as Strategic Assets', in D. Teece (ed.), *The Competitive Challenge: Strategy for Industrial Innovation and Renewal*. Cambridge, MA: Ballinger Publishing Company, 159-84.

Witt, U. (2003). *The Evolving Economy: Essays on the Evolutionary Approach to Economics*. London: Elgar.

第 3 章　创新、工作组织及社会保障体系

爱德华·洛伦茨（Edward Lorenz）

3.1　引言

多数有关创新影响因素的核心研究常聚焦于两个方向，一是研发正式过程的作用，二是受过高等教育的科学家和工程师具备专业知识和技能的重要性。在国家创新系统的研究中，从事正式的科学技术知识研究和传播的机构与组织已受到同样关注。在测量层面上，这些关注的重点反映在《奥斯陆手册》（*Oslo Manual*）对于技术产品和工艺创新（TPP）的经典定义上；在创新政策层面上，关注重点是优先考虑定期提升国家的研发强度。近期的研究为扩展创新研究的范围做出了显著的努力，以便能更充分地考虑工作过程、劳动力市场保障体系的作用以及更普遍意义上福利国家制度的影响。本章重点关注创新研究范围的变化，并试图指出创新研究人员所面临的关键挑战。

本章首先讨论了创新研究正在发展的领域是如何分析工作组织的，包括促使 21 世纪研究人员对组织创新过程测量和分析的研究兴趣不断增长的影响因素。在创新研究方面，研究者面临的关键挑战仍是深化对工作组织和技术变革与创新过程之间相互依存关系的充分理解。本章接下来对国家

系统进行分析，提出发展更稳健的创新系统类型的需求，来整合其在劳动力市场和“福利国家”制度中的作用。一个与此相关的挑战是建立多层级治理框架，以从国家和区域的层面阐释这些社会制度之间的内部联系。本章最后总结讨论了将工作组织与组织创新更加坚定地纳入欧盟政策议程时所受的阻碍。

3.2 工作组织与组织设计

在关于创新的早期研究中，就有学者对工作组织和组织设计进行了分析，特别是 Freeman（1987）对日本创新系统的经典阐述。[①] 弗里曼重点研究了日本企业作为创新型组织的特征，他强调工厂是创新的实验室，创新的成功和扩散速度与工作组织的不同形式有很强的关联性。在 1995 年关于全球化和创新系统的文章中，弗里曼强调了在突破性创新的传播过程中技术创新和组织创新相互依存的重要性，并提出如果技术变革的理论忽略这些相互依存的关系，就如同经济学原理中忽略了世界经济中价格和数量的相互依存关系一样，毫无用处（Freeman，1995，p.18）。随后，伦德瓦尔认识到创新研究的学者不太关注工人与工作组织在创新过程中的作用，而是强调正式研发，以及工程师、科学家和管理者的技能和经验的作用。Fagerberg 和 Verspagen（2009）为了识别创新研究领域的核心文献，在其用到的《研究政策》期刊上的引用文献中，发现仅有两篇论文聚焦于企业组织层面的研究，即由 Cohen 和 Levinthal（1989，1990）完成的两个关于吸收能力的经典研究。有趣的是，专注于企业常规行为和动态能力的文献并未收录于该核心目录。一般来说，战略管理领域中缺乏关于组织设计和公司绩效之间关系的研究。初步的结论是关于工作组织和组织设计的研究一直处于创新研究发展领域的边缘。

不过，21 世纪以来，创新过程组织维度的研究逐渐受到关注，尤其是在测量层面。该方向研究的主要动力是现有测量方法很难捕捉服务业创新过程。相比于制造业，服务业的创新具有典型的弱技术和低研发密集程度的特点，且与其特征相关，需要应对服务提供者与使用者之间组织的变化

① 详见 Freeman 和 Soete（1984）。

（Tether，2003；Tidd，2003；Miles，2008）。认识到了这些差异，2005 年版的《奥斯陆手册》放弃了技术产品和工艺（TPP）创新的已有定义，对创新定义进行了扩展。新定义不仅包括了产品和工艺创新，也涵盖了组织和营销创新。组织创新在广义上包括在公司商业实践、工作场所组织、外部关系等方面实施的新型组织方法（《奥斯陆手册》2005 年版第 50 页）。这些新定义在 2005 年随后几轮共同体创新调查设计中的应用也使得研究者至今获得了 27 个欧盟成员国支出的频度和总额数据。不仅有关于产品和工艺创新的数据，也关于组织和营销创新的数据。

尽管这些新的测量办法对于估计创新的频度及制造业和服务业创新类型之间的相关性很有帮助（如 Schmidt and Rammer，2007），但是否有助于推进 Freeman（1995，p.18）的议题“发展关于组织变革与产品和工艺创新之间的相互依存关系更佳的概念性理解”还不清楚。依我看来，2005 年版的《奥斯陆手册》中所采用的组织创新的测度框架能够部分地解释这个问题，这意味着工作场所组织是一个分离的“社会”或是“非技术维度”，可以独立于创新过程的“技术维度”进行分析。组织维度的交叉和分离反映在“技术性”和“非技术性”各自的指标中，数据可从欧盟统计局（Eurostat）的电子数据库中下载。其中，“技术性”创新指标主要是核心的产品和工艺创新，而“非技术性”创新指标主要反映组织和营销创新。[①] 随着定义范围的扩展和测量受到所推动的创新明确认可，创新产生了新的趋势，即将产品和工艺创新归类为技术性创新，将组织创新归类为非技术性创新，给人留下了错误的印象，使人认为前者能独立于组织安排来理解，而组织安排在某种程度上是非社会性的。

当然，单个调查工具的测量范围具有局限性，因此关于组织和营销创新的共同体创新调查指标是衡量产品和工艺创新的频度和支出总额调查框架的重要附加项目。共同体创新调查提供了广泛的数据以衡量 3 年时间内私营企业在组织变革和创新上发生了多少变化，但研究者和政策制定者据此应该采取哪些措施尚不明确。组织创新的定义包括管理系统变革、工作组织变革及与其他组织的关系结构变革。从研究和政策角度来看，存在几

---

① 基于 2008 年共同体创新调查，关于欧盟 27 国中技术性的和非技术性的测量，详见 http://appsso.eurostat.ec.europa.eu/nui/setupModifyTableLayout.do。

个明显的问题：从什么方向上改变？对应于特殊的组织设计，管理实践的具体类型和工作组织的具体形式两者的利用比率是多少？我提出的概念和测量方法的改变非常符合 Freeman（1995）的论点，即分析组织变革和技术性创新之间相互依存性的重要性。这并非将组织创新视为一种独立的创新形式，而是将组织维度视为员工学习和知识创造的发生环境。那么关键问题是何种类型的组织设计以及工作组织的形式可以促进产品和工艺创新，此外，政策上面临的挑战是如何更好地采用这些好的设计和形式。这些问题和政策议题的相关信息将需要通过一个不同的专业性调查来获得。

国家层面上的企业层次的调查提供了组织方面的相关信息。这些调查多数是由创新研究共同体之外的研究者发展和管理，通常并未提供给研究者探索组织和创新关系的信息。[①] 一个明显的例外是由奥尔堡大学设计和实施的 DISKO 调查，该大学中从事创新研究、人力资源管理及劳资关系的研究者之间有着非常独特的合作。这个调查设计的推动力来自伦德瓦尔和他的奥尔堡大学同事对作为学习型经济的核心组成部分的“学习型组织”测量的兴趣。因此，DISKO 调查问卷不仅包括产品和工艺创新指标，也包括工作组织、多种管理实践和形式运用指标，以捕捉员工学习的类型和比率。这些数据一方面为统计分析组织形式和员工学习类型之间的关系提供了基础，另一方面也为统计分析组织形式与产品和工艺创新的频率的关系提供了基础。许多基于 DISKO 调查结果发表的成果识别出产品与工艺创新频率和“高参与度”（high-involvement）工作实践使用存在正相关关系，其中，工作实践的例子包括自治团队、工作任务的灵活划分及员工参与的系统性（Nielsen and Lundvall，1999；Foss and Laursen，2003；Jensen et al.，2007；Lundvall and Nielsen，2007）。

虽然这些结果和其他基于国家层面的专业企业调查结果支持了工作组织和组织实践是创新成果的重要决定因素这一观点，然而他们尚未探索更广泛的问题是，识别和分析个体和跨国（或地区）学习能力分配不平等所造成的影响。由于欧盟层面的企业调查缺乏统一的相关衡量标准，为了反映国家间学习能力的差异所进行的最有雄心的尝试是基于“员工层面上欧洲工作条件调查”（European Working Conditions Survey，EWCS）连续的调

① 关于欧洲和北美洲有关组织调查的综合性研究，详见“GRID 报告”，欧盟 Meadow 项目第 2 号背景文件（下载地址 http://www.meadow-project.eu/images/docmeadow/back_gridreport.pdf）。

查结果（Lorenz and Valeyre，2005；Holm et al.，2010；Lorenz and Lundvall，2010）。相较于利用企业层面的数据，利用员工层面的数据去描述工作过程和组织的特点有利也有弊。员工的视角在捕捉企业整体框架和战略时有一定的局限性，但相比于针对高级经理人（或雇员）的问卷调查，员工调查的结果描绘了更丰富的日常工作活动特征，以及这些特征是如何与个人技能的发展和学习相关联的。

表 3.1 中的数据是 2000 年第 3 次欧洲工作条件调查的结果，展示了学习不平等指数，反映欧盟 15 国中雇员在 10 人以上的私营企业工作时得到的学习机会是不平等的。这个指数是基于对工作组织一组指标进行的聚类分析，有助于识别“自主学习”型工作组织的比例。“自主学习”型工作组织在学习、解决问题能力，以及员工自主掌控工作方式和工作节奏方面具有较高水平。[①] 在表 3.1 中，第 1 列的数据给出了这 15 个欧盟国家中所有员工自主学习的比例，第 2 列和第 3 列反映了管理者和工人自主学习的比例，第 4 列是利用这些结果得出的学习不平等指数。就工作场所的学习机会这个指数来说，北欧国家和荷兰远比南欧国家更加平等，而欧洲大陆的绝大多数国家处于中等水平。有趣的是，相比于其他国家，英国和爱尔兰位于工作场所的学习机会最不平等的国家组中。

表 3.1　欧盟 15 国学习间的不平等性

	所有雇员自主学习的比例 /%	管理者的自主学习比例 /%	工人自主学习的比例 /%	学习不平等指数*
北部				
荷兰	64.0	81.6	51.1	37.3
丹麦	60.0	85.0	56.2	35.9
瑞士	52.6	76.4	38.2	50.3
芬兰	47.8	62.0	38.5	37.9
中部				
奥地利	47.5	74.1	44.6	39.9
德国	44.3	65.4	36.8	43.8
卢森堡	42.8	70.3	33.1	52.9
比利时	38.9	65.7	30.8	53.1
法国	38.0	66.5	25.4	61.9

① 关于这些指标具体的描述及聚类方法的使用，详见 Lorenz 和 Valeyre（2005）。

续表

	所有雇员自主学习的比例 /%	管理者的自主学习比例 /%	工人自主学习的比例 /%	学习不平等指数*
西部				
英国	34.8	58.9	20.1	65.9
爱尔兰	24.0	46.7	16.4	64.9
南部				
意大利	30.0	63.7	20.8	67.3
葡萄牙	26.1	59.0	18.2	69.2
西班牙	20.1	52.4	19.1	63.5
希腊	18.7	40.4	17.0	57.9

*“管理者”包括经理人、专业人员和技术人员，“工人”包括职员、销售人员、有技能的和无须技能的体力劳动者。不平等指数由工人自主学习的比例除以经理参与自主学习的比例，并乘以100%。如果工人和管理者的比例相同，那么不平等系数为 0；如果工人的比例为 0，那么不平等指数为 100。

资料来源：2000 年第 2 次欧洲工作条件调查，由 Lundvall、Rasmussen 和 Lorenz（2008）撰写。

从第 2 列和第 3 列可以看出，管理者的学习机会在不同国家间的离散度要远低于工人。这也说明了在北欧国家，较高的自主学习整体频率已经通过深化组织学习而部分达到，通过将组织层级向下延伸至包括手动操作人员、较低水平的销售和服务人员。所有雇员份额与不平等指标在统计学上显著的强负相关性（−0.84）印证了这一点。

我们在其他相关研究中指出，能够得到学习机会对工作生活的质量而言是重要的，在工作中参与自主学习的员工对自己工作的满意度要远远高于缺乏自主学习和学习范围较窄的员工（Lorenz et al.，2004）。但是这对创新绩效会有多少影响？使用员工的层面数据存在一定的局限性，而且只能进行整体层面的分析。Arundel 等（2007）的研究利用了第 3 次共同体创新调查的整体数据，分析得出在解决复杂问题时有较高自主决定权的国家中，企业在创新上倾向于更加活跃，至少在一定程度上是通过企业内部创造性的努力达成的。在工作中学习和解决问题时受到较多限制的国家，员工的自主决定权也较少，这样的企业则偏向于采用供应商主导的创新战略。除了宏观层面的分析之外，研究者若想从微观层面去探索公司创新绩效与组织设计、工作组织形式之间的关系，将需要开展一个新的、企业层面的欧洲调查。[①]

3.3　国家创新系统和竞争力建设：有哪些相关制度？

在国家系统层面，我们将如何解释获取学习机会的差异性？从表 3.1 的第 1 列中可以看出，虽然经济发展的不同水平可以部分解释差异，即在发展水平较低的南欧国家，其自主学习的渗透程度也较低，但是经济发展水平并不能完全地解释这一现象。北欧国家、英国、欧洲大陆国家之间的自主学习比例存在很大的差异性，但它们的经济发展水平相似。这就引发了制度嵌入性及国家制度对企业产出影响方式的问题。但是我们应当关注哪些制度呢？

我虽然已经强调了在工作组织和组织设计的比较性研究会受益于较好的实证分析，但是也认为需要一个更好的创新系统研究理论以作为国家系统更好的分类基础。在对美国国家创新系统的早期研究中，研究者倾向于关注研发系统里从事正式研发的私有和公共机构和组织的关系（Nelson，1993）。这可以被视作是忽视社会或组织维度专注于正式研发的微观层面的创新研究。

学者在近期的研究中除了扩展了创新的定义和测度，也一直在努力扩展创新系统研究中制度焦点，以涵盖劳动力市场组织结构和国家社会保障体系如何对微观层面的学习和创新过程产生影响。伦德瓦尔是该研究议题的重要贡献者，他的独特方法与竞争力本质变化的理论紧密联系，他将这一概念总结为“学习经济”（Lundvall and Johnson，1994）。伦德瓦尔认为发达的经济体已经进入了一个阶段，在此阶段，竞争力绩效中的最重要因素是个体和组织的学习能力。他进一步提出了社会资本或信任是构成学习经济的必要基础。从他早期关于使用者和生产者（user-producer）之间关系的研究中可以看出对信任的重视，他曾提出行为规范和准则的共享会对使用者和生产者之间的交互式学习有帮助（Lundvall，1985，1988）。这一观点既在他参与编辑的论文集《全球化的学习经济》（Archibugi and Lundvall，

① 最优的解决方案应是一个能够联结雇主和雇员并且能够从雇主和雇员两个方面提供全面完整信息的调查。拟议的联合调查设计，以发展组织变革和它的经济与社会影响的协调统一测量，详见欧盟 Meadow 项目（http://www.meadow-project.eu）。

2001）中更加清晰、全面地被阐述出来，也在他的关于丹麦模式中创新和社会凝聚力的书中出现（Lundvall，2002）。他认为，个人和组织之间学习能力分布的不平等可能证明了自我强化会导致两极分化，尤其是在国家系统内的劳动力市场。反过来，两极分化的趋势将会削弱组织内和组织间的信任与社会凝聚力，从而破坏学习型经济成功的特有条件。这会引导我们关注国家劳动力市场和社会保障系统对变革成本和收益分布影响方式的差异性，它最终导致了国家创新和学习系统的动态过程的差异性（Lorenz and Lundvall，2006）。①

在扩展对国家系统的认识方面，其他做出重要贡献的研究还来自创新研究共同体外围的，特别是来自从事“资本主义的多样性”（varieties of capitalism，VoC）（Whitley，1998；Hall and Soskice，2001）或是“社会生产系统”（Hollingsworth and Boyer，1997）的研究者。公平地说，我认为创新从来不是后者的研究重点。例如，关于 VoC 的文献中可以说更加关注不同的职业培训系统方式差异性，以及国家内一般和特定技能组合对不同类型的社会保障的社会政策偏好性的影响（Estevez-Abe et al.，2001；Iversen and Soskice，2001）。然而，VoC 框架提出了关注创新产出与国家制度架构之间关系的新假设，其主张是德国或日本的协调市场经济（coordinated market economies，CMEs）在渐进性创新上比较专业，而像美国或英国这样的自由市场经济（liberal market economies，LMEs）则在突破性创新上更为专业。

该假设始于对 VoC 文献发展的一个核心概念“创新内涵”的剖析，即由于制度间的互补性本质，国家系统将表现出比较经济优势。按照 Aoki（1994）的界定，制度互补性是指一个制度的存在能增加另一个制度的效率或效益。另外，即使选择机制很少被提到，但经济的某个领域（如公司治理）中的一个制度协调形式往往会与其他领域（如劳动力市场或工作组织）的制度协调形式产生互补。这也就是说，一个国家制度安排的架构不是随机的（Hall and Soskice，2001，p.18）。因此，通过扩展 Aoki（1986）对日本和美国企业比较分析的观点，VoC 的理论学家认为，由于公司治理安排的制度互补性，渐进性创新将在协调市场经济受青睐。公司治理安排对短

① 这些分析也是“新新政”（new new deal）的基础，维持学习经济的发展需要这一新政的支持。

期盈利是相对不敏感的，因此偏向于长期的雇员终身雇佣制，能提供企业和行业特定技能适当组合的发达的职业培训体系，以及具有职工委员会和共识决策特点的劳资关系系统。

相比来讲，自由市场经济在突破性创新方面有着比较优势。在自由市场经济中，股东分散的发达股票市场有利于企业通过并购和收购促进新技术的获取。这些金融制度与相对流动的劳动力市场高度互补，使得公司更易于快速重新配置其知识基础来发展新产品线。劳动力市场由于缺少雇佣和解雇的限制而提升了流动性，并且弱化的初始职业培训系统通常会鼓励对公司特定技能进行投资。自由市场经济的公司等级构架一般将权力集中在高层，这也使得高层管理者执行新的商业战略更加容易，相较之下，协调市场经济的公司经理们要受到共识决策的限制（Hall and Soskice，2001，pp.40-41）。

Hall 和 Soskice（2000，pp. 42-43）通过利用欧洲专利局（European Patent Office）的专利数据测量美国和德国的技术专业化模式，为他们的假设提供实证支撑。然而，假设并未很好地通过更一般的实证检验，即分析人口规模更大的国家，以及利用 NBER 专利数据库的专利引文去测量国家相对专业化的突破性创新和渐进性创新（Taylor，2004；Akkermanns et al.，2009）。就像一些学者已经强调的（Herrmann，2008；Lange，2009），这并不意味着在日益全球化的经济中，国家制度不如企业战略重要。这可能仅仅意味着 VoC 文献中的制度互补性概念现在已经过时了。这一概念是 Aoki 通过分析比较 20 世纪 80 年代和 90 年代日本、美国两个国家的企业后提出的。例如，相对流动的劳动力市场，通过增加知识和技能种类的多样性能够很好地增加公司更多引入突破性创新的可能性。然而，如有关“弹性安全”（flexicurity）的文献强调，这样的劳动力市场布局可能是职业培训系统的补充，能够吸引对行业特定技能的投资，这与企业层面上优越的失业保障和共识决策有关系。另一个恰当的例子就是，在不同国家的劳动力市场和社会保障制度的优点和特性多样性的背景下，21 世纪初金融市场的管制逐步放松了。这一“混合的”安排很难与二分法的模型相匹配，可能是美国企业与日本企业之间，也可能是自由市场经济与协调市场经济之间的区别。

制度互补性的识别以及对其实施效果的评估能为发展稳健的国家创新

系统分类标准提供基础，并且我认为在这方面进一步发展是对国家系统创新研究的主要挑战之一。一个可行的方法是从认知的角度出发，研究制度互补性如何通过促进相关的各种形式组织知识来保持学习与创新。例如，从认知角度考虑，高强度创造的企业的能力体现在（嵌在）单个专家身上的多元化的、部分隐性的行业特定的专门知识和解决问题的技能上。虽然教科书中正统的专业知识也起到一定作用，但专家解决问题的能力主要是通过互动、尝试与试错和各种公司实验所获得的多种经验而提高的（Lam and Lundvall，2006）。“弹性安全系统”可能在一定程度上提升这些能力的积累以及在组织间的转移，因为他们通过收入维持的安全感可以鼓励个人去承担其他被视为不可接受的就业以及职业发展的风险形式。[①]

3.4 区域和国家：多层级治理框架的必要性

区域创新系统的早期研究（Cooke，1992；Asheim，1996；Cooke et al.，1998）从关于国家创新系统的开创性研究中获得了灵感，特别是 Lundvall（1985）和 Freeman（1987）的作品。其核心思想是交互学习过程中的两个子系统：一个子系统由紧密聚集的私营企业组成；另一个子系统包括区域支持的基础设施，由多种负责知识形成和传播的组织组成，包括公立研究机构、大学及职业培训机构。

本节解决的一个核心议题是地理距离与知识传播之间的关系。文献一部分关注专业知识外溢在高科技行业绩效中所起到的作用。有证据表明，私营企业的研发活动受益于它们所在区域的大学或其他公立研究机构的科研活动。邻近这些科研机构既可以通过招聘大学培养的科学界人才，也可以通过正式的研发活动来促进科学和技术的转移（Jaffe，1989；Link and Rees，1990；Acs et al.，1992）。

文献的另一部分强调位置的邻近性有利于区域集群企业之间隐性知识和行业知识在企业间的转移（Storper，1995；Maskell，1998；Lorenz and Lawson，1999）。与大多数国家系统的研究不同，关于区域系统研究的文献

① 在经济计量学的分析中，关于识别欧盟 27 个成员国间“弹性安全系统”与高等级雇员学习之间积极联系的研究，详见 Holm 等（2010）。

清晰地强调了劳动力市场在企业间知识的转移和交换所起的作用。有学者的研究工作阐述了这一观点，如 Saxenian（1996）关于硅谷的研究，最近的计量经济学文献也借助相关数据开展了相关探索，来检验知识多样性在创新中重要性的命题，以估算劳动力市场流动性对企业技能特征和绩效的影响（Boschma et al.，2009）。

然而据我所知，区域创新系统的文献很少关注“福利国家”制度的差异性对当地劳动力市场流动性以及知识积累的影响。其原因是设想这些框架条件是全国性的，而从事区域系统研究的学者，主要从解释区域间差异出发关注地方层面的特征。从统计学角度来看，一个突出的问题尚未解决：企业特征间与绩效间的差异，哪一部分是由不同国家间的差异性造成的，而哪一部分是由国家内部地区之间的差异性造成的？但更普遍的挑战是建立一个多层级治理框架（a multi-level governance framework），以解决国家和区域创新系统之间交互关系的被忽视问题。

在欧洲背景下，欧盟构成三级治理体系，对区域和国家创新系统之间的相互关系产生了很多尚未证实的影响。虽然有大量的实证文献分析了欧盟结构性基金（EU Structural Funds）的增长效应，但这一议题超出了欧盟政策是否促进了区域一体化的问题。① 一个相关的问题是，欧盟层面制度的构建是否导致了欧盟创新系统的创建，并且可以根据它的自身条件进行分析。虽然最近的研究表明，目前认为欧盟创新系统可以像国家或区域创新系统一样去分析的看法还不成熟②，但这并不排除一个超国家层面的治理和监管的出现对国家和地方的系统之间的关系有着重要的影响。特别是国家范围内，在国家内部存在分权决策压力的情况下，欧洲层面监管的出现可能会为区域或国家层面的领导者或是组织机构会谈创造新的平台，进而导致区域创新系统的独立性更强。虽然关于对欧洲多层级治理体系的文献非常丰富，但对区域和国家层面创新政策和产出的启示仍有待充分探讨。③

① 近期的文献综述详见 Mohl 和 Hagen（2010）。
② 详见 Borrás（2004）编辑的关于欧洲创新系统的《科学与公共政策》特刊论文集。
③ 法国多层级科学政策的影响详见 Crespy、Heraud 和 Perry（2007）。关于瑞典、瑞士及荷兰创新政策的案例详见 Prange（2008）。

3.5 促进组织变革和创新的政策

创新研究学者和政策界之间始终存在着密切的联系，可以认为，对特定概念研究的重要性已受政策制定者熟悉的程度以及在政策措施中采用程度的影响。在 OECD 出台的政策文件中，对创新系统概念的重视无疑促进了创新系统的研究，甚至引发了这个概念起源于政策界还是学术研究者的争议（Sharif，2006）。知识型经济在欧盟委员会 2000 年的里斯本战略中被重点提出，这不仅通过框架计划（Framework Programmes）为研究提供了资金支持，而且还赋予侧重知识积累和创新动力研究更大的合法性。

用于研究目的的新调查数据生成的资源投入和依附在通过设计调查测量的概念上的政策重要性间也存在着一种清晰的联系。在欧盟范围内，相当多的投入被用于 21 世纪初扩大现有调查的地域范围或是开展新的调查，这与“开放式协调方法”（open method of coordination）的使用有关，需要在欧盟层面上有协调统一的统计测度，从而确定目标并且监控实现不同政策目标的过程。共同体创新调查从 20 世纪 90 年代有少数国家自愿组织的调查，逐步演变成了欧盟国家强制的两年期的活动。这一演化在很大程度上可以由欧盟委员会为配合根据里斯本战略的目标而进行监测创新绩效的重要性所解释。

我之前论证了我们对国家系统内创新过程的理解可能得益于组织设计和管理实践统一的企业层面的调查数据。撇开历史上政策框架和优先权与调查工具发展的紧密联系，思考高层次政策话语权当前如何支持发展欧盟层面统一的组织调查的资源投入是有益的。欧盟委员会一直与欧盟统计局和 OECD 在创新相关调查工具的设计和发展上紧密合作。虽然 OECD 对欧盟创新政策的方向不需要承担正式责任，但是它对思考每个机构如何清晰地表达出与创新相关的政策目标和措施是有帮助的。

虽然促进创新仍然是欧洲委员会“后里斯本欧洲 2020 战略”的基石，但是欧洲委员会对创新和创新政策方法的理解似乎是非常有限的，其主要聚焦于研发和对有高等教育资格研究人员的投资。“欧盟 2020”设定的五个主要目标之一是将欧盟 GDP 的 3% 投资于研发（European Commission，

2010a，p.5）。创新联盟作为欧盟委员会的旗舰项目之一，尽管包含了大量的行动要点，但仍是在很大程度上围绕着 3% 的目标组织的。例如，根据成员国“培养足够多的研究人员来实现该国研发目标”来分析教育和技能培训的作用；就“跨国家跨部门研究者的流动性”和“研究执行组织的跨境运作”来讨论在欧盟研究领域中提升国际劳动力流动性和领域内合作。类似的，主要根据“研究和创新的投资之间的市场差距”来分析的改善融资途径（包括风险投资）的重要性（European Commission，2010b，pp.9，14）①。2011 年的创新竞争力报告中几乎完全聚焦于 3% 的研发目标和教育投资的贡献，并提出金融和专利系统改革以实现目标（European Commission，2011a）。虽然 2011 年关于实现欧洲 2020 整体目标的进展报告表明欧盟成员国间存在行业结构差异可能是导致某些成员国相关研发强度较低的原因，但这被严格解读为弱点，因为很少有人认同低研发密集型行业中的企业可能是高度创新的，或大量创新性企业（包括大量的服务业在内）并不向研发投入资源（European Commission，2011b，p.5）。

欧盟 2020 战略重点强调研发强度，这也与 OECD 2010 创新战略形成鲜明对比，后者对创新过程有广泛的理解并与最近创新研究的趋势保持很大的一致性。《OECD 创新战略部长级报告》对创新政策措施的评估始于其注意到尽管研发很重要，但很多高度创新的公司并不从事研发工作，而“通过大范围互补的技术性与非技术性的改变和创新”创造价值（OECD，2010a，p.6）。技能分析对专业的初始教育系统给予了认可，但也提出技能获取是一个终生的过程，它超越了专业教育，并包含工作中的非正式学习过程。对于后者，报告认为“塑造工作场所的组织结构和就业政策对于决定人力资源如何转化为创新和生产力来说是至关重要的”（OECD，2010a，p.11）。

OECD 提出了宏大的创新测度的议程，这与创新战略的主要因素紧密相关。该测度议程报告（OECD，2010b，p.13）开头点明创新是一系列互补性资产共同组成的结果，这些资产不仅包括研发，也包括软件、人力资本和新的组织结构。该议程报告继续指出围绕目标研发支出水平制定政策的局限性，并认为迫切需要超越目标并理解企业为什么及如何创新。这可以

① 创新联盟的 30 个行动要点，详见 http://ec.europa.eu/research/innovation-union/index_en.cfm? pg=action-points。

通过进一步改进现有的数据基础设施进而推进，特别是通过完善企业登记信息和增加可连接数据集的范围，包括将创新调查与信息通信技术调查以及用于测度企业层面的资本支出、盈利水平和就业的行政数据库联系起来（OECD，2010b，p.14）。该议程报告还指出了对新的调查数据的需求，包括大量的“缺失页”，涉及缺乏高质量国际可比较指数的关键领域。其中包括“复杂商业结构、组织、网络中的创新活动的测度”和“创新性工作场所中所需要技能的测度”。技能发展的途径是复杂的，并且超越了传统的欧洲委员会创新联盟政策文件突出强调的高等教育水平的供给和需求。测度报告中的“创新性工作场所和创新技能”的“缺失页”明确指出，“企业内的互动和学习能够使员工共享信息，挑战现有的模式，并通过实验和合作改进产品和流程”。更进一步讲，虽然在组织内部的学习和互动的潜在作用已被强调为在后危机环境中加强企业绩效的方法，但是这些概念仍然很难被量化以及需要更好的测度工具（OECD，2010b，p.56）。

OECD 的创新测度议程提出了一个非常有雄心的项目，不仅使用和改进了现有的数据结构，还开发了新的测度工具。该报告清楚地指出这个议程是一个长期的框架，它不仅仅依靠于统计界和政策制定者的努力和参与，而且依靠组织和企业的努力和参与，因为统计系统只能收集组织内部可被测度的数据。虽然某些欧盟成员国已经参与到针对组织变革和雇员学习的新的测度工具的开发中并做出了必要的努力，但欧盟创新联盟的主要关注点清楚地表明在欧洲层面并未就此做出努力。缺乏支持和行动的一个可能原因是，在政策制定者之中，普遍认为组织变革和创新的政策将构成对管理特权的不可接受的侵犯。尽管有许多的前瞻性因素，但这也似乎是 OECD 内的主要观点。创新战略中部长级报告论证了组织内部互动和学习的重要性，并进一步补充了“政府在工作场中没有起到直接作用”。该报告限制了政府政策在塑造支持学习和创新的工作场所的框架条件方面的作用（OECD，2010a，p.11）。

在本章节中，我的论述虽然主要集中于学习和创新的制度框架条件的重要性，但也认识到有关制度的事宜并不能排除更为集中的微观政策举措。北欧国家在设计工作场所层面的组织变革和创新的政策方案上有着长期且丰富的经验。这些方案通常的运营方式是为单个公司内部或组织网络内部的变革的实施提供竞争性资金，并且管理者和工作人员积极与外部研究人员或专家一起工作。[①] 例如，挪威的价值创造（Value Creation，VC）计划、芬兰的 TEKES 计划，以及瑞典针对工作场所的创新项目管理的 VINNOVA 计划。这些计划所采用的方法避免了组织变革政策构成对管理特权的不可接受的侵权的异议。该政策措施的主要特点是工作场所的创新项目是在那些寻求竞争性资金的雇主倡议下进行的。该政策措施的另一个重要方面在于，组织变革和创新项目立足于实施适合当地工作条件的策略，这么做可以避免一些普遍的最佳实践解决方案无法适应当地的技术或组织环境的问题。这些关于工作场所及企业网络层面的政策举措，与北欧国家强调发展为支撑竞争力建设进行的广泛的职业培训和终生学习系统的制度形成了高度互补。工作场所政策及国家框架举措之间互补性很好地为北欧国家在工作场所学习上的深化和扩展取得的进步提供了部分解释。

参考文献

Acs, Z., Audretch, D., Feldman, M. (1992). 'Real Effects of Academic Research: Comment', *American Economic Review*, 82: 363-67.

Akkermanns, D., Castaldi, C., and Los, B. (2009). 'Do "Liberal Market Economies" Really Innovate More Radically than "Coordinated Market Economies"? Hall and Soskice Reconsidered', *Research Policy*, 38: 181-91.

Alasoini, T., Ramstad, E., Hanhike, T., and Lahtonen, M. (2005). 'European Programmes on Work and Innovation: A Benchmarking Approach', Work-in-Net Project, Supported by the 6th Framework Programme of the European Commission.

Aoki, M. (1986). 'Horizontal vs. Vertical Information Structure of the Firm', *The American Economic Review*, 76: 971-83.

Aoki, M. (1994). 'The Contingent Governance of Teams: Analysis of Institutional Complementarity', *International Economic Review*, 35, 657-76.

Archibugi, D. and Lundvall, B.-Å. (2001). *The Globalizing Learning Economy*. Oxford: Oxford University Press.

Arundel, A., Lorenz, E., Lundvall, B.-Å., and Valeyre, A. (2007). 'How Europe's Economies

① 详见 Alasoini 等（2005）提供的一个综述。

Learn: A Comparison of Work Organisation and Innovation Mode for the EU-15', *Industrial and Corporate Change*, 16: 1175-210.

Asheim, B. (1996). 'Industrial Districts as "Learning Regions": A Condition for Prosperity', *European Planning Studies*, 4: 379-400.

Borrás, S. (2004). 'Systems of Innovation Theory and the European Union', *Science and Public Policy*, 31: 425-33.

Boschma, R., Eriksson, R., and Lindgren, U. (2009). 'How Does Labour Mobility Affect the Performance of Plants? The Importance of Relatedness and Geographical Proximity', *Journal of Economic Geography*, 9: 169-90.

Cohen, M. and Levinthal, D. (1989). 'Innovation and Learning: The Two Faces of R&D', *Economic Journal*, 99: 569-96.

Cohen, M. and Levinthal, D. (1990). 'Absorptive Capacity: A New Perspective on Learning and Innovation', *Administrative Science Quarterly*, 35: 128-52.

Cooke, P. (1992). 'Regional Innovation Systems: Competitive Regulation in the New Europe', *Geoforum*, 23: 945-74.

Cooke P., Uranga, M., and Etxebarria, G. (1998). 'Regional Systems of Innovation: An Evolutionary Perspective', *Environment and Planning*, A (30): 1563-84.

Crespy, C., Heraud, J.-A., and Perry, B. (2007). 'Multi-level Governance, Regions and Science in France: Between Competition and Equality', *Regional Studies*, 41: 1069-84.

Estevez-Abe, M., Iversen, T., and Soskice, D. (2001). 'Social Protection and the Formation of Skills: A Reinterpretation of the Welfare State', in P. Hall, and D. Soskice (eds), *Varieties of Capitalism*. Oxford: Oxford University Press, 145-73.

European Commission (2010a). 'Communication from the Commission, Europe 2020, A Strategy for Smart, Sustainable and Inclusive Growth', COM(2010) 2020 final, Brussels.

European Commission (2010b). 'Europe 2020 Flagship Initiative Innovation Union', COM(2010) 546 final, Brussels.

European Commission (2011a). 'Innovation Union Competitiveness Report 2011, Executive Summary', Brussels.

European Commission (2011b). 'Annex, Progress Report on the Europe 2020 Strategy: Annual Growth Survey 2012', COM(2011) 815 final, Brussels.

Fagerberg, J. and Verspagen, B. (2009). 'Innovation Studies—The Emerging Structure of a New Scientific Field', *Research Policy*, 38: 218-33.

Foss, N. and Laursen, K. (2003). 'New Human Resource Management Practices,

Complementarities and the Impact on Innovation Performance', *Cambridge Journal of Economics*, 27: 243-63.

Freeman, C. (1987). *Technology, Policy, and Economic Performance: Lessons from Japan*. London: Printer Publishers.

Freeman, C. (1995). 'The "National System of Innovation" in Historical Perspective', *Cambridge Journal of Economics*, 19: 5-24.

Freeman, C. and Soete, L. (1987). *Technical Change and Full Employment*. London: Blackwell Publishers.

Hall, P. and Soskice, D. (2001). *Varieties of Capitalism*. Oxford: Oxford University Press.

Herrmann, A. M. (2008). 'Rethinking the Link Between Labour Market Flexibility and Corporate Competitiveness: A Critique of the Institutionalist Literature', *Socio-Economic Review*, 6: 637-69

Hollingsworth, J. and Boyer, R. (1997). *Contemporary Capitalism: The Embeddedness of Institutions*. Cambridge: Cambridge University Press.

Holm, J., Lorenz, E., Lundvall, B.-Å., and Valeyre, A. (2010). 'Work Organisation and Systems of Labour Market Regulation in Europe', *Industrial and Corporate Change*, 19: 1141-73.

Iversen, T. and Soskice, D. (2001). 'An Asset Theory of Social Policy Preferences', *American Political Science Review*, 9: 875-94.

Jaffe, A. B. (1989). 'Real Effects of Academic Research', *The American Economic Review*, 79: 957-70.

Jensen, M., Johnson, B., Lorenz, E., and Lundvall, B.-Å. (2007). 'Forms of Knowledge and Modes of Innovation', *Research Policy*, 36: 680-93.

Lange, K. (2009). 'Institutional Embeddedness and the Strategic Leeway of Actors: The Case of the German Therapeutical Biotech Industry', *Socio-Economic Review*, 7: 181-208.

Lam, A. and Lundvall B.-Å. (2006). 'The Learning Organisation and National Systems of Competence Building and Innovation,' in E. Lorenz and B.-Å. Lundvall (eds), *How Europe's Economies Learn: Coordinating Competing Models*. Oxford: Oxford University Press, 109-139

Link, A. and Rees, J. (1990). 'Firm Size, University Based Research and the Returns to R&D', *Small Business Economics*, 2: 25-31.

Lorenz, E. and Lawson, C. (1999). 'Collective Learning, Tacit Knowledge and Regional Innovative Capacity', *Regional Studies*, 33: 305-17.

Lorenz, E. and Lundvall, B. -Å. (2006). *How Do Europe's Economies Learn: Coordinating*

Competing Models. Oxford: Oxford University Press.

Lorenz, E. and Lundvall, B. -Å. (2010). 'Accounting for Creativity in the European Union: A Multi-level Analysis of Individual Competence, Labour', *Cambridge Journal of Economics*, 35: 251-69.

Lorenz, E. and Valeyre, A. (2005). 'Organisational Innovation, HRM and Labour Market Structure: A Comparison of the EU-15', *Journal of Industrial Relations*, 47: 424-42.

Lundvall, B. -Å. (1985). *Product Innovation and User-Producer Interaction*. Aalborg: Aalborg University Press.

Lundvall, B. -Å. (1988). 'Innovation As an Interactive Process: From User-producer Interaction to the National System of Innovation', in G. Dosi, C. Freeman, R. Nelson, G. Silverberg, and L. Soete (eds), *Technical Change and Economic Theory*. London: Pinter, 349-69.

Lundvall, B. -Å. (2002). *Innovation Growth and Social Cohesion: The Danish Model*. Cheltenham: Edward Elgar.

Lundvall, B. and Johnson, B. (1994). The Learning Economy. *Journal of Industry Studies*, 1(2): 23-42.

Lundvall, B. -Å. and Nielsen, P. (2007). 'Knowledge Management and Innovation Performance', *International Journal of Manpower*, 28: 207-33.

Lundvall, B.-Å., Rasmussen, P., and Lorenz, E. (2008). 'Education in the Learning Economy: A European Perspective', *Policy Futures in Education*, 6: 681-700.

Maskell, P. (1998). *Competitiveness, Localised Learning and Regional Development: Specialization and Prosperity in Small Open Economies*. London: Routledge.

Miles, I. (2008). 'Patterns of Innovation in Service Industries', *IBM Systems Journal*, 47: 115-28.

Mohl, P. and Hagen, T. (2010). 'Do EU Structural Funds Promote Regional Growth? New Evidence from Various Panel Data Approaches', *Regional Science and Urban Economics*, 40: 353-65.

Nelson, R. (1993). *National Innovation Systems: A Comparative Analysis*. Oxford: Oxford University Press.

Nielsen, P. and Lundvall, B.-Å. (1999). 'Competition and Transformation in the Learning Economy—Illustrated by the Danish Case', *Revue d'économie industrielle*, 88: 67-89.

OECD (2010a). 'Ministerial Report on the OECD Innovation Strategy, Key Findings'. Paris: OECD Publishing (downloaded from <http://www.oecd.org/dataoecd/51/28/45326349.pdf>).

OECD (2010b). *Measuring Innovation: A New Perspective*. Paris: OECD Publishing.

Prange, H. (2008). 'Explaining Varieties of Regional Innovation Policies in Europe', *European Urban and Regional Studies*, 15: 39-52.

Saxenian, A. (1996). *Beyond Boundaries: Open Labor Markets and Learning in Silicon Valley*. Oxford: Oxford University Press.

Schmidt, T. and Rammer, C. (2007). 'The Determinants and Effects of Technological and Non-technological Innovations—Evidence from the German CIS IV', Centre for European Economic Research (ZEW).

Sharif, N. (2006). 'Emergence and Development of the National Innovations System concept', *Research Policy*, 35: 745-66.

Storper, M. (1995). 'The Resurgence of Regional Economies, Ten Years Later—The Region as a Nexus of Untraded Interdependencies', *European Urban and Regional Studies*, 2: 191-221.

Taylor, M. (2004). 'Empirical Evidence Against Varieties of Capitalism's Theory of Technological Innovation', *International Organization*, 58: 601-31.

Tether, B. (2003). 'The Sources and Aims of Innovation in Services: Variety Between and Within Sectors', *Economics of Innovation and New Technology*, 12: 481-505.

Tidd, J. (2003). *Service Innovation: Organisational Responses to Technological Opportunities and Market Imperatives*. London: Imperial College Press.

Whitley, R. (1998). 'Internationalization and Varieties of Capitalism: The Limited Effects of Cross-National Coordination of Economic Activities on the Nature of Business Systems', *Review of International Political Economy*, 5: 445-81.

第 4 章　变化背景下的创新系统与政策发展

卡洛塔·佩雷斯（Carlota Perez）

4.1　审视问题

创新系统和政策是否专门针对富裕国家？这是本书的编辑最初向我提出的问题。该问题的言下之意很明确：创新的总体目标直至近日仍被认为重点服务于富裕国家的需求。创新系统和政策能够有利于贫穷国家的发展吗？现在问这个问题有没有特殊原因呢？也许是的。那么今天的答案会和 20 世纪六七十年代的一样吗？当然不会！或许上述问题并非创新或创新系统本身（或资本主义）所固有的，而是能随着技术变革扩散的阶段和技术范式的本质而变化？这正是我将提出的，我认为这样一个动态的理解将对创新研究、演化经济学和创新政策产生影响。

这种解释是基于一种"有鉴赏力的理论"（appreciative theory），用于刻画资本主义经济是如何通过连续技术变革及技术-经济范式转变而演化，正如弗里曼和我所提出的那样（Freeman and Perez，1988；Freeman and Louçã，2001；Perez，2002，2010a）。这代表了在创新研究（Nelson and Winter，1982，pp.46-48）及普雷维什（Prebisch）、赫希曼（Hirschman）和其他人的"高发展理论"（high development theory）中占统治地位的一种理论化的风格。“有鉴赏力的理论”的构建试图理解正式分析工具所不能分析的重要历史进程。由 Romer（1993）和 Krugman（1995）提出的批评基于不太现实的希望，即这些进程能够通过新增长理论和新贸易理论来解释。相反，鉴赏理论家的一些最重要的见解由于特定的新古典主义限制而站不住脚了，解救他们的希望有可能掌握在演化经济学家的手中。

演化经济学作为理论化的替代形式，所要做的是避免将经济与技术和制度在演化过程中假定的特定形式分离，同时杜绝将理论本身局限于可量化方面。它的主要作用是提供一套启发方法来辨识相关问题，帮助构建研究假设以及作为一个用来判断替代性解释的框架。鉴于其演化形式，它的主要优点是能够认识到变革是经济运行的内在特征，并且能够处理转型过程，而不必仅仅因为因果网络不能被测量就将其排除。这样的结果是，如最近的泡沫和衰退问题，都可以不被看作是“黑天鹅”现象，而可以被理解为是系统的长期调节（Freeman，2001；Perez，2002，2009）。

4.1.1　历史在跨学科融合中的作用

崩溃后的经济衰退趋势的顽固性反映出自由市场不是这场经济危机的答案，“纯”经济理论也不能分析这一问题。社会不能继续“只在路灯下寻找丢失的钥匙”。在这些充满不确定的时期，我们需要一个跨学科——或许更确切地说是后学科——的方法，也许类似于德国历史学派的有鉴赏力的分析，这是熊彼特许多理论工作的基础。

Freeman（1988，p.2）在 Dosi 等（1988）出版的书（该书发起了新一轮的创新经济学浪潮）的前言中写道，经济、科学和技术与组织机构之间的交互作用对增长和发展的理解十分重要。他进一步认为，如果结合历史来看，这些相互关系能被最充分地理解（Freeman，1984，1995；Freeman and Perez，1988；Freeman and Louçã，2001）。这与熊彼特关于如何从根本上开展经济学研究的观点一致。的确，通过打开通向跨学科的大门，演化经济学和创新系统的视角已经提供了更加丰富的理论，来理解现实经济的不确定性及其多元化运行。我们为在这一领域取得的成就而感到自豪。然而，还有一个方面我们的研究不够深入。为了设计有效的政策，需要理解宏观的情况或更加明确的宏观动态情况。

我们需要在跨学科融合中充分纳入历史的因素。对永恒不变真理的追求，在物理学研究中是合适的，但在研究复杂的社会现象（如人类），如创新、增长和发展时，是不恰当的。这一批评针对新古典经济学，但是新古典经济学的工作至少还是符合其总体目标和标准的。然而，无视历史是演化经济学根本无法接受的。这对弗里曼来说是不可思议的，对马克思和熊彼特来说，也同样如此。技术变革持续不断地改变着创新和发展的条件，所以我们必须走在最前沿，来解释这些变化，并辨识每一阶段发生的具体转变。只有这样，我们才能希望同一门学科那样在引导有效的政策设计和塑造可行的政治目标中发挥作用。

4.1.2 同样的问题，变化的答案

那么，创新只是为了富裕国家吗？在鉴赏理论家看来，这个问题有以下两个传统答案。

一是依附学派（Dependency School）的不同说法（如 Singer，1949；Prebisch，1951；Frank，1967；Cardoso and Faletto，1968；Sunkel，1970；Amin，1976）基本都认为第三世界国家不能定义它们自己的未来，而是要在技术上依赖于发达国家对外投资的利益和决策。[①]

二是适用性技术运动（appropriate technology movement）（如 Sen，1960；Cooper，1972）建议技术的选择应更好地适应发展中国家的资源禀赋，从这个意义上说，就是更多地利用劳动力，而更少强调资本密集。

这两个答案都假设了技术变化是具有连续性和积累性的，技术源于发达国家，并由发展中国家从那些可以获得的技术中选择最合适的。这个背景促成了这些分析、理论回应和政策建议。

如今在发展中国家，我们可以看到，动态的创新系统和政策旨在使创新和追赶成为可能，同时提升本土公司在全球价值网络、新的发展途径等中的作用。为什么答案和政策目标改变了呢？因为技术变革是持续不断的，但也是不连续的。从 20 世纪 70 年代中期开始，世界已经经历了 ICT 革命，

① 的确，那时最具创新性的技术政策，如由联合国贸易和发展会议（UNCTAD）和安第斯条约集团所推动的那些政策，集中于规制跨国公司的技术转移，避免限制性条款和过度的许可费，并努力保证有效转移的实际发生。

所导致的范式转变从根本上改变了提供给所有参与者的机会。这场革命产生了灵活的生产模式和网络组织，它引起和推动了全球化、价值链的分解和外包的发展，这使得发展中国家的追赶（甚至超越）成为可能，并为整个生产链（有形的和无形的）中的创新和多样化创造了新的机会。在 20 世纪六七十年代，这些条件都不存在。

4.1.3　变化的背景；重新定义问题

此外，不仅仅是问题的答案改变了，问题内容本身也经历了一个转变：当我们问“不仅是为了富裕国家”时，贫穷国家具体来说又是指哪些？我们是否还是用 20 世纪六七十年代时的标准定义它们呢？也许已经不是了。与富裕的发达国家相比，我们确实仍然可以将大多数传统的第三世界国家算作贫穷国家，但并不是全部。首先是“亚洲四小龙”和如今的“金砖四国”已经脱离落后的行列，并开始了奋起直追——其中某些国家甚至发展迅猛。这是否意味着依附学派一直都是错误的呢？韩国和中国飞跃式的发展是不是因为它们选择了劳动力密集型技术呢？还是说，在评估大规模生产时代的成熟阶段的情况时，依附学派和适用性技术的支持者是正确的，但是当信息技术革命从根本上改变了整个背景时，它们就不再有效了？

早在 20 世纪八九十年代，赫希曼、森（Sen）、贡德 • 弗兰克（Gunder Frank）等就已经意识到发展经济学和依附学派不再有用。然而，他们并没有意识到，这是因为条件已经改变了，所以关于如何运用技术的思想也必须改变。在这种情况下，很遗憾历史的教训没有发挥作用[①]。

但是，我们可以进一步深入这个反思。我们是否维持原有的定义，即所说的“穷人”主要指的是国家？目前来说，难道审视发达国家中的穷人和贫困就不重要吗？我们难道不应该努力思考创新该如何帮助解决那些标榜为新兴国家成功故事中的不平等问题吗？目前，在发达国家、新兴国家和发展中国家中，熟练劳动力和非熟练劳动力、城市和农村人口、新兴地区和衰落地区（失业率激增的地区），以及城市中的富人区和贫民窟之间的

① 见 Hirschman（1982）和 Sen（1983）。Gunder Frank（1991）在此之后很久撰文，他很清楚地认识到时代在变化，因此要继续尝试重新诠释历史。

差距日益拉大。[①] 技术创新能解释这些趋势吗？创新政策又是否能对此产生些作用呢？“不仅是为了富裕国家”是否能处理这些差距呢？当今时代，适当的产业政策、就业政策和福利政策都需要在每一个国家和区域的优势及能力的基础上充分考虑其专业化和再专业化的明确方向，以解决全球空间内的有效需求。它们也需要创新政策作为重要组成部分来加强这些能力。

在发达国家，从 20 世纪 40 年代后期到 60 年代，技术帮助穷人获得了更好的生活。查理 • 卓别林（Charlie Chaplin）绝妙地讽刺了装配生产线的消极一面，但是工作场所以外，人们的生活确实在 1945 年以后变好了。在那个时代，主要是第三世界国家被排除在外，所以这些国家基本上可以被认为是“贫穷国家”。现在局势已经发生了改变。技术和全球化一直在不断剥夺西方国家的工人所期待的“美好生活”。创新能帮助他们吗？如果环境要求重新考虑与社会最相关的创新方向是什么，那么我们需要对存在一个不断发展并提高生活水平的技术前沿这种想法进行反思。创新理论和创新政策是否应该面对这个问题呢？在为穷人提供机会问题时是否需要一个更复杂的构思？答案似乎是肯定的。

4.2 范式转变及其对穷人（弱者）创新条件的影响

首先，我们从技术经济范式理论的角度来看待这一范式转变的本质。从 20 世纪 70 年代开始，信息技术开始代替大规模生产成为最流行的技术 - 经济范式，这究竟改变了什么（Perez，1985，1986，2010a）？其创新条件与 20 世纪 70 年代以前所盛行的范式又有何不同呢？从何种意义上，落后者或者弱者——它们可以是个人、企业或国家——能发现更好的（或更糟的）就业、财富创造、创新和生活质量潜在提升的机会吗？可以说这些问题构成了一个全新的研究议程，这也正是下述这部分的核心所在。

4.2.1 所有国家中小企业的 ICT、创新和市场准入

很多变化是由 ICT 引起的。现在获取信息比以前要容易很多，不论距离的远近，缔结网络关系都比过去更简单、更廉价，软件和其他无形资产

① 每天生活费低于 1 美元的人中，70% 的人生活在中等收入国家（Sumner，2010）。

越来越成为创新的要素以及全球产品组合的组成部分。计算机和手机不仅有助于软件创新，也便利了产品设计和测试，数码设备使得我们可以不再需要获取那些以前要花费许多年才能掌握的技能（毫无疑问，这对于从事从印刷到机床操作等技术的工人来说是一个损失，可范式转变就是包括了许多方面的创造性破坏过程）。这些新工具意味着任何地方的个人和小公司都具备创新创业的可能性。

无形的创新应用时易于扩散，“应用热潮”无论能持续多长时间，都为不同国家的众多青年才俊提供了可能的机会。开源运动降低了个人、学校和公司的软件成本，但最重要的是，它为潜在创新者提供了集体学习平台。有形产品的创新机会也在成倍增加，这是因为由 ICT 产生的弹性生产模式与范围经济、规模经济和专业化经济共存代替了大规模生产时代单一同质产品简单的规模经济。这导致市场的高度分割，并创造出专业化利基产品的“长尾”（long tail），使小公司能获得丰厚利润（Kaplinsky，2005；Anderson，2006）。这种形式已经在物流和零售业的发展中得到了强化，这些行业促进了合理成本下对小批量的处理。Damart 和 Tesco 这两个零售企业都通过它们的采购网络和“公平贸易”运动已经建立在这些新的条件之上。

这种新弹性的另一种可能的结果是具备满足不同文化、区域和气候的差异的潜能，这些差异之前几乎被美式（普遍的）生活方式所抹杀，尚未被利用过。释放出“等价满意程度”的不同生活方式的观念能在不强迫同质性的同时提高生活质量。“草根创新”和有机产品便是那种潜能的前期表现。

4.2.2　弹性生产与全球网络

除了使市场更加细分，ICT 还为巨型跨国企业的经营提供了基础设施和工具。现在这些企业不仅能更加便利地管理许多分散在世界各地的巨大而高度复杂的组织，也能更方便地使用相对扁平化的结构和各种各样的制度安排来进行管理，例如与其他公司、供应商和合作伙伴形成的联盟或签订的合约。正是这种深刻的变化为亚洲的多样化形式的腾飞提供了动力。外包的实践使得在世界各地整合生产商成为可能。模式的变化及多元化的产品组合使得经济体量变得更大成为可能，这形成了巨大的就业效应。这是支撑中国和其他亚洲国家在加工产品细分市场中以低成本劳动力为基础取得成功的一个因素。

在探索全球化收益的过程中，企业一直在许多国家利用本土的知识型员工和创新型人才进行实验。印度成为一个中心，因为它具有处理 2000 年“千年虫”计算机问题所积累的经验[①]，因而其软件产业很快在很大程度上实现全球化（Arora and Gambardella，2004；Friedman，2005）。目前，研发外包在增加（增加了尚未明确定义的可能的知识产权问题），同时形成了发展知识密集型供应商的趋势（Urzua，2012），甚至在如采矿这样的传统部门也一样。[②]

新兴国家也有重要的新发展。中国、印度和韩国的一些公司成了全球性大公司，并通过并购企业和向发达国家及落后国家外包进行投资。一些拉丁美洲的企业现在也开始了全球性的投资。

4.2.3 自然资源：是诅咒还是机会？

从 20 世纪 50 年代起，有一个源自大规模生产时代的假设，认为发展仅靠制造业，而依靠自然资源是死路一条（Singer，1949；Prebisch，1951）。20 世纪 70 年代后期，关于“荷兰病”的担忧开始增加——这指的是，由于自然资源出口带来的货币升值导致了去工业化（*The Economist*，1977）。近来有研究把它们同腐败和其他问题联系在一起，创造出了“资源诅咒”命题（Sachs and Warner，1995）。

相反，在 19 世纪 70 年代到 1914 年的第一波全球化过程中，自然资源曾被认为对发展起着非常重要的作用。但在钢铁和重型机器制造业时代所发生的技术变革，主要与化学和电力、洲际铁路和用于世界贸易的蒸汽船、冶金和重大工程项目有关。这也与肉类、小麦和其他农产品的反季节世界市场有关。在过去，自然资源被认为是一种恩赐，而非诅咒。澳大利亚、

① 所谓的“千年虫”计算机问题，即要对年份（从 19×× 到 2000）涉及的所有软件从两个字符修改成四个字符，这造成了人们对所有电脑控制设备将停止工作的恐慌，为印度成千上万的项目提供了工作机会（Friedman，2005）。

② 必和必拓公司在智利雇用了一个 SPRU 的博士在铜矿开采活动中发展本地高科技供应商（见 Urzua，2011）。

加拿大、瑞典、美国等国家将它们的追赶部分归功于其资源禀赋。[①] 然而，正如 Reinert（2004）所强调的，那些国家的政策制定者明白，仅仅靠原材料，而没有高技能和技术密集型活动配合，很难带来发展。[②]

时代再一次地发生变化。新兴国家的增长意味着这样一种对自然资源需求的增加导致价格有可能在更高的平均水平上波动（Dobbs et al.，2011；Farooki and Kaplinsky，2012），并且很有必要开展大量的创新来保证供给，并且服务于专业材料、有机和美味食物及许多其他利基产品上的“长尾”（Perez，2010b）。这种创新已经随着在设备、化学和其他投入领域的上游创新一起发生了。但最重要的是，西方和新兴国家的知名公司之间对资源的竞争有可能为发展中国家谈判争取更有利的条款创造前所未有的机会。如果能源价格非常高，这些公司就会通过将一些下游工序留在原地而努力避免未加工原材料的运输。这些改变也需要创新来解决规模和流动性的问题。这种创新诱因能成为自然资源生产商之间的一种动态成长过程的基础（Marin et al.，2010）。

4.2.4　作为创新指南的环境挑战

最后，还存在环境的问题。整个地球和经济体都需要大量的“绿色”创新。从技术上来看，潜力是存在的。ICT 革命在广泛的领域中促生了创新，从智能电网到特殊材料，从增加产品耐用性的再设计到降低运输需求的升级。但是“绿色”产品和服务不可能立刻产生利润，正如 ICT 产品最初那样。增加其经济可行性的方法是指出一个明确的共同方向。聚合和网络化能够在供应商和市场之间产生协同效应，提高整个网络的盈利能力。单靠市场并不能达成这样的结果，而政府的积极参与则可以。

大力提高资源生产力的需求，在合适政策的引导下，可能会导致对产品耐用性的重新设计。这会产生新的二手市场，使得金字塔底部能够持续地以低成本一步一步迈上消费阶梯。这也可以作为发达国家中那些流离失所的工人的主要工作来源。通过监管、税收和研发经费等措施支持创新中

---

① 当然，如果这些资源是被当作原材料来出口，或者被用来当作技术发展的基础（或者收入的来源）来使用，则是巨大的区别。Morris 等（2012）研究了新的条件和上游创新机会的增加。

② Reinert（2004）倡议建立基于这些和其他标准来创建熊彼特式发展经济学。

的“绿色”发展方向，可能在所有国家包括那些最贫穷的国家中都是有必要的，在这些地方用更少的钱做更多事情显得更加紧迫（United Nations Environment Programme，2011）。

最后，随着适应恶劣气候的创新、可再生能源、废物利用或就地取材以及许多其他技术创新的出现，以一种环境友好的方式提升贫穷地区的生活水平的机会越来越多。那些能够将从私人或公共来源产生的创新推到台前并宣传其作用的政策和条件，肯定值得创新学者去关注。

4.3 前进中的大图景

为了更深入地理解由穷人产生的和为了穷人的创新的条件的新变化，有必要开展相关的研究。这样的转型是漫长而复杂的。它承担着相当大的压力，要克服惯性，从一个技术成熟的、由跨国企业主导垄断市场（20世纪60年代末和70年代的特征）的世界，转变为更加巨大的跨国企业分支遍布全球并被灵活、小规模的知识密集型公司围绕的这样一个世界转变。成熟国家缓慢地意识到新兴国家可能会威胁到它们在特定领域创新的领导地位，以及这些国家内部的失业和收入分配问题也可能需要更加积极的政策来解决。

历史分析表明：创新条件的这种深刻变化对于技术革命扩散来说一直是非常典型的（Perez，2002）。如果仅仅将全新的产业和技术添加到已有的存量中，转型就不会如此深入和广泛。“革命”一词之所以是必要的，其原因在于每一组重大新技术都使以往的成熟技术得以更新，并为已有产业开辟新的重要的创新轨道。拓展市场的新基础设施网络和改变行为方式的新范式相结合，重新定义了产业结构并重塑了它们的区域分配。一个新范式的扩散能从根本上改变落后者的机会（变得更好或变得更差），而这反过来则要求发展政策和创新政策的重要改变。①

在最近对于拉丁美洲的科学技术政策经验的研究中，Sagasti（2011）总结出五个阶段。每一个阶段都包含一组不同的关于技术的基本观念，采用不同的政策工具，创造或消除不同的制度（表4.1）。重要的是，尽管不同

① 把发展机遇作为移动目标来讨论，见Perez（2001）。

国家之间的政治环境（从军事独裁到民主制度）存在重大差异，由萨加斯蒂（Sagasti）描述的技术、观念和政策工具上的变化在拉丁美洲国家中几乎同时发生。几年之后，总有一些国家领先而其他一些国家则落后，一些国家会设计和应用更加复杂的政策，而其他国家则复制并作最小的努力，但事实是整个拉丁美洲都经历了这样一个类似的过程。

表 4.1　拉丁美洲科学、技术和创新政策发展阶段年表

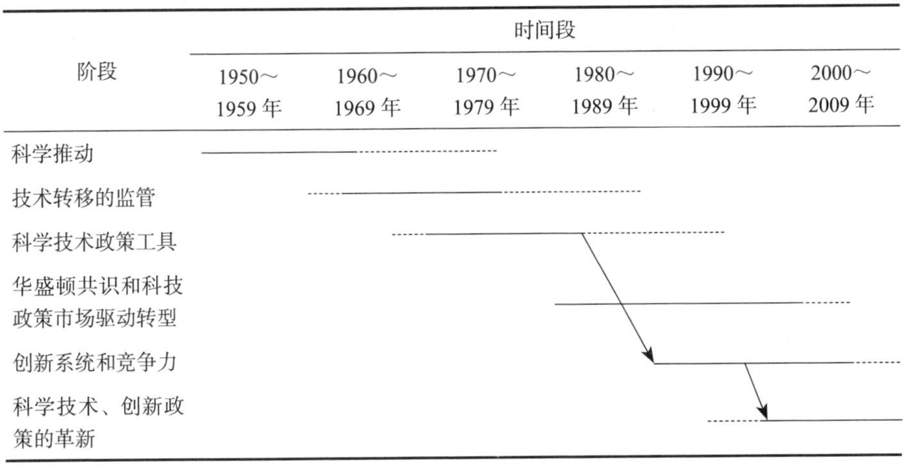

资料来源：Sagasti（2011: 表 1——翻译自西班牙语的原始资料）。

这种全大洲范围内的规律性意味着转型一直以来可能不完全是内生的。所有国家在技术上都以相似方式行动的事实表明它们当时都经历着同一套驱动变革的外部力量。这也可能表明，无论从学者或顾问、联合国组织还是任何一个人那里得到的建议，都是对世界各地观察到的情况的一种回应。在本章采纳的持续技术革命和范式转变的框架下，这的确是可以预期的。

根据这种解释，在 20 世纪 70 年代，发达地区正在经历大规模生产范式下的主要产业的成熟和衰落阶段（石油价格的猛增加剧了这一过程），同时它也目睹了信息技术革命的爆发和日本的崛起。为了拓展已饱和的市场，这些成熟的产业在第三世界国家设立终端组装厂。这种行为在当时获得了大多数欠发达国家的支持，它们为了实现工业化采取进口替代政策，为这些成熟产业的设厂提供了一系列优惠政策。显然，由于成熟技术已将它们原有的技术轨道利用殆尽，技术接收国除了学习惯例，以及就像它们所做的那样发展自身的科学以期通过线性过程的方式获得新的技术之外，其余已无能为力。

然而，渐渐地，信息技术革命改变了竞争环境，成熟的企业被迫在它们的办公室里装配了计算机，还在它们的工厂里安装了计算机辅助设备，并在它们的产品中使用了微电子原件。到20世纪80年代，从日本的成功崛起可以了解到，要从新技术中获得预期的收益，则必须进行重大组织变革。日本模式很快被发达国家企业的办公室和工厂模仿。这为发展中国家中许多已经运行的泰勒制工厂带来了一个问题，一些技术转移产品变得过时。另外，技术转移的法规使得跨国公司的环境更加艰难。出售许可证并让当地人接手是一个办法，使用低成本的劳动力从加工区出口是另一种办法。关税壁垒不再对外国投资者有吸引力。由“华盛顿共识”鼓励的市场开放最终结束了这一模式。在新的环境下，拉丁美洲的内向型经济无法承受开放市场带来的压力，也无法采取有竞争力的行动，因而导致了所谓的“失去的十年”。相反，“亚洲四小龙”通过密集的出口导向型发展和迅速实现新的范式而屹立潮头。

在20世纪90年代和21世纪初，官方恢复了对科学技术政策的兴趣。见证了亚洲的成功，并将此归功于技术学习的努力，基于国家创新系统概念框架下的有关科学、技术和创新政策的新观念开始流行（见本书第2章）。技术园区和其他“集群”的尝试普遍化，创新资助和企业激励机制也开始流行。全球化的公司，即使没有在拉丁美洲大量投资，也在它们其余的当地工厂进行工作实践的现代化，并且开始在它们的价值网络中选择当地供应商进行外包。巴西作为“金砖四国”之一，创造了关于技术创新机会的不同观点，被整个次大陆跟踪学习。

我们面临着“先有鸡还是先有蛋”的问题。是环境改变着关于技术和创新的思考，还是思考改变了相关政策呢？更可能的答案是存在一个连续的反馈回路。然而，通常的回答是“我们关于过程的了解一直在增长”，而并非意识到环境在改变以及我们过去的知识不再适应新的现实。更进一步说，我们目前关于发展中国家创新的知识并不是对我们20世纪70年代所了解的内容的深化。在那个时候也确实不可能应用这些知识去制定更加有效的政策。进口替代模式的环境限制了创新。当技术是通过禁止任何改变的严格合同条款所获得时，并且当企业没有创新能力，也没有创业模式来学习时，试图以一种今天看来有效的方式来推动创新，其结果会是令人沮丧的。

这一简短的概述表明，创新研究和演化经济学有相同的研究对象，这一对象不断地随着创新的本质及其超越技术本身去修正组织、制度、行为和观念的能力而变化。这是一个需要动态理论的真正的演化过程。

4.4　演化经济学也要（应该）演化吗？

这使我们重新回到本章开始时的观察，即注意到基于实体经济范式转变下依附学派和原始技术选择讨论的“过时”问题。我们能关联经济中的变化趋势分析演化经济学，科学、技术与社会和创新研究的焦点的持续变化吗？

与其他思想理论相比，演化经济学本质上就是变化的。这不仅仅由于其理论假设，还有一个简单的原因是它更多地扎根于现实并不断地研究特定的技术、公司、部门等。重点调查出版物中的议题变化，并观察它们是如何与世界经济中行为的真实变化相联系的，的确是一件有意思的事情。我们能通过类似的行动来关注创新研究重点的转变吗？①随着激进式创新的集聚改变了背景条件，人们可能期望看到政策导向知识中的一个“创造性破坏”的过程。

4.4.1　永恒的真理与变化中的真理的平衡

这并不是要否认有一些基本原理一定是不变的。如果基本宗旨是创新是经济增长的驱动力，那么一个中心任务就是去辨识在市场经济的微观、中观、宏观层面人们所说的“变化规律”是指什么。这能明确演化经济学已经开展的多项理论工作。像技术轨道和惯例这样基本的观念②，或学习过程，或创新是相互关联的，经济中的代理人是多种多样的，以及创新过程是一个交互的系统③这样的事实，它们对于任何一个时期的分析都是必不可

① 由 Fagerberg 等和 Martin 所写的章节为整个过程打下了良好的初始基础。同样见于 Morlacchi 和 Martin（2009）。

② 见 Dosi，本卷第 5 章，一个进一步的讨论。

③ 见 Lundvall，本卷第 2 章，关于交互学习的讨论。

少的。然而，即使是 Pavitt（1984）分类法（假定分类可以被看作一种稳定的事实）也很有可能根据每一类别中的产业发生变化。[①] 创新系统也同样如此。早期提出的创新系统主要限定在国家层面，但是全球化现在要求我们分析更加复杂的网络和跨越国界的互动。

区分基本理论原则和变化过程应该是真正的演化经济学的标准方法。那是使其能够处理演化（有时是革命性变化）中经济问题差异化的特性之一，与新古典经济学固有不变的结构相对照。把技术机会理解为移动中的靶子，而把经济学理解为这些技术机会非均衡的实现，无论对于富裕国家还是贫穷国家，这样都加强了我们对于社会科学的理论贡献，也弥补了政策制定者要求的专家意见的缺陷。对于变化的技术、变化的经济体和变化的经济学之间交互联系的不变的关注，确保了我们不会失去与真实生活和真实流程的联系，也不会用数学替代现实（Drechsler，2011）。

4.4.2 历史中当前时刻的挑战

当我们询问对穷国与富国的技术系统和政策的效果时，我们并不是处在时空都显得毫无意义的抽象且不稳定的状态下，我们是处在市场经济演化的特定时刻。我已在其他地方提出，2008 年的重大金融危机和其他事件一起演变为欧元危机，是金融与实体经济分离的结果。无论是在发达国家还是落后国家，实体经济都需要活跃起来（Perez，2009，2012）。克服旧的"第一世界"的自由市场中的准宗教信仰，抛弃旧的"第三世界"中的华盛顿共识，所需要替代的不仅仅是大规模生产时代的政策。一般而言，演化经济学，尤其是创新研究，似乎理想化地为重塑经济提供必要的新思维，来扭转收入两极化的过程，并利用创新的新潜力。

本书第 2 章中，伦德瓦尔强调创新研究和演化经济学中的工作迫切需要更多地进入政策和政治层面中，来更加积极地面对资本主义，以及如当今一样也为新古典经济学的解释和秘诀提供替代选择。伦德瓦尔的请求会更容易被一个对历史变迁以及对变化中的技术、制度及经济体之间动态相

① 在 DeJong 和 Marsili（2006）的研究朝那个方向前进了一步，但是下一轮技术革命很有可能使每个类别中的部门产生更加巨大的变化。

互关系有着敏锐意识的科学共同体来实现。正如我们看到的那样，更为紧迫的是，创新政策正从发展战略的边缘走到核心。“金砖国家”都非常重视科学、技术和创新，推动企业家精神成为经济政策的核心基础，其他发展中国家也逐渐在学习他们的做法。

4.4.3　跨学科和机构间合作的需要

创新在发展战略中的新关联引发了伦德瓦尔先前的另一个增加创新研究关联性的提议：和其他社会科学联系。情况的复杂性要求创新研究不仅与其他学科互动，而且与从不同角度认识技术和制度的各学派有更紧密的合作。例如，创新研究与发展研究结合就能使其获益巨大（如 Gereffi and Kaplinsky，2001；Schmitz，2004；Gereffi，Humphrey and Sturgeon，2005），结合转型问题也同样如此。在这个领域很容易与荷兰学者产生联系，他们对理论、方法论和案例研究都做出了有价值的贡献（如 Geels and Schot，2007；Geels，2010）。他们也同样参与到政策制定和试验性的变革过程中（Grin et al.，2010）。与科学、技术与社会研究的联合也可以丰富创新研究的能力，使之超越技术政策的层面，从而覆盖包含从产业政策到福利与教育政策在内的广泛的范围。对于创新研究本身来说，还有如金融创新①和制度创新（Reinert，1994，1999；Schmitz，2004）研究不足的领域。它们的加入将加强跨学科组合的实力并促进更广泛的合作。

4.4.4　作为研究中心目标的制度和政策创新

截至目前，在这个领域的博士论文和大多数期刊文章中，以“政策建议”作为结尾一直是一个传统。从我作为一个政策制定者的经验来看，这些建议很少是直接有用的②。然而，在这个特殊的时期，对于有创造性的政策创新的需要是相当大的。但是政策创新过程很少像这样被创新研究的学术共同体研究。20 世纪 80 年代以来，学术界对大学与产业的联系给予了极大的关注，却几乎没有关注大学－政策间的联系，或是政策制定中的学习

① 最近的一个例外是金融、创新和增长（FINNOV），由马祖卡托领导的一项计划，见 Mazzucato（2013）、Lazonick（2007）及其他（http://www.finnov-fp7.eu/publications）。

② 见 Radosevic（2012）对这种做法的批评及对创新政策这一领域的全面分析。参见 Bartzokas 和 Teubal（2002），他们提出了更加明确的政策导向。

过程。我们理解社会科学是如何对创新政策的有效性或相关的产业、科学、教育或福利政策做出贡献的吗？十多年以前，Edquist（2001，p.17）注意到创新系统观点“缺乏关于国家的角色——关于创新政策如何被设计和实施，以及何种社会力量支配着这些活动的组成部分（理论）”。自那时起，问题已被部分解决①，但仍然留下了许多问题。现在正是时候把对制度创新和政策创新的更深理解当作研究目的本身，来丰富我们的政策建议。

4.4.5 分析和预测环境变化：一门真正的演化科学

着眼于制度创新将是自觉转向相关领域的一种方式，深化我们对于组织和政策变迁的历史过程的理解，可以防范政策建议功能的退化。更进一步地说，如果我们承认重大创新及其扩散在改变我们研究目标上的作用，那么我们的任务就应该是通过查看本领域中的研究和观念的进化去提高我们关于历史变迁的理解。这意味着一门非常有活力的学科的建构，它能不断意识到其自身的发展与技术、经济及其他现象的无常性有关。

然而，仅仅是随着历史背景的变化而变化是不够的。我们同样也需要能够预测变化，找出那些有可能变强的微弱趋势，在它们出现的时候就进行研究。这就是演化经济学和创新研究先驱们所做的。由 Freeman（1974），Nelson 和 Winter（1977，1982）在 20 世纪 70 年代以及 80 年代早期所做的开创性工作并非偶然。不久之后，国家创新系统的概念便出现了（Lundvall，1985，1988；Freeman，1987；Nelson，1993）。真正有创造力的社会科学能够在刚刚明朗化的时候便辨别趋势。当然，我们可以把工作留给科学史学家，从而避免被指责投机的风险。但是，提供不相干的或者过失的政策建议这种更大的风险，对于提高学术严谨度来说，代价太高了。

4.5 总结

本章主要进行了两个层面的讨论。第一，在一般层面上，鉴于在发展中国家中观察到创新环境的剧烈变化，本章挑战了演化经济学和创新研究，

① 参见，Nelson（2008）以及奥尔堡团队，例如 Gregersen（1992）、Johnson（1992）、Gregersen 和 Johnson（1997）的早期工作，以及塔林（Tallinn）团队从公共管理转向创新的研究工作（Karo et al.，2012）。

使之更加有意识地和明确地基于历史。第二，特别在与发展有关的研究方面，本章简单综述了研究背景是如何发生变化的，由此勾画了一项议程，并强调对于更加跨学科和协调性方法的需要，以满足发展中国家政策制定者的新要求。

近几十年以来，创新政策制定者所面对的问题发生了显著的改变。不仅穷国和弱国有了获取知识和技术的新渠道和新机会，而且对于世界上穷国的定义和定位都发生了改变。由于创新学者的研究与技术变迁和创新政策紧密关联，上面这些现象自然就是他们的研究对象。政策创新的过程本身需要像大学与政策之间的联系一样得到认真研究，而不是仅从每一项研究中提取政策建议。对于后者的研究力图了解社会科学，尤其是演化经济学和创新研究是如何支持制度创新的，这为产学关系的研究成果提供了对比。

有些创新政策曾经像是发展政策的一种边际补充，与研究和教育而非增长、就业和社会福利联系更紧。现在创新政策已经成为发展中国家和新兴国家努力赶超的核心要素。同时，创新的范围扩大到包括适应穷国条件的产品和工艺创新，例如，草根创新（frugal innovation），直接的能源生产，以及满足严酷气候条件、极端贫穷和其他特定问题的解决方案。基于这种变化背景，可能有必要区分为了增长和竞争的创新政策和消除贫困的创新政策。在这两种情况中，都需要对政策和制度中的创新过程进行研究，也要对为了穷人和弱者，或由其完成的生产和财富创造的技术与组织创新进行研究。[①] 更进一步地说，由于收入两极化已经成为近几十年以来发达国家和新兴国家的特点，确定可以帮助反转这些趋势并把不同的起源、条件及贫困层次考虑进去的创新政策变得十分关键。

因为这是一幅更加复杂的图景，创新研究将要求在跨学科交叉中包含历史和政治学，以及与历史转型、发展、消除贫困、政治学和国家的作用等互补的思想学派之间更加紧密的合作。我们所面临的挑战是在面对研究对象的全面复杂性的时候保持研究的连贯性，那么研究结果将会是真正有效且相关的政策建议。

① 参见 Perez（2010b）提出的赞成独立机构双重发展战略的论点。

参考文献

Amin, S. (1976). *Unequal Development: An Essay on the Social Formations of Peripheral Capitalism*. New York: Monthly Review Press.

Anderson, C. (2006). *The Long Tail: Why the Future of Business is Selling More of Less*. New York: Hyperion.

Arora, A. and Gambardella, A. (2004). 'The Globalization of the Software Industry: Perspectives and Opportunities for Developed and Developing Countries', NBER Working Paper, 10538 (downloaded from <http://www.nber.org/papers/w10538>).

Bartzokas, A. and Teubal, M. (2002). 'A Framework for Policy Oriented Innovation Studies in Industrialising Countries', *Economics of Innovation and New Technology*, 12: 477-96.

Cardoso, F. H. and Faletto, E. (1968). *Dependencia y desarrollo en America Latina*. Mexico: Siglo XXI.

Cooper, C. (1972). 'Science, Technology and Production in the Underdeveloped Countries: An Introduction', *Journal of Development Studies*, 9: 1-18.

DeJong, J. P. J. and Marsili, O. (2006). 'The Fruit Flies of Innovations: A Taxonomy of Innovative Small Firms', *Research Policy*, 35: 213-29.

Dobbs, R., Oppenheim, J., Thompson, F., Brinkman, M., and Zornes, M. (2011). *Resource Revolution: Meeting the World's Energy, Materials, Food and Water Needs*. London: McKinsey Global Institute, McKinsey and Co.

Dosi, G. et al. (eds) (1988). *Technical Change and Economic Theory*. London: Pinter.

Drechsler, W. (2011). 'Understanding the Problems of Mathematical Economics: A "Continental" Perspective', *Real-World Economics Review*, 56, March: 45-57 (downloaded May 2013 from <http://www.paecon.net/PAEReview/issue56/ Drechsler56.pdf>).

Edquist, C. (2001). 'The Systems of Innovation Approach and Innovation Policy: An Account of the State of the Art', DRUID Conference paper.

Farooki, M. Z. and Kaplinsky, R. (2012). *The Impact of China on Global Commodity Prices: The Global Reshaping of the Resource Sector*. London: Routledge.

Freeman, C. (1974). *The Economics of Industrial Innovation*. Harmondsworth, Middlesex: Penguin Books.

Freeman, C. (1984). 'Prometheus Unbound', *Futures*, 16: 494-507.

Freeman, C. (1987). *Technology Policy and Economic Performance: Lessons from Japan*.

London: Pinter.

Freeman, C. (1988). 'Introduction', in G. Dosi et al. (eds), *Technical Change and Economic Theory*. London: Pinter, 1-9.

Freeman, C. (1995). 'The "National System of Innovation" in Historical Perspective', *Cambridge Journal of Economics*, 19: 5-24.

Freeman, C. (2001). 'A Hard Landing for the "New Economy"? Information Technology and the United States National System of Innovation', *Structural Change and Economic Dynamics*, 12: 115-39.

Freeman, C. and Louçã, F. (2001). *As Time Goes By*. Oxford: Oxford University Press.

Freeman, C. and Perez, C. (1988). 'Structural Crises of Adjustment: Business Cycles and Investment Behavior', in G. Dosi et al. (eds), *Technical Change and Economic Theory*. London: Pinter, 38-66.

Friedman, T. (2005). *The World is Flat*. New York: Farrar Straus and Giroux.

Geels, F. W. (2010). 'Ontologies, Socio-Technical Transitions (to Sustainability), and the Multi-Level Perspective', *Research Policy*, 39: 495-510.

Geels, F. W. and Schot, J. W. (2007). 'Typology of Sociotechnical Transition Pathways', *Research Policy*, 36: 399-417.

Gereffi, G. and Kaplinsky, R.E. (2001). 'The Value of Value Chains: Spreading the Gains from Globalisation', *IDS Bulletin*, 32 (July), Brighton Institute of Development Studies.

Gereffi, G. J., Humphrey, J., and Sturgeon, T. (2005). 'The Governance of Global Value Chains', *Review of International Political Economy*, 12: 78-104.

Gregersen, B. (1992). 'The Public Sector As a Pacer in National Systems of Innovation', in B.-Å. Lundvall (ed.), *National Systems of Innovation: Towards a Theory of Innovation and Interactive Learning*. London: Pinter, 129-45.

Gregersen, B. and Johnson, B. (1997). 'Learning Economies, Innovation Systems and European Integration', *Regional Studies*, 31: 479-90.

Grin, J., Rotmans, J., Schot, J., Geels, F. W., and Loorbach, D. (2010). *Transitions to Sustainable Development: New Directions in the Study of Long Term Transformative Change*. London: Routledge.

Gunder Frank, A. (1991). *Underdevelopment of Development: an Autobiographic Essay*. Stockholm: Bethany Books.

Hirschman, A. (1982). 'The Rise and Decline of Development Economics', in M. Gersovitz et al. (eds), *The Theory and Experience of Economic Development*. London: Allen and Unwin,

372-90.

Johnson, B. (1992). 'Institutional Learning', in B.-Å. Lundvall (ed.), *National Systems of Innovation: Towards a Theory of Innovation and Interactive Learning*. London: Pinter, 23-44.

Kaplinsky, R. (2005). *Globalisation, Poverty And Inequality: Between a Rock and a Hard Place*. Cambridge: Polity.

Karo, E., Drechsler, W., Kattel, R., and Stillings, C. (2012). 'Introduction to the Special Issue: Public Administration, Technology & Innovation', *Halduskultuur—Administrative Culture*, 13: 4-9.

Krugman, P. (1995). *Development, Geography, and Economic Theory*. Cambridge, MA: MIT Press.

Lazonick, W. (2007). 'The US Stock Market and the Governance of Innovative Enterprise', *Industrial and Corporate Change*, 16: 983-1035.

Lundvall, B.-Å. (1985). *Product Innovation and User-Producer Interaction*, Industrial Development Research Series. Aalborg: Aalborg University Press.

Lundvall, B.-Å. (1988). 'Innovation as an Interactive Process: From User Producer Interaction to National Systems of Innovation', in G. Dosi, and et al. (eds), *Technical Change and Economic Theory*, London: Pinter, 349-69.

Marin, A., Navas-Aleman, L., and Perez, C. (2010). 'The Possible Dynamic Role of Natural Resource-Based Networks in Latin American Development Strategies', Globelics Working Paper.

Mazzucato, M. (2013). *The Entrepreneurial State: Debunking Private vs. Public Sector Myths*. London: Anthem Press.

Morlacchi, P. and Martin, B. (2009). 'Emerging Challenges for Science, Technology and Innovation Policy Research: A Reflexive Overview', *Research Policy*, 38: 571-82.

Morris, M., Kaplinsky, R., and Kaplan, D. (2012). 'One Thing Leads to Another—Commodities, Linkages and Industrial Development', *Research Policy*, 37: 408-16.

Nelson, R. R. (1993). *National Innovation Systems: A Comparative Analysis*. New York: Oxford University.

Nelson, R. R. (2008). 'What Enables Rapid Economic Progress: What are the Needed Institutions?', *Research Policy*, 37: 1-11.

Nelson, R. R. and Winter, S. G. (1977). 'In Search of a Useful Theory of Innovation', *Research Policy*, 6: 36-76.

Nelson, R. R. and Winter, S. G. (1982). *An Evolutionary Theory of Economic Change*. Cambridge, MA: Harvard University Press.

Pavitt, K. (1984). 'Sectoral Patterns of Technical Change: Towards a Taxonomy and a Theory', *Research Policy*, 13: 343-73.

Perez, C. (1985). 'Microelectronics, Long Waves and World Structural Change: New Perspectives for Developing Countries', *World Development*, 13: 441-63.

Perez, C. (2001). 'Technological Change and Opportunities for Development as a Moving Target', *CEPAL Review*, 75: 109-30.

Perez, C. (2002). *Technological Revolutions and Financial Capital: The Dynamics of Bubbles and Golden Ages*. Cheltenham: Elgar.

Perez, C. (2009). 'The Double Bubble at the Turn of the Century: Technological Roots and Structural Implications', *Cambridge Journal of Economics*, 33: 779-805.

Perez, C. (2010a). 'Technological Revolutions and Techno-Economic Paradigms', *Cambridge Journal of Economics*, 34: 185-202.

Perez, C. (2010b). 'Technological Dynamism and Social Inclusion in Latin America: A Resource-based Production Development Strategy', *CEPAL Review*, 100: 121-41.

Perez, C. (2012). 'Financial Bubbles, Crises and the Role of Government in Unleashing Golden Ages', FINNOV Working Paper 2-12. Forthcoming (2013) in A. Pyka and H. P. Burghof (eds), *Innovation and Finance*. London: Routledge.

Prebisch, R. (1951). *Estudio económico de América Latina 1949*. New York: CEPAL.

Radosevic, S. (2012). 'Innovation Policy Studies between Theory and Practice: A Literature Review Based Analysis', *STI Policy Review*, 3: 1-45.

Reinert, E. S. (1994). 'Catching-Up from Way Behind—A Third World Perspective on First World History', in J. Fagerberg, B. Verspagen, and N. v. Tunzelmann (eds), *The Dynamics of Technology, Trade, and Growth*. Aldershot: Elgar, 168-97.

Reinert, E. S. (1999). 'The Role of the State in Economic Growth', *Journal of Economic Studies*, 26: 268-326.

Reinert, E. S. (ed.) (2004). *Globalization, Economic Development and Inequality: An Alternative Perspective*. Cheltenham: Elgar.

Romer, P. M. (1993). 'Idea Gaps and Object Gaps in Economic Development', *Journal of Monetary Economics*, 32: 543-73.

Sachs, J. and Warner, A. M. (1995). 'Natural Resource Abundance and Economic Growth', NBER Working Paper, 5398.

Sagasti, F. (2011). *Ciencia, tecnología, innovación: Políticas para América Latina*. Lima/México: Fondo de Cultura Económica.

Schmitz, H. (ed.) (2004). *Local Enterprises in the Global Economy: Issues of Governance and Upgrading*. Cheltenham: Elgar.

Sen, A. (1960). *Choice of Techniques: An Aspect of the Theory of Planned Economic Development*. Oxford: Blackwell.

Sen, A. (1983). 'Development: Which Way Now?', *Economic Journal*, 93: 745-62.

Singer, H. W. (1949). 'Economic Progress in Underdeveloped Countries', *Social Research: An International Quarterly of Political and Social Science*, 16: 9-11.

Sumner, A. (2010). 'Global Poverty and the New Bottom Billion: What if Three-Quarters of the World's Poor Live in Middle Income Countries?', mimeo, Institute of Development Studies, Brighton.

The Economist (1977). 'The Dutch Disease', *The Economist*, 26 November: 82-3.

United Nations Environment Programme (2011). *Towards a Green Economy: Pathways to Sustainable Development and Poverty Eradication*. Nairobi: UN Environment Programme.

Urzua, O. (2011). 'The Emergence and Development of Knowledge Intensive Mining Service Suppliers in the Late 20th Century', PhD thesis, SPRU, University of Sussex.

Urzua, O. (2012). 'Emergence and Development of Knowledge-Intensive Mining Services (KIMS)', The Other Canon Foundation and Tallinn University of Technology, Working Papers in Technology Governance and Economic Dynamics, No. 41.

第 5 章　创新、演化和经济学：我们处于什么位置？该走向何方？

乔瓦尼·多西（Giovanni Dosi）

5.1　引言

在本章中，我概述了将经济系统解释为一个复杂演化系统时它的主要组成部分，以及创新在其中的作用，并且评估了迄今为止演化研究项目所取得的进展及未来将要面对的一些挑战。[①] 演化的视角引导我们试图理解一系列广泛的经济现象——从微观经济行为到产业结构和动力学的特征，以及总体增长和发展的特性——是异质性主体（agents）之间非均衡互动的结果。这些主体的特点是内生偏好、“有限理性”，但是具备学习、适应及创新能力，以理解他们所处的环境、他们所掌握的技术、他们的组织形式及他们的行为指令。虽然重视正式的建模和统计分析，但本次研究项目主要运用归纳（inductive）的方法，认真对待能够激励和约束建模假设的所有层面的经验规律。

① 这项工作借鉴了 Dosi 和 Winter（2002）、Dosi（2013）的引言［它的 INET 版本见 Dosi（2011）］，以及 Dosi 和 Nelson（2010），其中提供了诸多细节。

5.2 协作和变革

在讨论演化研究项目之前，让我先列出一些由经济学学科解决的基本问题，以及当代经济学理论对这些问题给出的答案。我认为经济学出现后，其核心的两大基本问题涉及资本主义生产和创新机器变革的驱动力和模式，以及大量存在利益冲突且追逐私利的经济主体之间的（不完善的）协调机制。① 各种理论为这两个问题给出的答案至关重要，但是每个理论在这两个问题之间预先设置的关系也同等重要。

亚当・斯密在《国富论》(*Wealth of Nations*) 的开篇分析了变革的驱动力，尤其是劳动分工、机械化、生产率增长和需求增长之间的正向反馈。基于如此动态的背景，关于协调的问题在后面才能谈到。同样，卡尔・马克思围绕价值理论、资本积累和技术进步，对生产理论和劳动关系之间的关系进行了漫长的讨论。“协作”，如果可以这么称呼的话，则出现得相对较晚，认为资本家互动的内在动态特性是理所当然的。凯恩斯也是，从未想过将“是什么将系统维持在一起”和“是什么使系统运行下去”分离开：确实，短期协作的特性——通过非自愿性失业显著地反映出来——源自资本积累的特性，“原始本能”是驱动力。

相比之下，经济学当前的主导理论信条分析的是上述观点的对立面。它建立于“协作”和“动态”之间分离的基础上。此外，甚至熊彼特也同意这种建立在瓦尔拉斯（Walrasian）协作方法基础上的“认识论分离”，尽管他认为技术创新是经济长期变迁的驱动力。如今，人们从基于依据技术、禀赋和偏好的特定基础的一般均衡开始。然后，出现了一个冲击：在熊彼特式的学说中，企业家型创新者引入了一个意想不到的创新，由此产生了非均衡的利润，改变了相对价格，并且带来“创造性毁灭”。此后，经济系统通过技术模仿和创新扩散的方法进行适应。这只是个暂时的阶段，直到系统重新收敛到一个以整套新的经济原理为特点的新的（均衡）循环流。

的确，这是自 20 世纪 50 年代以来经济学学科赖以运行的知识妥协的

① 参考 Dosi 和 Orsennigo（1988）中更详细的讨论。

中心原则，伴随着“微观基础的”一般均衡模型、短期宏观经济、增长理论这三点之间粗略的研究者划分。过去 30 年已经见证了新增长模型的出现，带来了相对于最初的索罗模型的进步，但也有显著的缺点。其中一大好处是创新被内化为经济动力，作为学习外部性或追求利益最大化的行为主体有目的的努力的结果（对比 Aghion and Howitt，1997）。然而，内生化的代价是将创新活动简化为资源最优跨期配置的均衡结果。因此，人们已经放弃了熊彼特将创新作为一种非均衡现象，或者至少是瞬变现象的观点。实际上，由私营部门开展的创新活动最终都会被简化为另一个具有或不具有（可能性）不确定性的最优跨期资源分配的实例。

关键是创新和知识积累恰恰是从根本上违反稀缺性原则和守恒原则的领域。人们可以系统性地从更少的资源中获得更多的利益，同时动态收益递增是规则而不是例外。如今，我们已经经历了一场严重的金融危机，其夸张表现和规模无疑构成了一个虚假的“关键实验”和“经济学专业的系统失灵”（Colander et al.，2009）。① 主流范式能否通过适当修改后被挽救？我怀疑这能否实现，因为其根本解释性的失败与其核心构件（前瞻性理性、均衡等）有着内在的联系。

5.3　转向另一种解释：把经济体看成一个复杂演化系统

演化经济学家（包括伦德瓦尔）的共同体，在危机出现之前就已经作了出色的替代研究计划，这一点他们值得骄傲［可参考 Dosi（2000）］，这个研究计划与早先起草的“新古典经济范式”完全相反。② 事实上，这个研究计划首先确认了研究对象是被看作一个复杂演化系统的经济系统。需要注意的是，我们这里从“复杂性”这样一个极简主义概念开始，捕捉到“经济系统是由多个互动的行为体共同组成”这一事实——这就是“拟人论”的不合逻辑之处。③ 此外，“演化”意味着任何给定的关于“基本原理”

① Stiglitz（2011）表达了对宏观经济状况的相关关注。

② 圣塔菲研究所主办的一系列关于这一主题的会议和书籍产生了有趣的见解，即使交付的东西比承诺的要少［比较 Anderson，Arrow and Pines（1988）；Arthur，Durlauf and Lane（1997）］。

③ 关于“复杂动力学”，参见 Kirman（2010）［其观点接近于这里所表达的观点（并且他的观点是重要的灵感来源）］，以及 Rosser（2011）。

的假设（包括技术和偏好）都是对研究对象的根本性的歪曲。

在对一个复杂演化经济体的任何研究分析中，须远远超越熊彼特或萨缪尔森对协作和变革的分离。该系统的（不完全）协作特性基本上是由其演化的本质塑造的。正如在骑自行车的时候，当车子运动起来时能够比较容易站立在车上保持不倒（只有少数几个运动员能够保持身体直立而静止不动），所以资本主义经济的相对有序的属性来源于其运动状态。这是“不安分的资本主义”的相对秩序（Metcalfe，1998；Metcalfe and Ramlogan，2006）。因此，产品价格大致围绕着产品的平均成本线浮动，而产品的平均成本又依赖于工艺创新的潜在速率（特定技术和特定部门）。需求模式由随后的价格和产品创新的“轨迹”形成。劳动力需求的总值和净值被技术进步的两面性所影响，它既能“节约劳动力”，也能“创造需求”。

这些都是经济变量的统计学分布特征中的不完全协作和相对顺序的特性，而且它们源于一个事实，即系统的工艺和产品技术、消费模式和组织形式总是处于不断变化中的。该演化范式明确提出多主体系统的这种内生变化属性。

接下来让我们来考虑一下将经济系统作为一个复杂演化系统这种解释的一些一般特征。

5.3.1 方法论

（1）“动力学第一”

动力学和变革强调的是要与演化研究相同的一种更为一般的方法论保持一致，即锡德·温特（Sid Winter）的名言“动力学第一”。换句话说，解释一件事物为什么存在，或者为什么一个变量要取这个值，都应离不开解释它何以形成目前状态的过程。这大致符合理论的要求，即通过正式的文档记录或者仿真模拟动力学系统来提供过程的来历，或者通过提供一个良好的定性历史重建（或者，如果可能的话，两者都提供）。另外，尤其要警惕那些由观察得到的完全包含着事后均衡合理化的任何解释（在理性前提下必须是这样）。尽管经济学中普遍的做法是从不把存在性定理或者一个纯粹实用主义的声明当作一个好的解释（x 之所以存在是因为它执行了函数 y）。

（2）现实主义

现实主义是一种美德，在某些方面是必要的。理论必然是抽象的，一般来说其包含的现实比它们忽略的少：事实上，正如 Kay（2011）所说的，“地图不是领土”［对比 Korzybski（1933）］。如今，还有一些现实的特性被理论学家在冒险中忽略掉了，因此得到的结果是对现实解释的不可信的指导，尽管可能对一些重要的机制有所启发。更广泛地说，以预测为中心的学派为建模辩护——“重要的不是你所做的假设，而是你预测结果的质量”——这真是糟糕的认识论。

5.3.2　一些实质性的构件

鉴于这些一般性的认识论方法，现在让我来概括出成熟的演化研究纲领的一系列实质性的构件。[①]

（1）微观基础

理论应该是建立在微观基础上的，因为它们应该明确地（尽管可能是间接地）建立在对主体做什么，以及他们为什么这么做的问题的合理地解释上。[②]（然而要注意的是，这种主张并不意味着主体的目标一般都被实现或者他们的期待都被满足。换句话说，将微观基础和理性预期等量齐观是根本性的误解。）

（2）“有限理性”——广义上的

在基础的微观属性中，一个事实是主体对他们的运作环境不能完全理解，尤其不清楚未来将会带来什么。因此，甚至连术语“有限理性”在这里都具有误导性，它暗含着完美的“超脱世俗的”理性，因为主体有限理性的程度与相应的实际行动存在距离。如今在这样一个不断变化并高度复杂的环境中，这种“完美”理性也许难以定义，甚至在原则上也难以明确（Dosi，Marengo and Fagiolo，2005）。

---

① 演化研究项目的实质内容可见 Nelson 和 Winter（1982）、Dosi 等（1988）、Dosi 和 Nelson（1994）、Coriat 和 Dosi（1998）、Metcalfe（1998）、Dosi（2000）、Dopfer（2005） 和 Dosi and Winter（2002）。我将在本节中提到。

② 尽管相当一部分的“聚集”（即非微观创造的）动态模型与演化解释［其中一些在 Coriat 和 Dosi（1998），以及在 Silverberg 和 Verspagen（2005）中进行了研究］是一致的。这点在 Dosi（2000）的引言中也有讨论。

相反，人们必须采用一个非常宽泛的“有限理性”的概念，这与以下几个局限性相关：①获取信息；②记忆；③计算能力；并且还有（更基本的）④主体运行环境的本质上的不完美表现；⑤主体掌握自然规律和“社会”技术的能力的普遍局限性[①]；⑥个人偏好这一层面上固有的模糊性，潜在的不连续性和不稳定性。

（3）异质性

不完美的理解力和不完美且路径依赖的学习能力导致了主体间持久的异质性。主体的异质性表现在以下几个方面：①他们的偏好及禀赋不同（在完全通用版本的标准模型中被认可，但在目前的大多数宏观模型中很少被认可）；②即使面对相同的信息，他们所持有的“世界模式”（models of the world）也不同；③他们的技术手段不同；④他们的学习过程（可能）不同。抓住异质性对于总体动力学的表征至关重要。的确，缺少异质性使得当代宏观经济学的状态变得可怜。

（4）持续的创新机遇

知识的边界总是在改变：经济主体可能发现新的技术、新的组织方式和新的行为模式。将新颖性的普遍存在考虑进去是一项重大的理论和建模上的挑战。研究技术和组织变革的演化理论学者已经开辟了一个新的领域，以解决技术知识的结构和动力学问题[②]，这里面包括伦德瓦尔的重大贡献。

（5）互动、协作和选择

虽然（不完美）适应和持续性发现产生了多样性，但市场内外的集体交互作用有效运作：第一，作为信息交换和协作的机制；第二，作为“选择机制”（selection mechanisms），由此导致作为多样化技术、惯例、战略等载体的不同实体的生长（和存活概率）存在差异。这里的关键问题是：①任何“看不见的（或可见的）手”具备的协调权力都会监督分散式的互动；②选择机制的驱动力、权力和效率；③上述两个过程之间的交互。[在“动力学第一”的规则下，已有所谓均衡的证明（伴随着基于偶然的奇闻逸事和类似于“系统最后一定会到达这个状态”的断言），不能算作是严格的

① 关于后者的概念，这与机构的性质和在其中的行为有关，参见 Nelson 和 Sampat（2001）。

② 关于当前发展状况的综述，参见 Dosi 和 Nelson（2010）。

论据。]

（6）具有涌现性的集聚规律

鉴于此，集体性的集聚现象（例如，不同层面的聚集在生长过程、工业结构和动力学上的规律性）应该在理论上被认为具有涌现性，即远离均衡的微观交互学习所引致的集体大范围无意识的结果。因此，这是自组织过程的相对有序性（梅特卡夫称之为“自我转型的市场秩序”），但是无论在所有市场出清的情况下，还是在满足独立经济主体潜在期望的情况下都没有任何均衡的隐意。注意，这样的性质往往是亚稳态的，虽然持续存在的时间比它们产生的过程要长，但是它们最终消失的概率为 1。①

（7）组织形式

表达和解释的相似方式应适用于组织形式和制度的出现与自我维护：它们在一定程度上是主体直接（故意）行为的结果，也是聚集交互的无意识的结果，还是主体学习行为互相影响的结果。稍后我会再回到组织的领域。

（8）协同演化动力学

制度、规则和组织形式中“较高层次”规则与“较低层次”演化过程的关系是复杂的，跨越不同时间跨度和不同层次分析的协同演化，应该被正确地理解并能建模。前者是后者的涌现性的体现，它们应该被看作是将后者约束和塑造在一个更短的时间跨度上的相对不变的结构。将更高层次作为准不变量的建模方法和那些排除了新奇事物重要形式的模型一样具有临时的合法性，并且一般以更慢的速度到达（如为了重大的制度变革）。

这是一个宏伟的计划，正如锡德·温特（之前与我一起研究出实质性构建模块列表的人）和我所见。在这里回顾那些包含了部分或全部相关内容的文献是不可能的，因为文献数量增长得太快了。在 Dosi 和 Winter（2002）的文献中可以看到 10 年前直到现在的一些成果和相关的讨论，Dosi 和 Nelson（2010）对技术变革和工业动力学进行了更加具体的总结。相反，我来强调一下这样一个从微观到宏观的宏伟的计划的一些重要的研究领域。

① 关于“突发”和“亚稳定性”的概念，参见 Lane（1993）。

5.4 技术知识的结构和技术创新的过程

将创新作为演化过程的分析和对技术知识的潜在特性的分析，长久以来都被作为演化研究纲领的一个核心部分。以下几点已经取得了非常简明而重要的进步：

• 技术搜索与学习的本质，以及它们在经济系统中的定位；

• 技术知识的结构（范式内的组织）及创新轨道的规律性；

• 创新模式的跨技术或跨部门差异，可以从相当稳定的分类标准中体现出来；

• 技术知识的程序性本质，以及其组织惯例和“动态能力”的内嵌性；

• 创新、模仿和扩散在企业成长和工业演进中扮演的角色；

• 生产和创新的部门和国家系统的特点及显示出的性能。

确实，对于技术和组织知识与创新的理解虽然不足以构成一个完整的范式，但是却构成了将演化研究的共同体联结在一起的“黏合剂”。

稍后，我将介绍关于后者的其他同等重要的方面。

5.5 微观基础：复杂演化环境中的认知、行为和学习

“微观基础”的概念相当于为经济主体的实际行为提供一个解释。我已经在别处批评了一些说法，包括“让我们一开始先假设经济主体是想最大化某物并就此建立理论”和一些可疑的认识论主张，例如“这只是个实用的标准”或者“这是一个‘如果……就……’的过程的结果，即使我不能正式地将它记录下来”[①]。在 Simon（1957，1969）、Winter（1964）、Nelson 和 Winter（1982）的文献中也能看到这种批评。在大多数以改变和创新为特点的经济环境中，一般来说最大限度的理性是不能被表征的，更不用说作为实际行为的属性。

但是后来的人们和组织是怎么做的呢？为了回答这个问题——包括行为和学习——我们必须借鉴认知和社会心理学，即使我们从中得到的与主

① 可以在 Dosi（2000）的介绍中找到一个这样的讨论。

流经济学的行为假设相差甚远：

> “心理学理论［……］虽比不上信念和选择的正式规范模型的高雅和精确，但是它说明理性模型在心理上不切实际的另一种方式［……］；心理学提出了一种综合的概念和中观的概括，并且由于它们具有能够解释在多样化领域中表面上完全不同的现象的能力获得了可信度。”（Kahneman，2003, p.1994）

最近，几个相关领域已经取得了长足的进步。一个是神经经济学（neuroeconomics）。它能够成为一种卓有成效的方法并不是因为某些实验所传达的还原论（例如，大脑的这部分映射贪婪，而那一部分映射慷慨大方……），而是因为神经经济学能够帮助识别和分类那些隐含在评估和决策中的不同驱动因素和过程（全面的回顾可见 Camerer，2007；Rangel et al.，2008）。第二个进步的领域是对人类大脑运作是基于两个独立的系统这一猜想进行探索和完善。根据 Kahneman（2003），我们可以称它们为系统 1（由直觉驱动——快速的、并行的、自动的、轻松的、关联的、缓慢学习的、情绪化的）和系统 2（由推理驱动——缓慢的、连续的、受控的、需要精力、规则支配、灵活的、中立的）（Kahneman，2003，p.1451；也可以看 Schneider and Shriffin，1977a，1977b）。

当代的大多数发展在本质上都多少有点儿西蒙式（Simonesque），尽管他们在任何理性的概念上（甚至是程序类的）比西蒙过去的计划走得更远。确实，与经济学、心理学和认知科学相关研究越来越多地促成了“人类模型”，该模型最终应当包括：①“系统 1”和“系统 2”的认知学上的属性，最有可能是基于不完全的并不断演化的分类方法和思维模式；②无处不在的评估和决策启发式；③解释性模型和决策规则的语境依赖性和社会嵌入性；④不断演化的（并且可能是不一致的）目标和偏好。

5.5.1　组织：行为和学习模式

一个关于组织的同构性问题是：组织实际上到底是做什么的，以及他们是如何改变他们的行为和他们的内部功能的——也就是说，他们是如何学习的？一个人们熟悉的答案是，公司想要将某物最大化（可能是利润）并且受限于技术条件（他们的“生产函数”），同时他们的行为也与他们所能获取的信息有关。如果是这样，正如赫布·西蒙（Herb Simon）很久之前强调的那样，根本不需要打开“组织黑箱”，只要知道公司想要将什么最大化就已经足够了，因为生产函数和信息组并不需要观察其内部，就已经能够解释公司将要做什么。

公平地说，主流理论已经从这样的黑盒子里走出一步。承认组织是由几个利益可能不完全一致的人组成需要打开黑箱，因为组织做什么和组织最终表现如何都依赖于组织内部成员之间的关系。这就是代理理论一直在做的，与交易成本经济学（transaction cost economics，TCE）相比，其最主要的焦点是组织和市场之间边界的科斯（Coasian）问题。

然而，由代理启发打开黑箱的做法与组织实际行为的任何疑问没有关系，与组织内部的实际设置更没什么关系。相反，已经将努力聚焦于提供企业模式，作为由通过均衡合约联系起来的，信息不对称、自私、老练的理性个体组成的微观缩影。组织的成员做什么及最终表现如何，都取决于这类合约的特征，连同那些一定程度上是“技术的”，一定程度上是“社会”的条件——包括信息分配、工作力度和产出的可观测程度等。

从本质上说，目的是用许多较为复杂的、通过合约连接的“个体黑箱”（individual black-boxes）去替代最大化“组织黑箱”（organizational black-box），其关键词就是激励（incentive）。这里提出的观点意味着需要相反方向的进步。正如Dosi（2000）及Marengo和Dosi（2005）的文章中提出的观点，我们可以在一开始以弱激励相容的假设来简化问题，即没有人被要求去采取那些对组织有利同时又伤害自身的行动。

鉴于此，我们首先提出的一个观点是，将组织看成“复杂的问题解决式的制度安排”（complex problem-solving institutional arrangements），在这里“解决问题”代表着生产问题（例如，如何制造一辆车）和搜索问题（例如，为疟疾找到一种疫苗），在一定意义上非常复杂，因为这些问题不能被彻底分解（以至于为一个子问题提出的任何解决办法都会影响另一个子问题）；并且这类问题的一些分类在计算上非常困难，因此对于问题－解决树的一次完整探索将会占用大量时间，并且这个时间的增长速度会比以问题争论数量的多项式速率（其实是指数速率）更快。[①]

而问题的复杂性和可分解性，以及映射到劳工组织内部（和组织间）的分工，与激励管理没有太大关系（虽然会影响后者），这确实会破坏组织知识的特点及其分布。反过来，问题的复杂性和可分解性与“组织惯例”（organizational routines）[②] 及相关的“组织记忆”（organizational memory）的特征有很大关系（见 Dosi et al.，2012）。

目前出现了一种新兴的“基于知识”（knowledge-based）和“基于能力”（capability-based）的公司理论，以分布式组织知识的程序性观点为基础。[③] 在这方面，能力被看作是公司的一系列相互关联的惯例和“其他准遗传特性……”［Winter 在 Coben 等（1996）］——本质上是惯性的和路径依赖的，对环境反馈相当不透明：在短期内，正如 Winter（1998）所说，代表“状态变量”（state-variables）而不是对公司的“控制变量”（control-variables）。并且，它们是有弹性的，主要因为它们知识丰富，可对植根于认知和习惯相关因素的外部或组织内部信号进行呼应。它们的本质远不是某些特定约束条件下最大化实践的结果。

5.5.2 工业动力学面临的挑战

一个典型的关于公司特有性质和绩效之间关系的演化情况如下：不同的生产力、组织机构、创新倾向及企业战略构成了鲜明的企业特性，企业特性反过来又会影响企业的绩效。生产力更强的公司能够对同等质量的货品以更低的定价来扩大它们的市场份额；更加创新的公司能够卖出在某些方面更优质的商品，同样也能扩大市场份额；那么最终效益更高和营利性更好的公司就能获得更大的发展，因为它们在不完全的资本市场中能够进行更多的投资。

在理论基础上，对于这样一个情况的正式解释应该依据“费雪价格”

---

① 关于解决问题的一般方法，参见 Simon（1969，1983）的经典著作；在 Dosi 和 Egidi（1991）中也有讨论。

② 关于这个概念，基于 Nelson 和 Winter（1982）的开创性工作，参见如 Cohen 等（1996）、Becker 等（2005）及 Becker（2005）文献综述。

③ 对于试图掌握程序性知识，惯例及其动力学的正式模型的综述，参见 Dosi 等（2011）。重要的贡献包括 Levinthal（1997），Gavetti 和 Levinthal（2000），Ethiraj 和 Levinthal（2004）以及 Siggelkow 和 Rivkin（2005）。

（Fisher-Price）或者其他的“模仿者动态”（replicator dynamics），例如，Silverberg 等（1988）和 Metcalfe（1998）文章中描述的那样，或者依据隐含的与效率相关的回答，如纳尔逊-温特（Nelson-Winter）暗示的投资动力学。但是这样一种情况如何与证据较量呢?

让我们首先来考虑不同生产力水平对于营利性、增长性和生存概率的影响。基本思想是生产力分布是随着现有实体学习的结果、现有实体的差别增长（一种选择的形式）、死亡（一种不同的、更加激进的选择形式）及新实体的进入而改变的。鉴于微观纵向面板数据的可用性，一种新兴的研究路线［如 Olley 和 Pakes（1996）、Foster 等（2001）、Bottazzi 等（2010），也可以看 Bartelsman 和 Doms（2000）中相关的讨论］探索了这种分解的性质，识别生产力增长对于以下几点的贡献：①市场份额不变而企业自身改变（有时也称作组件内部），②维持初始企业生产力不变而市场份额的改变（也称为组件之间），③一些交互形式，④退出，⑤进入。

尽管依据国家、行业和分析方法的证据已经发生了相当大的变化，但是某些模式还是出现了。第一，组件内部一般来说确实明显比“中间”部分作用大：就是说，现存企业生产力的提高作为一种工业进步的模式，主导了企业的选择，至少就生产力（包括劳动力和全要素生产率）来说是如此。第二，相对效率确实影响生存概率，在公司数量上的选择机制在中长期运行得更有效率，而不是依据在整个行业产出所占份额的变化。第三，证据显示营利性和现存企业增长有很少或者没有联系。然而，其他证据显示营利性对于生存概率有系统性的影响（对比 Bartelsman and Doms，2000；Foster et al.，2008）。

迄今为止所确定的经验规律影响深远。在各个层面对于企业内部异质性观察的周期性证据与异质的学习、创新（或缺少创新）及适应的演化概念相一致。异质性的企业之间，在给定投入与产出价格（通常是特定公司或者特定位置）的条件下相互竞争，获得不同的回报。换句话说，它们获得不同的准租金（或损失），高于或低于不切实际的“完全竞争”的利润率。一定数量的企业进入市场，那么差不多数量的企业就会退出市场。在这一切之后，证据就会越来越多地揭示出在学习、竞争和增长过程中的一个丰富的框架。

同时，企业间的市场选择——从演化角度解释经济变迁时另外一种与企业特定学习相关的中心机制——看起来并不是那么有力，至少从每年或多年时间跨度发布的数据来看。不同程度的效率产生相对稳定的盈利能力差异，但是盈利能力并不会反过头来刺激差异增长。也就是说，目前市场并没有成为一种非常有效的挑选者来根据效率差异的相对大小和份额来做出奖惩。此外，盈利能力和增长率之间缺少强劲的关系，这一点难以支持熊彼特关于利润促进增长（如刺激投资）的朴素观念。

一项技术的不同变体、设备的不同型号和不同的生产线之间的选择确实在发生，并且这也是工业动力学的主要驱动力。然而，这很大程度上发生在公司内部，通过使用更先进的生产流程并舍弃生产力低下的流程来驱动。市场的“选择疲软”源于几种可能的解释——从单纯的统计到真正的解释。

第一点，衡量生产力的方法还不完善：应该将附加价值的价格要素（和价格对竞争力的影响）与生产力直接相关的物理效率分解开，但是很少有人能做到，尤其是在产品的特点与性能不同时。由于在现代工业中产品创新和产品差异化是最根本的竞争，应该明确地解释后者对于揭示选择过程的影响。

第二点，假设行业及它们之间广义上的竞争有明显的边界是不现实的。在许多行业中，考虑一些不同的子市场作为竞争的所在地更富有成效（见 Sutton，1998）。这样的子市场的特点和规模也会为企业成长带来不同的限制和机会。

第三点，不断增长的微观层面的证据表明技术和组织因素之间的相互作用是熊彼特式竞争的决定性因素。Bresnahan 等（2012）在 IBM 和微软面对引入个人计算机和浏览器的案例中分别说明了这一点。两家公司恰恰是在它们曾更擅长的企业行为中，都面临着组织的不经济性，这是因为技术轨道、组织内部结构和市场需求不协调。

第四点，一方面是效率和创新之间的联系，另一方面是企业成长很大程度上由行为的自由度调节，例如，投资、出口和海外扩张的倾向，定价策略和经营多样化的模式。

目前关于选择过程明显弱点的证据需要从演化理论反思他们对于“遴选整体概况”（selection landscapes）的考虑——也就是说，展示竞争互动的空间——可能增加参数的数量（如不仅要包括生产效率和价格，还要包含产品特性）并允许非线性影响（让竞争性迫使运作单独支持“最好”反对“最差”）。确实，重要的挑战摆在这个理论面前。

5.6 走向具有稳固微观基础的宏观演化经济学

如下所说，“宏大的演化项目”明确地建立在主体行为的上述特征、创新搜索模式和竞争性互动基础上，试图解决宏观经济动力学“迎面”遇到的问题。这里倡导的模型类别中产生的宏观经济动力学是多方独立行为交互的结果。由异质性和非均衡的交互引起的非线性关系是规则，包括聚合变量（就业、产出等）间的耦合动力学。聚合变量表现出的统计学特性可以被解释为基于持续存在的微观不平衡的自发属性。我们所观察到的聚合变量之间的稳定关系能够从动荡混乱、非均衡和微观经济学交互中产生。

让我们来举例说明，参见 Dosi、Fagiolo 和 Roventini（2010）的文章，他们的研究基于代理人模型（ABM），将凯恩斯的需求理论和熊彼特的技术刺激经济增长理论联系了起来。经济主体持续不断地面对创新和模仿的机会，他们试图以昂贵的探索努力为代价来取得进步，但受限于真正的不确定性条件（因此他们对于探索投资和获得成功结果的可能性之间并不能得出一个可信的决断）。因此（内生的）技术冲击（创新本身）是不可预测且怪异的。

该模型建立于演化的基础上，同时也与“良好的新凯恩斯主义”（good New Keynesian）的见解相一致（Stiglitz，1994）。探索影响总体需求的因素和那些驱动技术变革因素间的反馈，以发展出一个来解释长期动力学和高频率波动的统一框架。它形成了一部分正在增长的基于代理人的计算经济学的文献（Tesfatsion and Judd，2006；LeBaron and Tesfatsion，2008），响应了演化经济学家及索罗（Solow，2008）的微观异质性的呼吁，并且具有代理人在没有任何事先对其行为的相互一致性的承诺的情况下互动的多样性。[①]

① 对于相关的基于代理的模型，参见 Gatti 等（2005，2010，2011），Russo 等（2007），Dawid 等（2008，2011），Ashraf、Gershman 和 Howitt（2011）；对于具有凯恩斯和熊彼特元素的模型，参见 Verspagen（2002）、Silverberg 和 Verspagen（2005）、Saviotti 和 Pyka（2008）和 Ciarli 等（2010）。

此外，该模型——就像大多数演化的代理人模型一样——是“结构化的”，明确地建立在经济主体的表现（what），以及如何调整（how）等问题的展示上。承诺是“现象学的”（phenomenologically）描述行为，尽可能接近人们能够得到可用的微观证据。Akerlof（2002）对于“行为微观经济学”（behavioural microeconomics）的倡导就建立在这个概念之上。确实，这可能是我们第一个基础性的学科设置。

第二个互补的学科涉及模型共同解释程式化现象总体的能力，以真正的宏观“程式化现象”来看待微观和中观现象。对于给定的模型，包括：①内生增长；②持续性波动；③周期性非自愿失业；④顺应经济周期的消费、投资、生产力、就业和库存变动；⑤总增长率的厚尾分布，伴有在企业之间（永久）非对称的生产力；⑥“尖刻”型（spiky）的投资模式；⑦倾斜的企业规模分布。运用该模型研究宏观经济动力学的性质和公共政策对于经济的供应、需求和基本面的影响，发现影响“总体需求”和“技术变革驱动力”的因素之间的互补性同时影响短期波动和长期增长模式。

仿真模拟还显示“凯恩斯主义”和“熊彼特主义”政策之间的互补性，这是一个对于理论和政策都有深远启发的结果。两种政策似乎对于恢复经济的长期持续性增长都非常必要。熊彼特主义政策可能培育出经济路径，但是看起来并不能单独产生持续性长期增长。在一个很宽泛的参数范围内，在需求的产生和最终的产出增长方面，技术上的“根本性”（真正的、内生的）变革无法充分传播。出于同样的原因，补充的需求冲击（举个最简单的例子，因为政府财政政策减少）对于产出水平、增长速度和创新速度都有持续性的影响。因此，凯恩斯主义的政策不仅对于产出波动性和失业率有很大影响，看起来也对长期经济增长非常必要。

事实上，结果显示新技术的创新性探索和需求产生的条件之间的匹配（或不匹配）带来两种不同的增长“机制”或“阶段”，以不同的长期波动和失业率水平为特征。即使当凯恩斯主义的政策允许持续性增长，它们的调整会影响波动幅度和失业率以及产出的长期水平。波动性和失业率同样受到“熊彼特主义政策”的影响，保持稳定的宏观需求管理规则。

该模型似乎提供了一个令人鼓舞的模板以供修改和精炼，来探索经济分析的深层次领域。因此，相对于纳尔逊和温特开创的第一代演化模型而言，这是一个显著的进步，第一代演化模型包含的熊彼特思想太多而凯恩斯思想太少。有了他们在内生不确定性技术搜索的形式化方面的突破性优势，从宏观经济学的角度来说，纳尔逊-温特模型是均衡模型：劳力市场清晰，产品市场也一样。他们的一个主要参考是索罗增长模型，相关的任务是为索罗识别的宏观增长模式提供一个更加合理（事实上是演化的）的基础。然而，他们缺少凯恩斯经济学，正如保罗·克鲁格曼（Paul Krugman）提出，这是“本质上对于萨伊定律（Say’s Law）的反驳，关于需求不足的可能性”。从这个角度看，可以发现“在准平衡模型中考虑需求失灵最容易，其中包括凯恩斯意义上的工资和长期期望状态在内的某些事情被固定，而其他一些事情则根据条件的均衡来调整”(Krugman，2011，p.3)。

此外，这与宏观经济协调问题有重要的联系，特别是失业率。这里引用Keynes(1943)，正如在Kaldor（1983）中引用的一样：

> ……失业率在民营企业经济中不仅仅是一个偶然的瑕疵。相反，它是系统重要机制的一部分并且具有有效的功能。失业率的第一个功能［……］是它保持了老板对员工的权威性。老板通常可以说：“如果你不想要这份工作，还有一大批人想要”。而当员工说“如果你不想雇用我，那还有很多公司想雇用我”的时候，那情况将发生根本性的改变。

5.7 总结

前面对于演化研究纲领的主要构件和所取得的成果的讨论，在我看来，也凸显了一大串从微观基础到解释长期发展将要遇到的巨大的挑战，我将从前者开始谈几点。

第一，如果经济主体的行为不受任何最大化行为的驱动，那么他们实际上会怎么做呢？这是在个体和组织的两个层面急需明确的——与认知和社会心理学以及组织学研究之间的对话——认知和行为规律。对于创新过程和组织惯例的研究已经进行了很多，但仍远未完成。此外，经济活动远远不仅是追求创新，例如，价格是如何制定的？决定投资和报废的规则是什么？消费模式和收入的消费存储分配的决定因素是否有规律？没有回答这些问题，就难以建立健全的基于微观基础的经验性宏观模型。

第二，在微观和总体水平上，到目前为止集中在关于收入分配和相关的社会冲突的问题上的注意力相对很少。有时可能比完全忽视更糟糕！一些演化经济学家根据利润正是与创新相关的租金这一观点，似乎就满足于一个天真的熊彼特主义观点。相反，我相信现在急需重新评估收入分配的制度性驱动力，这一点至少和技术性驱动力一样重要。最后，演化角度的解释应该承认经济世界是由工人、资本家、银行、金融骗子等组成的！事实上，正如之前提到的，演化研究的共同体中充斥着太多的“熊彼特主义”而包含太少的“凯恩斯主义”。太多的“无形学院”对于劳动力市场动态、失业率和收入分配的兴趣，如同熊彼特一样，几乎为零！

第三，与此相关，源于创新过程的“创造性毁灭”的重要性体现在将重点放在了“创造”这一部分，很大程度上忽视了常常伴随着他们的社会和生态破坏。现在到了解决这些问题的时候了。

第四，我们生活在一个全球化的国际经济体系中。基于主体的、演化的模型至少应该认识到这一点。不幸的是，目前大多数的模型都是封闭经济模型。后者必然是必要的大致近似，但是我们要继续推进。公平地说，“制度学派 / 演化学派”中许多模型能够解决这个问题，但是似乎为交互作用（技术上和组织上不对称）的经济体提供合理正式的解释不那么紧急了。是的，有很多很有见地的提示，但是共同体陷入了一种错误，即没有更多地与政策斗争衔接起来，例如，保罗 • 克鲁格曼在宏观方面的斗争，或者达尼 • 罗德里克（Dani Rodrick）对全球化、国家主权和民主之间内部不兼容的强调。

在本章中，我着重强调了正式的理论。这并不是因为其他形式的分析不重要。相反，其他的方法——从基于历史的“有价值的”理论化到自下而上的统计学分析，一直到案例研究——都是非常重要的补充。重点是大多数对于经济学现象的解释和如今经济政策的绝大部分都来自理论——事实上，在我看来是非常不好的理论和有害的政策含义。

就拿对当前危机的诊断来说，撇开那些认为这是总供给冲击的结果的坚持者（pasdarans），那么想必也不存在自愿失业（或者如果有，那只是由于“调整摩擦”)。即使忽略他们，许多经济学家，他们在最初的惊讶之后，都重新从他们旧的理论观点得出判断和政策主张，并提供耳熟能详的建议，如：“为了增加就业，大体上劳动力市场和尤其是工资设定必须做出更灵活的……”（好像失业不是一个全球总需求的结果）；“现在的首要任务是平衡预算，因为只有这样的增长将再次启动……”（好像有私人投资和公共支出挤出效应的证据）；“应该停止增大经济的流动性，因为这将推动长期利率和通货膨胀加息……”（这个时候，净进口通货膨胀与初级商品有关，OECD 国家处于一个价格通货紧缩之中）；等等。

事实上，建立一个健全的理论性替代方案可能是必要的，即使对可替代的政策清单不是充分条件。总之，人们可以把这叫作以创新为中心的、环境友好的、大量地重新分配的凯恩斯主义计划。

大多数人所希望的共同目标，是“为了建设一个更美好的世界而去更好地理解世界”。毋庸讳言，在对于经济系统如何真实运作（或不运作）的另一种理解之要点与一系列适当的政策处方之间存在巨大差距。填补这个差距需要的是一项集体主义事业。我以明确任务的紧迫性来收尾——在这样一个历史时刻，正如 20 世纪 30 年代初那样，会对一场危机的管理产生可怕的影响，而这场危机正是他们最初促成的。

致谢

彼得罗·丁多（Pietro Dindo）、比尔·詹韦（Bill Janeway）、弗朗西斯科·劳拉（Francisco Louça）、斯坦·梅特卡夫（Stan Metcalfe）、迪克·纳尔逊、亚历山德罗·努沃拉里（Alessandro Nuvolari）、埃维塔·帕斯克泊罗（Evita Paraskevopoulou）、安德烈亚·罗文提尼（Andrea Roventini）和锡德·温特（Sid Winte）关于前一版的点评对于本章的准备有非常大的帮助。在 INET 的支持下，对新经济思维（授予 IN01100022）学会表示感激。

参考文献

Aghion, P. and Howitt, P. (1997). *Endogenous Growth Theory*. Cambridge, MA: MIT Press.

Akerlof, G. A. (2002). ‘Behavioral Macroeconomics and Macroeconomic Behavior’, *American*

Economic Review, 92: 411-33.

Anderson, P. W., Arrow, K. J., and Pines, D. (eds) (1988). *The Economy as an Evolving Complex System I*. Redwood City, CA: Addison-Wesley.

Arthur, W. B., Durlauf, S., and Lane, D. (1997). *The Economy as an Evolving Complex System II*. Redwood City, CA: Addison-Wesley.

Ashraf, Q., Gershman, B., and Howitt, P. (2011). 'Banks, Market Organization, and Macroeconomic Performance: An Agent-Based Computational Analysis', NBER Working Paper, 17102.

Bartelsman, E. J. and Doms, M. (2000). 'Understanding Productivity, Lessons from Longitudinal Microdata', *Journal of Economic Literature*, 38: 569-94.

Becker, M. C. (2005). 'A Framework for Applying Organizational Routines in Empirical Research: Linking Antecedents, Characteristics and Performance Outcomes of Recurrent Interaction Patterns', *Industrial and Corporate Change*, 14: 817-46.

Becker, M. C., Lazaric, N., Nelson, R. R., and Winter, S. G. (2005). 'Applying Organizational Routines in Understanding Organizational Change', *Industrial and Corporate Change*, 14: 775-91.

Bottazzi, G., Dosi, G., Jacoby, N., Secchi, A., and Tamagni, F. (2010). 'Corporate Performances and Market Selection: Some Comparative Evidence', *Industrial and Corporate Change*, 19: 1953-96.

Bresnahan, T., Greenstein, S., and Henderson, R. (2012). 'Schumpeterian Competition and Diseconomies of Scope: Illustrations from the Histories of Microsoft and IBM', in J. Lerner, and S. Stern (eds), *The Rate and Direction of Inventive Activity Revisited*. Chicago: University of Chicago Press, 203-76.

Camerer, C. F. (2007). 'Neuroeconomics: Using Neuroscience to Make Economic Predictions', *Economic Journal*, 117: C26-C42.

Ciarli, T., Lorentz, A., Savona, M., and Valente, M. (2010). 'The Effect of Consumption and Production Structure on Growth and Distribution: A Micro to Macro Model', *Metroeconomica*, 61: 180-218.

Cohen, M., Burkhart, R., Dosi, G., Egidi, M., Marengo, L., Warglien, M., and Winter, S. (1996). 'Routines and Other Recurring Action Patterns of Organizations: Contemporary Research Issues', *Industrial and Corporate Change*, 5: 653-99.

Colander, D., Foellmer, H., Haas, A., Goldberg, M., Juselius, K., Kirman, A., Lux, T., and Sloth, B. (2009). 'The Financial Crisis and the Systemic Failure of Academic Economics', Kiel

Institute for the World Economy Working Papers, 1489.

Coriat, B. and Dosi, G. (1998). 'The Institutional Embeddedness of Economic Change. An Appraisal of the 'Evolutionary' and the 'Regulationist' Research Programme', in K. Nielsen and B. Johnson (eds), *Institutions and Economic Change*. Cheltenham: Edward Elgar, 3-32.

Dawid, H., Gemkow, S., Harting, P., Kabus, K., Wersching, K., and Neugart, M. (2008). 'Skills, Innovation, and Growth: An Agent-Based Policy Analysis', *Journal of Economics and Statistics*, 228: 251-75.

Dawid, H., Gemkow, S., Harting, P., van der Hoog, S., and Neugart, M. (2011). 'The Eurace@ Unibi Model: An Agent-Based Macroeconomic Model for Economic Policy Analysis', Department of Business Administration and Economics, Bielefeld University (downloaded May 2013 from <http://www.wiwi.uni-bielefeld.de/vpl1/research/eurace-unibi.html>).

Delli Gatti, D., Desiderio, S., Gaffeo, E., Cirillo, P., and Gallegati, M. (2011). *Macroeconomics from the Bottom-up*. Milan: Springer.

Delli Gatti, D., Di Guilmi, C., Gaffeo, E., Giulioni, G., Gallegati, M., and Palestrini, A. (2005). 'A New Approach to Business Fluctuations: Heterogeneous Interacting Agents, Scaling Laws and Financial Fragility', *Journal of Economic Behavior and Organization*, 56: 489-512.

Delli Gatti, D., Gallegati, M., Greenwald, B., Russo, A., and Stiglitz, J. E. (2010). 'The Financial Accelerator in an Evolving Credit Network', *Journal of Economic Dynamics and Control*, 34: 1627-50.

Dopfer, K. (ed.) (2005). *The Evolutionary Foundations of Economics*. Cambridge: Cambridge University Press.

Dosi, G. (2000). *Innovation, Organization and Economic Dynamics*. Selected Essays. Cheltenham: Edward Elgar.

Dosi, G. (2011). 'A Response to John Kay: Elements of an Evolutionary Paradigm', INET (Institute for New Economic Thinking) blog (downloaded May 2013 from < http://ineteconomics.org/blog/inet/giovanni-dosi-response-john-kay-elements-evolutionary-paradigm>).

Dosi, G. (2013). *Further Essays on Economic Organization, Industrial Dynamics and Development*. Cheltenham: Edward Elgar.

Dosi, G. and Egidi, M. (1991). 'Substantive and Procedural Uncertainty: An Exploration of Economic Behaviours in Changing Environments', *Journal of Evolutionary Economics*, 1: 145-68.

Dosi, G. and Nelson, R. R. (1994). 'An Introduction to Evolutionary Theories in Economics',

Journal of Evolutionary Economics, 4: 153-72.

Dosi, G. and Nelson, R. R. (2010). 'Technical Change and Industrial Dynamics as Evolutionary Processes', in B. H. Hall and N. Rosenberg (eds), *Handbook of the Economics of Innovation*. Burlington: Academic Press, Vol. I, 51-128.

Dosi, G. and Orsenigo, L. (1988). 'Coordination and Transformation: An Overview of Structures, Behaviours and Change in Evolutionary Environments', in G. Dosi, C. Freeman, R. Nelson, G. Silverberg, and L. Soete (eds), *Technical Change and Economic Theory*. London: Francis Pinter and New York: Columbia University Press.

Dosi, G. and Winter, S. G. (2002). 'Interpreting Economic Change: Evolution, Structures and Games', in M. Augier and J. March (eds), *The Economics of Choice, Change and Organization*. Cheltenham: Edward Elgar, 337-53.

Dosi, G., Fagiolo, G., and Roventini, A. (2010). 'Schumpeter Meeting Keynes: A Policy-Friendly Model of Endogenous Growth and Business Cycles', *Journal of Economic Dynamics and Control*, 34: 1748-67.

Dosi, G., Faillo, M., Marengo, L., and Moschella, D. (2011). 'Modeling Routines and Organizational Learning: A Discussion of the State-of-the-Art', *Seoul Journal of Economics*, 24: 247-86.

Dosi, G., Freeman, C., Nelson, R., Silverberg, G., and Soete, L. (eds) (1988). *Technical Change and Economic Theory*. London and New York: Francis Pinter/Columbia University Press.

Dosi, G., Marengo, L., and Fagiolo, G. (2005). 'Learning in Evolutionary Environments', in K. Dopfer (ed.), *The Evolutionary Foundations of Economics*. Cambridge: Cambridge University Press, 255-328.

Dosi, G., Marengo, L., Paraskevopoulou, E., and Valente, M. (2012). 'The Value and Dangers of Remembrance in Changing Worlds: A Model of Cognitive and Operational Memory of Organizations', LEM Working Paper, forthcoming.

Ethiraj, S. and Levinthal, D. (2004). 'Bounded Rationality and the Search for Organizational Architecture: An Evolutionary Perspective on the Design of Organizations and Their Evolvability', *Administrative Science Quarterly*, 49: 404-37.

Foster, L., Haltiwanger, J. C., and Krizan, C. J. (2001). 'Aggregate Productivity Growth, Lessons from Microeconomic Evidence', in C. R. Hulten, E. R. Dean, and M. J. Harper (eds), *New Developments in Productivity Analysis*. Chicago: University of Chicago Press,

Foster, L., Haltiwanger, J. C., and Syverson, C. (2008). 'Reallocation, Firm Turnover and Efficiency, Selection on Productivity or Profitability?', *American Economic Review*, 98: 394-425.

Gavetti, G. and Levinthal, D. (2000). 'Looking Forward and Looking Backward: Cognitive and Experimental Search', *Administrative Science Quarterly*, 45: 113-37.

Kahneman, D. (2003). 'A Perspective on Judgment and Choice: Mapping Bounded Rationality', *American Psychologist*, 58: 697-720.

Kaldor, N. (1983). 'Keynesian Economics after Fifty Years', in J. Trevithick, and D. Worswick (eds), *Keynes and the Modern World*. Cambridge: Cambridge University Press, 1-48.

Kay, J. (2011). 'The Map is Not the Territory: An Essay on the State of Economics', INET (Institute for New Economic Thinking) blog (downloaded May 2013 from < http://ineteconomics.org/blog/inet/john-kay-map-not-territory-essay-state-economics>).

Keynes, J. M. (1943). 'Planning Full Employment: Alternative Solutions to a Dilemma', The Times, 23 January.

Kirman, A. (2010). *Complex Economics: Individual and Collective Rationality*. London: Routledge.

Korzybski, A. (1933). *Science and Sanity: An Introduction to Non-Aristotelian Systems and General Semantics*. Lancaster: Science Press.

Krugman, P. (2011). 'Mr Keynes and the Moderns', Prepared for the Cambridge conference commemorating the 75th anniversary of the publication of Keynes' General Theory of Employment, Interest, and Money.

Lane, D. (1993). 'Artificial Worlds and Economics', *Journal of Evolutionary Economics*, 3: 89-107 and 177-97.

LeBaron, B. and Tesfatsion, L. (2008). 'Modeling Macroeconomies as Open-Ended Dynamic Systems of Interacting Agents', *American Economic Review*, 98: 246-50.

Levinthal, D. (1997). 'Adaptation on Rugged Landscapes', *Management Science*, 43: 934-50.

Marengo, L. and Dosi, G. (2005). 'Division of Labor, Organizational Coordination and Market Mechanisms in Collective Problem-Solving', *Journal of Economic Behavior and Organization*, 58: 303-26.

Metcalfe, J. S. (1998). *Evolutionary Economics and Creative Destruction*. London: Routledge.

Metcalfe, J. S. and Ramlogan, R. (2006), 'Restless Capitalism: A Complexity Perspective on Modern Capitalist Economies', in E. Garnsey and J. McGlade (eds), *Complexity and Evolution*. Cheltenham: Edward Elgar, 115-46.

Nelson, R. R. and Sampat, B. (2001). 'Making Sense of Institutions as a Factor Shaping Economic Performance', *Journal of Economic Behaviour and Organization*, 44: 31-54.

Nelson, R. R. and Winter, S. G. (1982). *An Evolutionary Theory of Economic Change.*

Cambridge, MA: The Belknap Press of Harvard University Press.

Olley, G. S. and Pakes, A. (1996). 'The Dynamics of Productivity in the Telecommunications Equipment Industry', *Econometrica*, 64: 1263-97.

Rangel, A., Camerer, C., and Read Montague, P. (2008). 'A Framework for Studying the Neurobiology of Value-Based Decision Making', *Nature-Neuroscience*, 9: 545-59.

Rodrick, D. (2011). *The Globalization Paradox: Democracy and the Future of the World Economy*. New York and London: W.W. Norton.

Rosser, B. J. (2011). *Complex Evolutionary Dynamics in Urban-Regional and Ecologic-Economic Systems: From Catastrophe to Chaos and Beyond*. New York: Springer.

Russo, A., Catalano, M., Gaffeo, E., Gallegati, M., and Napoletano, M. (2007). 'Industrial Dynamics, Fiscal Policy and R&D: Evidence From a Computational Experiment', *Journal of Economic Behavior and Organization*, 64: 426-47.

Saviotti, P. P. and Pyka, A. (2008). 'Micro and Macro Dynamics: Industry Life Cycles, Inter-Sector Coordination and Aggregate Growth', *Journal of Evolutionary Economics*, 18: 167-82.

Schneider, W. and Shiffrin, R. M. (1977a). 'Controlled and Automatic Human Information Processing: I. Detection, Search, and Attention', *Psychological Review*, 84: 1-66.

Schneider, W. and Shiffrin, R. M. (1977b). 'Controlled and Automatic Human Information Processing: II. Perceptual Learning, Automatic Attending and a General Theory', *Psychological Review*, 84: 127-90.

Siggelkow, N. and Rivkin, J. W. (2005). 'Speed and Search: Designing Organizations for Turbulence and Complexity', *Organization Science*, 16: 101-22.

Silverberg, G. and Verspagen, B. (2005). 'Evolutionary Theorizing on Economic Growth', in K. Dopfer (ed.) *The Evolutionary Foundations of Economics*. Cambridge: Cambridge University Press, 506-39.

Silverberg, G., Dosi, G., and Orsenigo, L. (1988). 'Innovation, Diversity and Diffusion: A Self-Organising Model', *Economic Journal*, 98: 1032-54, reprinted in Dosi (2000).

Simon, H. A. (1957). *Models of Man: Social and Rational*. New York: John Wiley and Sons.

Simon, H. A. (1969). *The Sciences of the Artificial*. Cambridge, MA: MIT Press.

Simon, H. A. (1983). *Reason in Human Affairs*. Stanford: Stanford University Press.

Solow, R. M. (2008). 'The State of Macroeconomics', *Journal of Economic Perspectives*, 22: 243-6.

Stiglitz, J. E. (1994). 'Endogenous Growth and Cycles', in Y. Shionoya and M. Perlman (eds), *Innovation in Technology, Industries, and Institutions: Studies in Schumpeterian Perspectives*. Ann Arbor, MI: The University of Michigan Press, 121-56.

Stiglitz, J. E. (2011). 'Rethinking Macroeconomics: What Failed, and How to Repair It', *Journal of the European Economic Association*, 9: 591-645.

Sutton, J. (1998). *Technology and Market Structure: Theory and Evidence*. Cambridge, MA: MIT Press.

Tesfatsion, L. and Judd, K. L. (2006). *Handbook of Computational Economics: Agent-Based Computational Economics*. Amsterdam and Oxford: Elsevier.

Verspagen, B. (2002). 'Evolutionary Macroeconomics: A Synthesis between Neo-Schumpeterian and Post-Keynesian Lines of Thought', *Electronic Journal of Evolutionary Modeling and Economic Dynamics*, IFReDE—Université Montesquieu Bordeaux IV, 1007, < http://www.e-jemed.org/1007/index.php >.

Winter, S. G. (1964). 'Economic 'Natural Selection' and the Theory of the Firm', *Yale Economic Essays*, 4: 225-72 (available at < http://www.lem.sssup.it/books.html>).

Winter, S. G. (1988). 'On Coase, Competence, and the Corporation', *Journal of Law, Economics, and Organization*, 4: 163-80.

第6章　创新总是有利的吗?

卢克·苏特（Luc Soete）

6.1　引言

吉尼斯黑啤酒（爱尔兰吉尼斯公司生产的一种烈性黑啤酒）曾经的广告中有一句台词是“创新对你有利”（innovation is good for you），这句话似乎已经成为过去几十年间大多数科学、技术和创新研究的共同点。就吉尼斯黑啤酒的例子来说，这句话百分百正确。一天一品脱吉尼斯黑啤酒饮用量的功效相当于人体预防血栓和降低心脏病突发风险每天所需的阿司匹林。与其他啤酒不同的是，吉尼斯黑啤酒里含有类似在红酒和黑巧克力中发现的抗氧化物。①但是吉尼斯公司却根据自我认识决定停止爱尔兰地区的“对你有利”的营销活动，其中主要包括为献血者免费提供啤酒等活动。②因为吉尼斯公司不想被公众认为是一家保健公司！

创新学者也应该看到这一点。“创新对你有利”的口号似乎已经植根于大部分商业和政策分析，但如果事实是创新研究中最常见的特征是创新失败而不是成功的认识，以上口号就显得很奇怪。因此我在本章想要解决的

---

① Mann 和 Folts（2004）。

② 爱尔兰时间（Irish time），2010年3月22日。

一个简单但直接的问题是：有无可能创新并不总是对你有利？我认为，创新在更广泛的社会层面并不总是代表“创造性破坏”（creative destruction）的熊彼特式过程（即通过牺牲一些在任者以造福许多新来者更新社会的动力并由此带来经济发展和福利的更高水平），而是不时地代表完全对立的模式：在这里我称之为“破坏性创造”（destructive creation）的过程——换句话说，这里创新以产生整体福利和生产力增长率方面持续下降的相反模式，牺牲多数人让小部分人获益。正如我将尝试说明的那样，“破坏性创造”这类创新的共同特点包括它的短期盈利主义、易搭便车的本质以及对网络的依赖性，其中治理网络的监管框架有时是创新的主要源头。

我在此提出的第二点是，在过去的10～20年，“破坏性创造”模式已盛行的核心原因与新的数字通信技术（ICT）的出现、广泛传播和使用密切相关。ICT为服务交付的碎片化提供了一个大幅增长的机会：这已经成为我们所知的产品和服务交付差异化的“长尾”（Anderson，2006）。因此，毫无疑问，ICT不仅取得了较大增长，同时也带来了公众获得福利水平的提升。沿着总需求曲线，ICT让消费者的实际需求得到满足。结果很多以前支付不起某些特定服务的消费者，现在能以较低的价格获得这些服务的廉价版，如廉价航班。这些新“版本”的服务已经在很多部门出现，而且已经成为满足消费者更广泛需求的多样化新服务快速增长的背后推动力。

不过，在很多领域，尤其在网络服务领域，这类服务差异化的出现也为“摘樱桃”（cheerypicking，选择最佳）创造了机会：牺牲利润较低的那部分需求，选择为那些利润较高的需求部分提供服务，结果破坏了“整体”的服务交付。因此，与前面提到的网络服务交付相关的“大众服务”（universal service）交付的很多特征面临着较大压力。它们的交付质量已经下降到更低的水平，最糟糕的情形是中断了服务交付。在网络服务领域，贫穷的代价已经越来越高。

与此同时，现有的网络监管部门既没有准备好应对，也不太了解数字化领域的很多新机遇。相反，放松管制和（或）自由化带来了新的产品或服务交付，这主要是源于监管的改变，以及利用某些情况下“负社会外部性”甚至“系统故障”更充分地挖掘为了产品差异化的全新数字化机遇。

在“破坏性创造”的创新比“创造性破坏”的熊彼特式创新更常见的

部门内，经济学家以及更普遍的是社会学家并没有足够坦率地强调创新有局限性。当然，相比之下，科学和技术研究共同体的同仁早已有了一个证据充分的框架，在这个框架内他们明确地指出了技术发明可能带来的负外部性。但是，随着时间推移，这些技术评估分析在经济学专业之外进一步发展，创新评估还没有出现。①

本章仅介绍“破坏性创造”模式的两个案例：其一是我们生态上不可持续的、创新引导的消费增长路径（在 6.2、6.3 两节中说明）；其二是金融创新，即“破坏性创造”的典型范例（在 6.4 节说明）。两个案例的解决方案都是必须增强社会发展提升其福利的“创造性破坏”类创新的能力。

6.2　创新，有计划的弃置和不可持续的消费增长

毫无疑问，我们从创新经济学的大量文献中得知有很多技术失败的案例，比如，David（1985，2001）和 Arthur（1989）强调过的生产者和消费者在技术的次优路径上的长期“锁定”。而且我们也知道在政策层面上，创新支撑和扩散速度之间的创新政策设计存在许多冲突，Stoneman（2001）和 David（2012）强调了这一点。

尽管如此，在此我会更密切地关注消费品创新可能的引导方式，它将我们的社会引向一个以创新为导向的“破坏性创造”增长的炫耀性消费路径上。在现代大部分的增长模式中，研究与发展的投资决策由新型产品或服务提供的增加值所带来的垄断利润前景所驱动。简而言之，创新与价值创造密不可分。

① 如保罗・大卫（Paul David）对此有一组具有启发性的评论。这些评论朝着与本文提到的观点非常相似的一个方向发展，但是更指向创新经济学（economics of innovation）专业：“对一个经济体或者一个社会组织来说，创新的最佳速度是一个很少讨论的概念，除了有些研究对此有比较含蓄的说明，不过这些说明也没有很好地定义创新的最佳速度。然而，除非通过某种方法利用了这个概念从而在操作层面上定义了这个概念，否则一个人怎么能声称判断在经济行业的某个创新盛行的分支里当下的创新步伐太慢，而不是刚刚好或者太快呢？相比之下，哈罗德中性技术变革（Harrod neutral technical change）的最佳速度和随之而来的劳动生产率增长的最佳稳定状态的速度都有很好的定义，至少对于某些熟悉的增长模型类别来说是如此；此外，在研发经济学的文献中，关于我们是否过多或过少（研发）投入研究和发明的过程的问题常被问及并以实证研究回应。为什么不能将过度创新与过度投资科学研究或工业研发视为同样可能的呢？”（David，2012，pp.511-512）

但是我们也可以想象一下完全对立的模式：一个“破坏性创造”的过程，在这个过程中，创新实际上破坏了耐用品存量的使用价值，并导致消费者需要重复购买。来自博科尼大学的埃米利奥·卡尔瓦诺（Emilio Calvano）建立了一个正式模型来阐明这个众所周知的现象本质。简要引用他的文章如下：

> 通过允许创新影响耐用品现有存货的价值，我们更注重‘破坏’而不是‘创造’在推动创新活动方面的作用。正式的分析表明，无论创新的成本有多高，破坏性创造毫无疑问会带来更高利润。退一步想这并不令人奇怪。从最大化利润的角度来看，如果‘问题’是产出的耐用性，那么减少或消除耐用性的任何（足够便宜的）机制都会将垄断者推向一个更强的位置（即更接近租赁的情形）。‘破坏’产品老版本价值的力量结束了‘破坏’，也就停止了“破坏”带来的利润重建。（Calvano，2010，p.1）

当然，对他人垄断的破坏随后可能会作用在破坏产生者自己身上，但问题是没有机制能根据各种受影响资本的破坏成本来考虑创新的最佳时机。上面卡尔瓦诺的分析强调的事实是，“破坏性创造”的现象非常普遍，而且主要是由新的 ICT 消费品引发的。

可以破坏现有使用价值的简单且低成本的方式有不少，比如，通过产品设计和限制售后的做法，以及在极端情况下通过所谓的“有计划的弃置”（为增加销量故意制造不耐用商品）缩短特定消费品的寿命等。[①] 在这里我们不会探究这些理论的阴谋论说法，但是会遵循破坏旧版本产品——卡尔瓦诺在前面强调过——这种创新的内在经济逻辑。最极端和普遍的情况也许是新产品设计摧毁了现有产品，如时尚服装或鞋子[②]，但是当然很多 ICT 相关的产业也有许多其他形式和种类的限制售后的做法，如软件编程人员

① 例子见 2003 年就 iPod 电池寿命“计划报废”（为增加销量故意制造不耐用商品）起诉苹果公司的法律案件。

② 正如 David（2012，p.511）提及的伊美黛·马科综合征（Imelda Marco Syndrome）：进一步推动创新速度的近乎病态的冲动，需要进行医疗精神病诊断，我建议把它称为创新迷信的“伊美黛·马科综合征”——为了纪念一个不可控制地过度收藏越来越多双女鞋的著名实例（或者说是丰富地记录迷恋对象）。

限制软件的向后兼容性，或者电子产品制造商停止提供必要的售后服务或是旧产品的备用零件，更不用提智能手机、iPod 和 iPad 了。实际上，在多少领域存在通过阻碍产品的长期使用并不断引导消费者转向购买新产品的“破坏性创造”过程确实出人意料。

我在其他地方（Soete，2010）已经提出了“炫耀性创新”（conspicuous innovation）消费增长路径如何在研究和创新过程中最终完成转变，这个消费增长路径从其环境影响和生态足迹来看在发达国家中将是不可持续的，而且在快速发展的新兴国家也越来越是如此（图 6.1）。

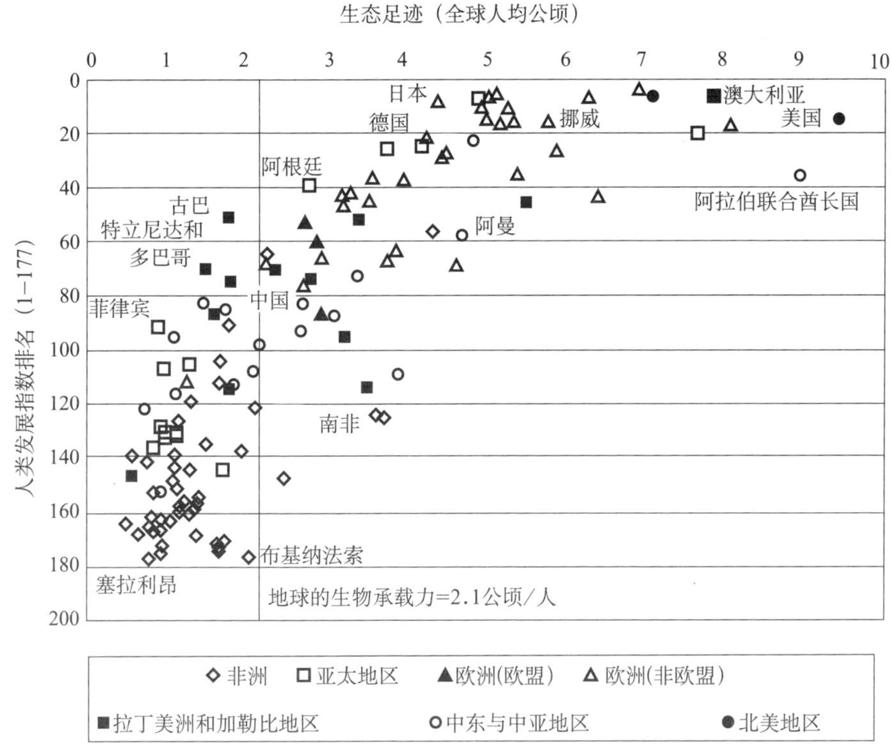

图 6.1　人类福利与经济足迹比较

资料来源：http://en.wikipedia.org/wiki/File:Human_Development_vs_Ecological_Footprint.jpg.

图文数据源自：《全球足迹网络 2008 年报告》（2005 年数据）、《联合国人类发展报告 2007/08》

6.3　从面向金字塔顶端的创新到面向金字塔底部的创新

正如卡尔瓦诺模型所强调的，在很多方面，产业研究和创新的焦点一直是对已有的和新的消费品进行持续的质量改善，进而不断扩大对这种更高质量，或更新消费品的需求。这个焦点构成了增长模型的基础，因为它出现在战后的美国、欧洲、日本，这些国家（地区）随后产生了对更多物质消费品的无限需求——这是一个收入水平伴随着消费品生产和消费的增多而上升的持续增长路径（Pasinetti，1981）。高收入国家对产业研发投入力度的持续增强似乎与这些国家公民收入持续上升完美匹配，进一步导致了它们可消费更新、设计更好或者功能更强的产品，此类产品的种类和数量持续扩大。对质量提升的最初需求一般来自极端专业，有时是军事方面的情形，但是多亏了媒体——通常会通过象征性形象，如运动员或电影演员，强调这种专业用途有吸引力的形象——普通的非专业消费者会很容易相信他也需要具备尖端技术和专业品质两方面特性的新产品，即使这些特性最终可能只会略增产品效用。在某些方面，社会最高收入的群体，即在收入金字塔顶端的群体，他们经常扮演社会的第一个“豚鼠”群体，兴高采烈地为创新企业的创新垄断租金做贡献。因此以围绕搜寻可添加到现有产品的新的质量特征，① 一个连续研究循环开始启动。

正如前面在卡尔瓦诺模型中强调的，这个“专业用途驱动”的创新循环已经成为从不常见的长寿命消费品——从电子消费产品、体育用品、鞋子、家用设备和计算机到移动电话、医疗诊断器、提高睡眠舒适度的产品等——中抽取创新租金的主要来源。②

私营企业的创新要做出远离炫耀性创新的研究转变已经因 Prahalad（2005）的名著被人熟知，即《金字塔底端的财富》（*The Fortune at the Bottom of the Pyramid*）带有煽动人心的副标题“用利润根除贫困”。金字塔底部（Bottom of the Pyramid，BoP）创新中最有名的普拉哈拉德例子之一是为农

① 人们想到的可能是改善的声音、画面和清晰度，微型化和移动性，重量和抗震性 / 防水性，感觉和人体工程等。

② 对于现有的全球跨国公司来说，这种相对直接的“专业用途驱动”的创新战略的全球风险已经显著增加，不仅仅是因为全球化。当新的创新产品的全球市场第一眼看上去就很庞大，而且毫无疑问可以足够快地收回投资时，庞大的研究、开发、试制和全球营销成本，加上数量不断增加的国际竞争对手，意味着一个公司可以享受创新租金的时间长度正快速缩短。因此，尽管大的新兴“金砖四国”经济体中高收入阶层的人数在不断增加，但是销售到这些国家的新兴高收入阶层的新一代产品在实际赚钱机会方面还不足以支撑转向批量生产和考虑中的下一代产品的技术开发。很多公司开发了令人难以置信的拥有尖端技术的新产品，但是由于竞争加剧和市场快速饱和，公司在缩短的产品生命周期中面临着全球销售难题。

村贫困人群开发的多燃料炉子，这个创新产品让牛粪和生物燃料（棍棒和草）都可以用作烹饪燃料。这些燃料传统的使用方式极其低效，而且室内用火产生的烟雾被吸入后对人体有害。普拉哈拉德的书出版之后，在发展中国家出现了一大波与之类似的金字塔底部创新的例子，它们主要由发达国家的大型跨国公司引入，有的发生在贫困农村，有的在城市贫民窟。① 在我看来这就是金字塔底部创新的新意义，与创新的“创造性破坏”本质是一致的。

从这个意义上来讲，由我们在阿默达巴德（Ahmadabad）的亲密同事阿尼尔·古普塔（Anil Gupta）提出的“草根创新”（grassroot innovation）概念，可以视作普拉哈拉德的外部、自上而下的 BoP 创新的内生、内在版本。当前，这个创新过程似乎与真正的破坏性创造是相反的，在最初的设计阶段就直接面向一些特定 BoP 用户，根据他们的框架条件提供有用的解决方案。正如普拉哈拉德所强调的，这将不仅涉及需要把即将上市商品的价格调到比现有商品还低很多，而且还要适应一些地区相对落后的基础设施，如能源运输系统、供水、交通基础设施、数字接入设备等。独立自治是这里的关键词。不足为奇的是，在发展中国家传播最快的技术是移动通信，目前全球范围内用户已经超过了 30 亿。免于对高质量的能源、水资源及宽带网络的需求无疑是 BoP 创新中最普遍的驱动力之一。另一个可能是“从摇篮到摇篮”的可持续创新。在农村发展环境中，高质量物流基础设施的缺乏可能意味着商品一旦出售，维修和（或）对废旧物或零件的集中回收成本将十分昂贵。相比之下，与从摇篮到摇篮的理念一致的是，本地再利用将会成为可持续草根创新的新形式。从这个意义上来讲，我们可能谈及“适用性创新”（appropriate innovation），这个概念在一定程度上与之前提出的“适用性技术”（appropriate technology）相类似。②

来自 BoP 用户和面向上游更多应用研发辅助设备的设计开发者的反馈，甚至一些西方企业核心实验室的基础研究，都可能成为技术反向传递（从

① 公共卫生领域的一些例子详见 Ramani（2008）。关于金字塔底端创新的文献回顾，详见 Weehuizen（2008）。

② 从一组经济决定的合理“技术选择”角度来看，“适用性技术”的概念当然更为正式（Sen，1968），这些“技术选择”非常取决于资本–劳动替代的可能性。相比之下，“适用性创新”这一概念就要更为开放。

南到北）的最有趣例子之一，这正在重新振兴和激励我们这个高度发达的世界中的研究界越来越“寻求相关性”。不足为怪的是，发达国家目前主要关注健康领域的BoP创新，在这一领域中应用医疗研究的主导地位不断上升，这依赖于新型先进设备技术不断成熟，以及对抗生素耐药性、传染病或耐药结核病等问题（以上并未完全列出）的脚踏实地的研究。因此，健康行业可以说是“金字塔底部”研究最需要的优先重点。

6.4 从金融创新到系统性失灵

现在我来介绍“破坏性创造”的第二个案例：金融创新的经典案例。它实际上已经被描述成为一种“破坏性创造”类型的创新①，并且现在已经被热门的经济学文献论及②。

在我看来，我并不认同经济学家提出的以下言论，即在过去10～20年（广义上是从数字信息技术出现以来）的金融产品创新，比如信用违约互换（CDS）及资本证券化，只是跟风的创新或是金融专家在风险管理方面缺乏知识的表现。这些新的金融产品刚被采用的时候从定义上来说是真正的创新。早在2005年，艾伦·格林斯潘（Alan Greenspan）就注意到：

> 在美国和其他地方，管制放松和最新的信息技术已经用于增加金融部门的灵活性。金融稳定可能已经成为过去20多年经济稳定增长的最重要原因了。从历史上看，银行一直位于金融中介结构最前沿的位置，部分原因是它们的杠杆能力提供了一个有效的资金来源。但在金融压力巨大的时期，这样的杠杆作用经常会搞垮银行机

① 例如，在互联网上常见的定义为：“破坏性创造是在2007年9月的金融危机中流行起来的，当时由于金融创新，很多大型银行和保险公司都不复存在了。”（详见 http://www.investopedia.com/terms/d/destructivecreation.asp#ixzz1cHoBVswo）

② 例如，罗斯·莱文（Ross Levine）（支持）和乔·施蒂格利茨（Joe Stiglitz）（反对）发表在《经济学人》中关于“金融创新是否促进经济发展”的争论（详见 http://www.economist.com/debate/overview/166），或是布鲁斯·努斯鲍姆（Bruce Nussbaum）发表在2010年1月13日的《商业周刊》（*Business Week*）的文章 The Culture of Finance—Why Financial Innovation Failed（详见 http://www.businessweek.com/innovate/NussbaumOnDesign/archives/2010/01/the_culture_of.html）。

> 构，在某些情况下，引发导致经济衰退或更糟结果的金融危机。但是近期的监管改革和创新性技术，已经促进了金融产品的发展，例如有资产担保的证券、抵押贷款债务以及有利于分散风险的信用违约互换……与刚刚过去的四分之一个世纪相比，这些日益复杂的金融工具有助于发展一个比四分之一世纪之前存在的更加灵活、高效，从而更具弹性的金融体系。（Greenspan，2005）

显然美国联邦储备系统主席错误估计了银行系统中这样的全球“风险分散”工具和管制放松的系统性影响①。监管部门并没有注意到，或是不知道那些新的创新机会所带来的系统性风险。在巴塞尔资本协定商议过程中持怀疑态度的人被忽视之后，这种情况更加多见，忙于制造各种资产负债表把戏的银行的说客反而得到了机会。简而言之，社会非常缺乏一个恰当的创新评价工具。

其结果是，根据Datastream数据库中的银行指数，银行当前股票市值（在写这篇文章时）与1985年年底——也就是四分之一个世纪之前——的数据大致处于相同水平。最近一名荷兰的经济记者马尔腾·欣克尔（Maarten Schinkel）将这件事写入了他在一家荷兰报纸（NRC）的专栏文章中，题为“四分之一个世纪的金钱付之一炬”：

> 想象一下所有的那些兼并、拆分、战略计划，所有那些投资银行家的自吹自擂，所有那些从竞争者手中高价聘请来的团队的吹嘘。向貌似持有超乎寻常才能的人员支付越来越多的奖金。用金融衍生品、结构性融资对未知领域进行探索，或是通过韩国给巴基斯坦的高速公路贷款。所有这些措施、企业和战略计划一直都被银行的CEO们用股东利益这一终极理由辩护着。那么，股东利益在哪里呢？（Schinkel，2011）

无论之前还是现在，我们自由、放开管制的金融部门在很多方面都体

① 当今在1999年废除美国所谓的“格拉斯-斯蒂格尔（Glass Steagel）法案”有助于打开带来灾难的“破坏性创造”大门这一问题上，各界人士有广泛的共识。

现基于短期机会进行破坏性创造的完美例子。那么什么才是金融创新的解决方案呢？这些答案实际上很多专家都熟知。[①] 不幸的是，那些通过金融创新赚钱且造成破坏的人提供给这些专家的报酬最高。

6.5 总结

本章通过导致长期系统性风险的“破坏性创造”过程给出的两个创新案例都需要极其复杂的管理框架，其灵活到可以应对那些不正当的创新机会。正如我试图说明的，在每个案例中，都需要具有公共机构的专家意见，这些机构雇佣高质量的人才并有足够独立自主能力去抵御公司寻找有计划的弃置而不是真正的创新所带来的新的、短期的创新机会的压力，正如我在第一个案例中提到的；或是产业和个人交易者财务利益驱动，如第二个案例中描述的快速破坏性金融创新。简而言之，这里所描述的创新过程并不提倡“更少的公共部门”，而是需要一个更合格和独立的公共部门能吸引为公共利益服务的高质量的人，他们将充分利用社会不断涌现的持续不断的创新挑战，并从中获得最大利益。

致谢

撰写本章时很多人的建议让我受益匪浅，特别是艾斯本·索洛特·安德森，保罗·大卫，詹·法格博格，本特-奥克·伦德瓦尔，本·马丁，帕里·帕特尔（Pari Patel）及巴特·沃斯帕根（Bart Verspagen）。本章的第一版于 2011 年 10 月在萨塞克斯大学 SPRU 举行的 Marie Jahoda Lecture 2011 上做了介绍，第二版则于 2011 年 11 月在马斯特里赫特大学（Maastricht University）举行的 Tans Lecture 2011 进行了介绍，第三版于 2012 年 2 月在奥尔堡举行的伦德瓦尔专题研讨会（Lundvall Symposium）上发布。

① 它们包括：会计工作回归透明；禁止不稳定的裸卖空（naked short selling）；禁止通过各种资产负债表隐藏信息；销售代理人负责所提供信息的真实性和完整性；按照合同价值的比例支付代理人代理费用，从而减少不利于咨询定价的销售条款；明确个人检查购买的一揽子交易的责任等（以上列举并不全面）。

参 考 文 献

Anderson, C. (2006). *The Long Tail: Why the Future of Business Is Selling Less of More*. New York: Hyperion Books.

Arthur, B. (1989). 'Competing Technologies, Increasing Returns and Lock-In by Historical Events', *Economic Journal*, 99: 106-31.

Calvano, E. (2010). 'Destructive Creation', SSE/EFI Working Paper Series in Economics and Finance, No. 653, December, mimeo.

David, P. A. (1985). 'Clio and the Economics of QWERTY', *American Economic Review*, 75: 332-7.

David, P. A. (2001). 'Path Dependence, Its Critics and the Quest for Historical Economics', in P. Garrouste and S. Ionnides (eds), *Evolution and Path Dependence in Economic Ideas: Past and Present*. Cheltenham: Elgar, 15-40.

David, P. A. (2012). 'The Innovation Fetish among the Economoi: Introduction to the Panel on Innovation Incentives, Institutions, and Economic Growth', in J. Lerner, and S. Stern (eds), *The Rate and Direction of Inventive Activity Revisited*. Chicago: University of Chicago Press, 509-14.

Greenspan, A. (2005). 'Economic Flexibility, Remarks by Chairman Alan Greenspan Before the National Italian American Foundation', Washington, DC, 12 October (downloaded May 2013 from <http://www.federalreserve.gov/boarddocs/ speeches/2005/20051012/default.htm>).

Mann, L. B. and Folts, J. D. (2004). 'Effects of Ethanol and Other Constituents of Alcoholic Beverages on Coronary Heart Disease: A Review', *Pathophysiology*, 10: 105-12.

O'Brien, T. (2010). 'Guinness Ends "Good for You" Promotion', *The Irish Times*, 3 March 2010.

Pasinetti, L. (1981). *Structural Change and Economic Growth: A Theoretical Essay on the Dynamics of the Wealth of Nations*. Cambridge: Cambridge University Press.

Prahalad, C. K. (2005). *The Fortune at the Bottom of the Pyramid*. Upper Saddle River, NJ: Wharton School Publishing.

Ramani, S. V. (2008). 'Playing in Invisible Markets: Innovations in the Market for Toilets to Harness the Economic Power of the Poor', UNU-MERIT Working Paper 2008-012 (downloaded May 2013 from <http://www.merit.unu.edu/publications/wppdf/2008/wp2008-012.pdf>).

Schinkel, M. (2011). 'Een kwart eeuw van weggegooid geld', *NRC*, 28 October: p.26.

Sen, A. K. (1968). *Choice of Techniques: An Aspect of the Theory of Planned Economic Development* (third edition). Oxford: Blackwell.

Soete, L. (2010). 'From Science and Technology to Innovation for Development', *African Technology Development Forum Journal*, 6 (3/4): 9-14.

Stoneman, P. (2001). *The Economics of Technological Diffusion*. Oxford: Wiley-Blackwell.

Weehuizen, R. (2008), 'Innovation for the Bottom of the Pyramid', March, UNUMERIT, mimeo.

第二部分
未来创新研究面临的挑战

第 7 章　创新研究进入成熟期

爱德华·斯坦缪勒（W. Edward Steinmueller）

7.1　引言[①]

我们听到了很多关于我们所研究的领域[②]已经达到一个成熟状态的讨论。当然，很多在 20 世纪中叶初期和我们一起合作的研究者已经不在世了，因此我们十分珍视现在还和我们在一起工作的人。个人的生活经历塑造了他们的感知和常用的表达。当作为老师和导师时，我们一直面临着重塑新学生认知基础的挑战。刚开始时，学生经常将先入为主的观念（常常是错误的理解）与原创的新颖性的理解相融合，这有助于产生新见解并加深理解。在我们这个领域，与学生及青年学者一起工作给我们提供了了解人们是如何吸收现有知识的机会，以及利用现有的框架分析新的现象或是修整、扩展这些现有框架的方法。

---

① 十分感谢参与研讨会的帕特里克·列雷纳（Patrick Llerena）、巴特·沃斯帕根（Bart Verspagen）和其他参与者，也感谢罗宾·曼塞尔（Robin Mansell），以及本书的编辑和所有为这篇文章提出宝贵意见的人。

② 我们的研究领域有不同的名称，如创新研究、技术变革经济学、科学技术创新（STI）。这些名称大多数被大学里的学者和课程所使用，如商学院、经济学系，或跨学科的中心或部门。正如我随后会提到的，我也包含了共同体内的科学、技术与社会（science，technology，and society）与科学和技术的研究（science and technology studies）（这两个的缩写都是 STS）。这些我都将在本章中考虑到。

我认为创新领域的研究已开始具有库恩范式的特点，可以将一些现有的知识体系描述为“常规科学”。在这种情况下，如果说一个学科的成熟度是根据发展和强化学习资源，以及与常规科学相关的一些机构的必要性来判断的话，那么创新研究在一定程度上可以算是相对成熟的研究领域。本章有三个目的，内容如下：第一，评估有关成熟度的主张；第二，追溯成熟度对专业实践产生的启示，包括对教育方面的启示；第三，检验在面对21世纪的新挑战时，该领域现有认识的稳健性。在检验其成熟性时，需回答的首要问题是：①基本理论与实证研究；②是否能将对该领域基础进行的描述性研究与对现有基础进行扩展的探索性研究区别开来。科学、技术和创新过程的动力机制似乎将会持续不断地呈现出新问题，这些新问题需要修正，甚至可能推翻已有的认识。在进行这一调查时，我首先考察该领域的现状、相应的辅助教学框架以及现有建立的制度结构。

7.2 关于把创新研究作为常规科学的争论

在一项对科学和相关知识体系非常有影响力的研究中[①]，托马斯·库恩（Thomas Kuhn）认为科学范式的存在可通过一种理论来定义，该理论能用一种特定语言来解释现象，围绕该理论实验证据和理论阐述一直发生，直到被一个引发“革命性”时期的不连贯中断，在该时期内可能会产生新的范式。因此对于库恩来说，科学通常起源于现象学，可以通过对一组现象的识别和描述来发展这一领域的研究。在我们的研究领域内，以下三种现象为研究的中心内容：①创新的发生和普及的情况；②科学技术发展的组织和支持；③科学、技术与社会之间的关系。在本章中，我不会赘述这些读者已经熟知的现象，而将重点介绍出现在年轻研究者教育过程中的一些挑战。这其中的每部分都吸引着个人进入我们这一研究领域，同时也提供了一个研究的框架。

7.2.1 创新的发生和普及

人类生活的环境显然（有时也强有力地）受前人未体验的能力和未经

① Kuhn（1996）；库恩在1962年首次阐述这些观点。

历的发展的影响。从全世界来看，考虑技术变革的影响是必不可少的——包括新的产出和生产力的提高。然而，到 20 世纪中叶，经济学家认为，经济增长主要是资本和劳动力投入积累的结果，同时他们认识到生产力的提高会给积累过程增加额外的推动力。而生产力的变化在商业周期中被认为是不均匀的，只有精细地与“技术变革”联系起来，才能影响投入转变为产出。

为证明 20 世纪进步的主要动力是生产力的变化而非资本和劳动力的积累，Solow（1956）发起了一场革命。这场革命对激发人们对技术变革本质兴趣的影响比它（至少最初）在经济学上的影响大得多。索罗提出“技术变革”是推动生产力增长的因素，而 Abramovitz（1965，p.11）称不能由累计量解释的产量增加为“我们忽略的测量”，并指出我们对于生产力变化的决定因素实际上了解得非常少。正如索罗所认为的，他对“技术变革”这一术语的使用十分宽泛，不仅涉及生产技术的改进，也包括了新产品和组织安排及对日常工作变化所带来的影响。[①] 尽管如此，经济学家普遍认为技术变革是影响市场“供给侧”的因素，特别是发明的商业化（新颖的想法和人工物）。广义含义下的创新已经成为一个更具综合意义（在某些方面并不那么准确）的术语，指的是与新颖性和变化有关的所有现象，包括技术变革的经济理念。[②]

虽然索罗提出了技术变革和创新的相对重要性，但他既没有给出这些变化产生的原因，也没有解释他们是如何与生产力的变化相联系的。要研究这些问题必须对发明活动的速度和方向进行更好的解释，这正是 1962 年会议主题的一部分（Nelson，1962）。Kuznets（1962，p.32）发表了这次会议中的最主要的一篇文章，他提出了对人类发明能力和发明家数量进行专业研究的必要性。[③] 早期研究的主要贡献是对扩散的认识，——一旦创新存在，它如何在社会中扩散——Griliches（1958）从经济学角度、Rogers（1962）从社会学的角度解释了这一问题。

尽管这些早期的贡献提供了关于发明和创新的概念框架，但是其产生与普遍性的问题仍然是抽象的。这些概念框架即便受到了 Schumpeter

① 他认为，技术变革是任何可能带来整体生产函数改变的东西，而不是仅仅代表物体运动（通过累积）。

② 广泛地使用这个术语是具有讽刺性的，因为它最初的用途是区分发明方法与（后来）商业化发明的过程（参见 Freeman，1974）。

③ 几年后，Neumeyer 和 Stedman（1971）出版的文章解决了这些问题。

（1947）关于企业家是创造性破坏的主体之思想的影响，但仍缺乏对创新过程的组织研究的关注。这种情形后来得以改善，得益于20世纪60和70年代SPRU的Sappho项目对产业创新本质的重新关注（见Curnow and Moring，1968），以及其他两个里程碑式的实证研究，即Jewkes等（1969）和Langrish等（1972）的研究。基于上述基础弗里曼结合他自己的工作，写出关于产业创新知识状态的开创性综述。

是否存在表征发明、创新和生产力之间关系发展的基础？这种关系始于20世纪50年代末，并在接下来的30年里转向“库恩革命”（Kuhnian revolution）。支持肯定答案的理由包括，人们越来越关注以前被认为是经济生活中偶然或辅助的现象，在关注这些现象时能用特定语言清晰表达出来，并且越来越多的研究人员使用各种各样的模型进行他们的实证研究，这些模型在一定程度上是标准化的。当然，这些概念和方法的标准化程度，一开始是有限的，但还是包含了发明和创新的区别、扩散的作用，以及对于创新活动不均衡的行业分配的观察。由此产生的知识基础和研究议程是一个复杂和系统的知识体系，更类似于生物学和生态学，而非物理学——但是它可以在不同层次上传递。这一知识体系的丰富同时又依靠着定量测度和指标在支持发明及其商业化上的作用，如专利及作者统计、研发投入水平、个人就业水平等。在许多常规科学的要素依然存在的情况下，以库恩范式转型为标志的结果是否能有效并广泛地被接受，可能还需要讨论。

当然，创新的产生与扩散不是一个封闭的话题。该情形和共同塑造创新的关联因素不但是动态变化的，而且知识交换的方式、支撑知识体系和创新活动之间的关系以及创新需求的本质也是动态变化的，其中包括中间及最终环节。如果我们将这一领域与库恩关注的那些学科相比较，如物理学，则缺乏“封闭性”，在很大程度上是因为后者的检验过程受制于实验和经验主导的演化与转变。

7.2.2 科学技术发展的组织和支撑

在索罗的论文发表的同一年，Nelson（1959）开辟了对科学研究的经济逻辑的研究，并开始考虑公私理论的交互作用，即市场失灵和充足的利润激励之间的关系。随后，Arrow（1962）也加入了他的行列，他们的工作为发展万尼瓦尔·布什（Vannevar Bush）在《科学——没有止境的前沿》（Bush，1945）中的观点，即公共部门资助科学研究以换取社会回报，提供了连贯的经济学解释。然而，衡量科学资助经济回报的努力仍然是喜忧参半的。[①] 此外，确定性模型（亦被称为线性模式），即更多的科学资助希望带来更加广泛的商业应用，已经部分被废弃，对科学与创新关系进行交互与循环的理解更受青睐，这也符合 Kline 和 Rosenberg（1986）提出新模型的动因。随着上一代人对技术转让和研发投资组合管理的确定性的认识被抛弃，一套更广泛的为促进科学、技术和发展之间联系的整体目标和行动方案被提出。尽管如此，这些联系仍然可以由政府当局所设计和实施的恰当政策来加强。

这些干预措施的工具和依据仍在不断增加。例如，越来越多的人开始认识到“技术转移”是非常有争议的术语，甚至认为这是一种自相矛盾的说法，这一认识导致培养新的科学网络及鼓励研究人员流动的政策得以设计。“知识具有黏性”（即在较长的地理和文化距离下知识是难以转移和交换的）的观点引导关注寻求专业化新站点早期探测的研究，以及为充分发挥本地知识交流最大化效率对鼓励“集群”或区域化发展政策的研究。其中一些干预措施的证据基础相当薄弱，无法支持它们的应用，并且受到干预措施的接受者为达到目的和得到资助的投机取巧行为的困扰。从干预的经验中学习的努力已经促进了政策评价文献的发展，再加上对方法的标准化及文献和研究共同体日益壮大等“常规科学”的特征的学习，促进作用更加显著。

创新管理已经超出了 19 世纪五六十年代的工程和研究与开发管理的发展局限，可能成为我们的领域中发展最广泛的分支。它提供了大量刺激、调节及指导与技术发展相关变革的经验。虽然创新管理通常会掩盖或者忽略技术和科学之间的关系，但是仍然为尝试克服组织惯性的人提供一些相关的指导，以便建立新的事物。我承认我对自然科学管理的研究持怀疑态度，它们的出版物似乎通常是再一次呐喊口号或者进行声明：做好每一件

① 这些努力的实例包括 National Science Foundation（1969），Office of the Director of Defense Research and Engineering（1969），Mansfield（1980），David、Moweryd 等（1992）。这些研究和其他研究在 Steinmueller（1994）中进行了比较。

事情就是其拥有的优势。尽管如此，创新管理在语言和标准化概念的部署方面也变得越来越成熟。

我们领域的研究分担了一些政治经济学的历史责任。20 世纪，我们大部分都生活在两个完全相反的意识形态的社会组织中——国家社会主义和无限制的“自由市场”资本主义——同时，现实生活中在西欧等经济体中也存在混合经济。在我们这个时代，市场凯旋论的高峰期似乎提供了这样一种前景，即主要社会和政治运动历史的结束。未来追求的利润可能会受到限制和规范，我们只能逐步地进行调整。在过去的几十年中，在学术界中几乎没有人提出甚至承认市场作为人类事务组织方式之核心地位的替代选择。在此期间，我们领域一直深度接触一些人的实践教育，他们努力寻求改善法规并对技术变革的进程施加更大社会控制力度的办法。如果我们领域的成熟度意味着它提供的工具和技术对现有系统范围进行边际改进被视为它们的主要价值，而不是以更加根本的社会转型为目标改进组织并进行创新，那么这将会是一个令人担忧的问题。

7.2.3 科学、技术与社会的关系

前两节已经考虑了与经济和政策分析直接相关的现象。这些领域的研究主要涉及创新在影响增长、就业和生产力方面的作用。然而，科学、技术和创新是人类的价值追求，其价值不能仅仅用货币来衡量。科学的社会和文化价值，以及其前身自然哲学，自古就引发研究和思考。例如，科学和技术史的研究是两个近来被视为先驱的研究领域，这两个研究领域都简称 STS——科学、技术与社会（science，technology and society），以及科学和技术研究（science and technology studies）。这两个领域都起源于 20 世纪 60 年代末，产生的动机是为子孙后代维护与扩展科学的价值。根据 Roy（1999）的观点，科学、技术与社会的研究主要起源于历史和哲学。那些要从传统中脱离出来的领域力图提出关于“典型的大学课程是否足以使学生理解、服务或领导我们以技术为主导的文化”的问题。①

Edge（1995，p.5）的研究反映了科学和技术研究更关键的部分，他描绘了已有观点的一个对立领域，已有观点认为“科学技术作为孤立的、客

① Roy（1999，p.461）。

观的活动——一幅实证的甚至机械的图景（努力定义自己的逻辑和动力，通过假设自然的权力独立于且优先于社会的权力来将其进展合法化）”。就如前两节中讨论的更多有帮助的政治和经济观点一样，这些观点之间也有分歧。虽然我还没有看见这些鸿沟弥合，但是至少在它们之间已经有了更加频繁的交流互通。即使当我们考虑科学技术政策在促进人类知识的充分利用上的问题时，我们同样也生活在一个技术评估的预防原则和民主化正在发挥着越来越重要的核心和促进作用的世界里。科学是一项针对社会目的的社会事业，这个观点虽然具有争议，却是自然优先权力被实践挑战的另一种方式。

气候变化与可持续性主题最近已经成为科学和技术研究的关键视角，以及成为更多经济和政策研究的工具性方法的最大动力。环境的外部效应跨越国界和部门创新系统，这激发了这些领域法规的研究和实践的蓬勃发展。在如利基市场管理和参与式治理这些领域上的政策干预为结合社会和技术视角（如关于行为变化、管理约束和机会，以及生产与消费的基础）提供了机会。的确，实现扭转乾坤所需的规模重新唤起了人们对富裕国家大规模生产和消费的可持续性的思考，以及复制像其他国家那样实现更高收入水平模式前景的思考。[①] 在这个方面，我们走了一圈又回到了起点，即原子时代到来的确定性在“核冬天”（nuclear winter）和“寂静的春天”（silent spring）恐惧缠绕下坍塌，驱使着 Carson（1962）、Mumford（1964）或 Ellul（1977）等批评家质疑我们行进的方向。

在对经济学原理或理论充满明显质疑时，STS 共同体并不缺少自己关于这些现象的理论。其中的一些理论让我们意识到人类的能动性可以被更加黑暗或歪曲的目的所调动，就如普罗米修斯传统那样。如果认为任何 STS 传统已经达到与常规科学相关联的成熟度，那么这是不恰当的。然而，如果我们再一次考虑到这个领域是从埃卢尔（Ellul）或芒福德（Mumford）的不同声音中兴起的，那么我们会发现近来越来越多的学者，如 Winner（1977）、Jasanoff（1990，2005）或者 Beck（1992），为新一代的学者设置了研究路径。这些观点正变得越来越错综复杂，从事这项工作的学术团体互动越来越多（虽然有时候存在宗派纷争），这是一个类似于具有常规科学

① 例如，参见 Warde 和 Southerton（2012）。

兴起的早期阶段特征的过程。就专业组织而言，STS 已经在专业团体和期刊方面表现良好。①

从成熟度的角度看，科学、技术和创新研究及 STS 的广阔研究领域可以得出这样的结论：其成熟的过程也是发展过程。与物理学或化学甚至与经济学、行为心理学等社会科学相比，是否构成了常规科学，取决于就社会科学来说人对常规科学的期望。常规科学的一些基本特征包括：①形成一个可以看作是未来研究基础的知识体系；②有一套学科的语言体系来定义研究相关现象的观点；③有区分新颖性和开创性研究的能力，这主要是对现有研究结果的支持与肯定。在这个意义上，早期的讨论已经阐明了科学、技术和创新研究的常规科学的产生，以及在两个与 STS 有关的领域实现这一状态的一些步骤。或者，如果期望的常规科学应该代表一种支持实验结果可重复的，甚至是在理论参照系下构建不随时间变化的物理常数的标准化水平，那么则很少有（如果有的话）社会科学能被认为已经达到了这个成熟度水平。②

讨论库恩式框架有两个大目标。第一，如在接下来的章节中考虑的，教育学的发展及这个研究团体的学术机构对常规科学的发展可能意味着什么。第二，在面对挑战时，要质疑现有理解范式的稳健性，这一目标在本章倒数第二节会继续讨论。

7.3 本领域作为常规科学的教育与制度含义

如果接受前面讨论的主要结论，那么接下来探讨的就是本领域新进入者的教育越来越需要一个体系和组织，这是其他已形成常规范式的人类知识领域的特征。这样一种体系将包括相应的词汇表和标准化的方法与指标，用以研究公认的现象。它将被组织起来，这样就有了一个明确的途径，从初级的理解和观察，发展到能在不同情境下适用且扩散（有保留）的中级

① 例如，科学社会研究学会、欧洲科学技术研究协会（EASST），以及日本科学技术研究学会。这些学术团体创建的一些学术期刊包括《科学文化》（*Science as Culture*）、《技术与文化》（*Technology and Culture*）、《科学与公共政策》（*Science and Public Policy*）、《科学社会研究》（*Social Studies of Science*）、《科学、技术与人类价值观》（*Science，Technology and Human Values*）。

② 在认知行为心理学和行为经济学的某些领域中，可能存在例外，它们都采用了实验方法来支持研究结果的复制及标准化。

理论阶段，最后到高级阶段。此时理论与观察所达到的中级阶段或“被认可”阶段的矛盾和争论都是受欢迎的。

即使一些因素继续严重依赖于学科专业化和方法，以这种方式构成的领域仍可能被看作是“独立的”。如果是“独立的”，就要否认任何现有学科在处理一系列被认为是该领域相关问题现象时的绝对优先权，取而代之的是要给予协作式的、网络化和跨学科发展的方法优先权来处理这些现象和问题（Klein，2010）。或者人们可能会主张多学科项目，强调在学科界限内发展和维持不同知识体系的内部融合。而我认为当前的情况是教育学工具、专业机构及交际活动都不符合这些目标。因此，在某种情况下，由于不同于我所主张的具备常规学科特性的知识体系，该领域在培养、维持和招募研究人员时所采取的方法并不成熟。

我的论点是，为学生提供新的、基本的教学辅助（可能被称为介绍性文本，即使这可能过度地强调特定辅助的性质）使其了解我们领域一系列基础思想可能是理想的目标。要维持这一论点，需要解决几个问题。首先，在追求这一目标时，是否存在一种特定的教学或认知价值来否定学科位置的重要性，比如经济或管理研究？从以一种跨学科的方式来充分理解这一领域知识的视角，即积极综合学科方法的视角看，该问题的答案毋庸置疑是肯定的。相反，如果从成熟的学科基础出发，最好的方法就是从一开始就掌握一门特定的学科。即使在基于学科的教学方法中，似乎也希望寻找到我们领域不同分支之间的联系和相互作用的信号。其次，即使以认知和教学为理由追求跨学科的议题更好，但这是现代学院实践追求的目标吗？也就是说，现代大学可能会使用这样的学习辅助工具吗？我不太确定这一点。大学的价值很大程度上源于建立并维持过去所拥有的，学科的动力明显地表现出保守偏见的特性。这种偏见常常与跨学科或多学科的调查与指导背道而驰。此外，在许多国家，大学被要求培养“合格”毕业生，理论上要求其立刻为社会做贡献。最后，在应对这种压力的部分反应中，针对一种跨学科或多学科的教学方法，是否能够提供更高质量的研究生教育，从而为招聘和职业认证提供一个更具逻辑性的理由？我的回答是“是的”，答案也表明通过减少对特定学科（如经济学）的依赖，我们领域可能会更快地提高其成熟度，从而更好地确立其身份地位。本章倒数第二部分给出了当前研究和教育面临的挑战的更完整的阐述。

前面涉及的问题，一般肯定的答案都需要一个重要的限制条件。虽然我认为，我们领域内的所有特定领域已经成熟到一定程度，但这种成熟是不均衡的。例如，有人可能会说，在一段时间内，经济学的技术变革中的某些特定问题已经在一个常规科学框架中进行了研究。一个恰当的例子是创新中的技术采用（或扩散研究）的经济学，源源不断的成果（如，Griliches，1958；David，1966，1971）为大量的研究奠定了基础①。然而，值得注意的是，关于创新扩散的经济学文献在很大程度上忽略了源于 Rogers（1962）的同样广泛的研究，这是学科“孤岛”对创新研究影响的例子。在具体领域成熟度的差异能否在不排除其他学科的情况下引领多学科建设倾向于对经济学有利的方向，这可能是作者需要考虑的问题。②

从学科的角度来看，教育引导不足之处的争论理由不太充分。例如，在创新经济学领域，Freeman 和 Soete（1997）继续为理解创新现象提供一个强大的样板，同时也触及了经济政策的相关问题（虽然很大程度上排除了制度框架或法规的问题）。更能唤起经济理论改革之必要性的，是由 Dosi 等（1988）主编的正在过时但仍相关的文集，以及 Nelson 和 Winter（1982）对于演化经济学的持续呼吁。也许，新一代工具书应该关注平等的教育价值，诸如 Fagerberg 等（2005）对创新的研究，Stoneman（1995）、Hall 和 Rosenberg（2010）对经济学的研究，Moed 等（2004）对发明和创新过程情报产出的现象学研究，以及由 Jasanoff 等（1995）和 Hackett 等（2007）编辑的科学和技术研究权威手册，可大大加快学生进入我们领域的步伐。这里提到的一些研究空白由其他的研究填补的，例如，Ruttan（2001）对发展领域的研究、Jasanoff（1990）对科学政策建议的研究、Jaffe 和 Lerner（2006）、Carrier（2009）对知识产权方面的研究，以及 Tidd 和 Bessant（2009）在管理领域的突破。这个简短的解释说明了两个事实：第一，我们的领域在特定方向有丰富的资源；第二，揭示这些文献是如何相关的广泛视角是缺失的。在实践中，能依赖个别学者所拥有的知识广度建立完备的

① 类似的说法可能适用于技术变革经济学的其他领域，更多总结参见 Fagerberg 等（2005）或 Hall 和 Rosenberg（2010）。

② 例如，Davis 等（1972），一本帮助美国经济历史现代化教学的教科书，依赖不少于 12 个编辑，其中每个编辑都有不同的擅长领域。

知识体系来支撑这个广泛的观点是“偶然”事件。可以说，以教科书的形式进行的更综合的工作是可取且可行的。

我们能够在不创造先进教材的情况下接近于常规科学的原因之一在于我们的“广教派”传统。“广教派”的结果就是，广泛派别的聚集是一个大挑战。熊彼特学会和 DRUID 是经济学家和商学学者所领导的重要集会地。其他集会，如欧洲演化政治经济学协会或三螺旋协会也表现出宗教式的倾向。我们在包括科学技术、政策科学、创新管理等领域的历史或社会学等领域的实践方面做得还不够好。

近年来，组织和实施博士进阶训练变得更具有挑战。从 20 世纪 90 年代开始到 21 世纪的头几年，暑期学校项目变得极为重要，这些项目会吸引有个人追求的研究生和他们一两个资历较深的同伴在学校开展易于被理解的研究议题。由于资金压力，这些暑期学校项目在欧洲变得不那么常见了。不过有限的博士生会议会提供给年轻学者相互交流和学习的机会，发起者包括美国的竞争与合作联盟（Consortium on Competitiveness and Cooperation）（加利福尼亚大学伯克利分校），欧洲的奥尔堡大学和哥本哈根大学的 DRUID，全球范围内的 Globelics，以及学生组织的会议，如 SPRU 的博士日（SPRU’s DPhil Day）。未来这样的项目和活动的作用是引起跨学科和多学科项目之间的激辩。无论未来的暑期学校和研究生会议可能会有怎样的发展，在机构中增加年轻研究人员的流通似乎是建立专业和个人联系从而培育一个更紧密的团体的必要条件。

在信息时代，我们远远落后于许多其他领域和学科。虽然有一些成熟的网站推广特定的研究机构或联合会，特别是 MERIT 和 DRUID/IKE，以及一些有用的项目网站（如 DIME 或 PRIME），或者一些有趣的个人网页，但在互联网上代表我们领域的推广相对较少。这对下一代将产生重大影响。年轻学者对我们领域的了解严重受限于强大互联网的信息缺失。具有讽刺意味的是，从事技术变革研究的学者在加入信息时代时竟然如此保持沉默。

我们领域的常规科学特征不均衡地转化为平常的教学和共同体工具——无论是文字、会议、培训项目，还是数字化媒体——显然都是招募和凝聚力建设的障碍。我们再也不能通过声称我们是新兴或弱小的学科而替这些缺点进行辩护。

7.4 当代的问题及对本领域的挑战

对于我们领域是否有能力解决当代特定议题的问题，我的观点是需要重新考虑对跨学科和多学科方法之间的思辨，这是由于当代政策和研究形势的三个特性可能会持续一段时间。第一，最具有生产力和最丰沃的领域的发展存在于与本研究领域相关的不同学科和知识体系的间隙中和接合处，这一点本节将做说明。第二，发展我们研究领域最强大的动力源于对学术界有影响力成果的渴望。第三，对特定科学和技术本质的基本理解是对稳定和指导我们研究领域发展的一种至关重要且经常被低估的力量。这些特征明显存在于我现在要考虑的三个挑战中。至少它们说明要更加重视多学科问题，并提出了一个更强大的跨学科整合计划可能带来的好处。

7.4.1 系统的认识论：生产力、劳动力和技术

对创新的分析揭示了主流或竞争均衡经济方法的缺陷。在缩小贫富分化的努力中，这一点更为明显。我们努力将过去的成功经验具体化为一系列可能适用于现在的经验，但仅在一定程度上取得了成功。正如伦德瓦尔很早就意识到并强调的，创建机构来支持学习能力的获取是一个社会挑战——Abramovitz（1989）称之为社会能力——意味着更多地将创新系统连接到更好的功能网络中（见，Lundvall，1992；Lundvall and Maskell，2000；Lundvall et al.，2011）。我们所发展的研究领域明确地指出了这一过程的重要特征：信息和知识之间对等性的缺失，哪些我们可以称之为能力知识形式的积累过程，以及调整组织激励机制和文化来实现正确的时机和与需求成正比的目标的重要性。

尽管如此，我们实际上没有一个令人信服的刻画组织如何学习的模型，更不用说社会学习了。这是一个我们领域框架下的开放空间，或许最好与那些强调社区参与和互动的发展研究领域的人进行更大的互动。然而，这些更多的是针对失业和贫困而不是那些“穷忙族”或者在其一生中能实现一定量的社会和经济流动的一类人。这是一个重要的空间，因为如果没有它，我们将没有一个可行的基线来应对特定的发展问题，无论是发达国家

还是发展中国家。

我们面临的困难之一是填补这一领域的知识空缺。在这一任务中，常规科学是我们的敌人。我们鼓励年轻的学者为证明自己的能力，利用现存文献中的概念来指导他们的探索。这些概念中许多都是珍贵的历史经验——美国所代表的历史经验，欧洲晚期工业国家及后来的亚洲国家所代表的追赶经验（如丰田和日本制造体系）。这些经验可在特定环境下提供相关的指导。然而，他们无法解释系统中主要附加值的问题，这些附加值是通过服务创新、信息或通信技术应用，以及基于海运和空运集装箱的全球信息和交通基础设施开发来实现的。在这方面，本节开头提到的第三个研究特征，即对特定科学和技术的本质进行更深入的了解的需要，可以作为我们研究的一个极其重要的指南。

这种情况导致培养年轻研究人员的一个基本问题是创造学术作品时需要植根于成熟课程的保守过程与这些学生中的许多人觉察到这一课程的不足之间的紧张关系。这不仅适用于主流经济学的工具范围，同样也适用于各种非传统的经济学分支的工具范围。它还适用于围绕着创新系统、知识交流和组织动力的更广泛的问题，尤其是当这些概念被用于更复杂的世界里，在那里我们可能会对“追随领军人物”的可持续性（在任何意义上）提出质疑。这相当于在我们中许多人多年来支持的方法论的非正统的基础上呼吁更大范围内的非正统。

7.4.2　收敛和发散之间的张力

未来最佳的前景可能在于背离过去的经验教训。提倡大胆的摆脱既不是一种新的努力，也不是一种应掉以轻心的努力。在许多摆脱失败的案例中，摆脱的勇气往往与损失大小有关。尽管如此，当前经济危机导致了对经济增长目标和发展目的更深层次的质疑。到目前为止，这种论述的主要成果是重新审视分配公平和社会公正的问题，以及这种讨论所带来的几乎不可避免的社会和政治两极分化。

我们这一领域取得成功的一个结果是，我们现在认为，有必要对政策制定者就他们应该采取的行动方针进言。然而，值得一问的是，这些信息是否包含了从以往经验中得到的隐性或显性的政策经验，并且这些经验是否与当今时代相关。毋庸置疑的是，我们经常认为未来更高水平的经济和社会发展路径将重演过去的发展路径，我们可以谈论加速、跨越和其他加速收敛过程的可能性，但这样的行为会产生怎样的后果仍然是一个悬而未决的问题。

必须说的是，这些想法都是与主流背道而驰的。世界各地的许多国家都在下意识地试图模仿它们熟悉的政策。这些趋势进一步放大了塑造自由化和私有化政策的市场学说的必胜信念。然而，市场既不是问题，也不是解决方案。经济自由主义的影响是使大众怀疑公共目的和公共管理，并伴随着对政治目的和政治过程的怀疑。

本领域与公共管理和政治学的关系并不稳定。毫无疑问，这一结果部分源自我们中的许多人都是经济学家这一事实，这一伙人自相矛盾地控制着公共管理领域，但同时又对公共目标持有严重的怀疑。这反映在我们的研究和训练的项目中，很少有接触法律、公共管理、社会政策以及教育方面的学者，甚至很少有接触政治、道德或哲学理论的学者。这产生的后果是，后期参与公共管理的年轻学者需要大量的在职培训以便其能有效工作。我们更不可能与共同体活动有什么联系，那些非政府组织和其他组织试图通过一系列机遇与挑战来参与"公民社会"，他们的活动构成了组织和概念创新的丰富资源。

另外，这一分析对培养年轻研究人员提出了具体问题。在新生组织和实验的研究中，很难达到博士论文通常需要的"实质性"要求。真正理解社会或组织创新如开源软件社区或社会企业的性质，需要大量的精力致力于人种学和"描述性"的活动，而这些活动通常是被抨击的。对我们这个领域的未来发展来说，在多学科或综合复合型模型中，存在的问题是如何使这样的探索合法化。解决方法之一就是设立奖项或奖金，以奖励开创性的工作，奖项的标准侧重于新颖性和原创性，而不是传统的优秀标准。

7.4.3 全球化的本质

如果暂不考虑持续十几年经济萧条风险的金融危机的紧迫性（所有随之而来的问题是提出了代际公平），我们生活于一个非凡的时代。在这个时代，中国作为一个全球力量重新崛起，印度开始持续发展，其他中等收入国家虽脆弱但也有令人鼓舞的进步的迹象。可以说，与持续应用贸易自由化和通信基础设施与运输建设相比，科技对这些国家的进步发挥的作用相对较小。尽管如此，在欧洲，全球化进程带来了严重的不安并促使了民粹主义和保守主义的兴起，其热情只比美国显而易见的令人不安的水平略低。来自右翼的一个重要的呼吁是关于自力更生的承诺，然而这是不现实的，但其有存在的必要，因为这个信息可能会团结在社会问题上有着完全不同信仰的人。

我们的领域可以通过批判性地审查我们的情感和不满为这种情况做出重要贡献。关于我们的情感，我们愿意相信科技的进步会提供一个未来持续发展的经济基础，来为公民提供更高标准的教育。然而我们持续去工业化和提高劳动生产率，使创造就业机会和就业复苏更加困难。这体现在我们对研发投资、教育及支持朝阳产业方面的关注。如果衡量社会和经济健康的标准是充分就业，我们是否有信心保证我们将来能够达到这一目标？我们常常怀疑新自由主义和新古典主义的主张，这会导致我们批评贸易利益的普遍性和“涓滴理论”（trickledown theory）的简单论点。然而，如果自由经济秩序瓦解，我们会面临怎样的经济前景，会不会像其他严重的经济危机时期一样显著呢？

我认为通过对科技进步的信心，以及对诸如要素价格均等化和比较优势等概念的怀疑，对我们依据实际情况评估潜在发展和选择进行一个前瞻性的评估有一定的作用。在这里，我再一次申明，科学技术机会在此类评估中应发挥更大的作用，否则我们就只能依靠“这都是家常便饭”的申诉或一般竞争分析的“灵丹妙药”。

然而，尽管我们需要更专业的科学技术知识及实现这一目标的方法路径，从而提高对考虑进入我们领域的个人的吸引力，但我怀疑常规范式可能会再次成为敌人。规范化模式涉及更大的“初始”成本，也倾向对偏差进行惩罚。当我们的研究领域（包括在技术快速变革大背景下的监管和管理研究）成为对政策研究感兴趣的研究者的职业基础，同时也存在风险，即在于我们会吸引优先希望获取这些交易工具的人，而不是优先应对我们学术共同体建立新的里程碑和全新群体面临挑战的人。

7.5 总结

我曾经略带挑衅地指出，科学、技术和创新研究多数领域是相当成熟的，近乎“常规科学”体系的构建，而相关领域如科学和技术研究（STS）领域也正在成熟。我的目的是关注这个领域未来的研究。从多学科的角度来看，在这个领域中特定的学科，就像经济学，已经成为一个常见的切入点，持续为新进研究人员提供参考标准。那些继续在该领域完成他们工作的人往往从跨学科的视角来看，至少应当承认这里的价值贡献比他们的自身领域要大。这些对该领域研究人员的进入和成熟的观察揭示了文本和其他可获得资源为开始该领域的专业研究创造了更广泛的、基础的价值。

在考虑当代社会面临的几个主要挑战上，我认为急需的是更广泛、更综合的研究和教育方法。我们的领域因世界上那些寻求有所作为的人而丰富和更新。我曾说过，当我们所面临的至关重要问题还没有答案的时候，我所提及的论点需要从一个更广泛的角度来看待，而不应该被视为支持封闭的论据。在我们对多样性的需求比过去更大的时候，这样的封闭会增大多样研究存在进入壁垒的可能性。相反，我建议我们需要保留和更新我们的承诺，来实现对研究过程、科技的具体性质及它们的社会关联性的基本理解。一个潜在的发展方向是通过更加重视追求真正开创性和创造性的工作来加深我们对当代科学技术的洞察能力。

其中，前景最好和潜在回报最大的未来研究领域可能是重新和更深入地参与创新，因为它会影响到社会中的每个人和每个组织，例如，通过他们的工作及工作所需的技术和能力，以及这些技能和个人追求的教育与娱乐活动之间的联系来产生影响。同时我认为，我们从过去所总结的关于经济增长、技术变革和社会发展的经验并不是一个应对 21 世纪挑战时可靠的指导经验。我特别指出，要深入理解现代技术与那些创造了“工业化国家”技术之间的区别，就需要理解全球化在其所有表现形式中所体现的当代现象。

解决这些研究和教育挑战，仍然需要与相邻领域建立研究联盟，并保持广泛的沟通，不仅要拒绝封闭，要确保在窗口放置一只“蜡烛”，通过亮光来吸引那些分享着我们对于理解科学、技术和创新之角色上的兴趣和热情的人，不管他们之前的训练和学科传统如何。

参 考 文 献

Abramovitz, M. (1956). 'Resource and Output Trends in the United States Since 1870', *American Economic Review*, 46 (2): 5-23.

Abramovitz, M. (1989). *Thinking About Growth and Other Essays on Economic Growth and Welfare*. Cambridge: Cambridge University Press.

Arrow, K. J. (1962). 'Economic Welfare and the Allocation of Resources for Invention', in R. Nelson (ed.), *The Rate and Direction of Inventive Activity*. Princeton: National Bureau of Economic Research and Princeton University Press, 609-25.

Beck, U. (1992). *Risk Society: Towards a New Modernity*. London: Sage.

Bush, V. (1945). *Science: The Endless Frontier: A Report to the President on a Program for Postwar Scientific Research*. Washington, DC: United States Office of Scientific Research and Development (1945), National Science Foundation (reprinted 1960).

Carrier, M. A. (2009). *Innovation for the 21st Century: Harnessing the Power of Intellectual Property and Antitrust Law*. Oxford: Oxford University Press.

Carson, R. (1962). *Silent Spring*. New York: Houghton Mifflin.

Curnow, R. C. and Moring, G. G. (1968). ' "Project Sappho": A Study in Industrial Innovation', *Futures* 1 (2): 82-90.

David, P. A. (1966). 'The Mechanization of Reaping in the Ante-Bellum Midwest', in H. Rosovsky (ed.), *Industrialization in Two Systems: Essays in Honor of Alexander Gerschenkron*. New York: John Wiley and Sons, 3-39.

David, P. A. (1971). 'The Landscape and the Machine: Technical Interrelatedness, Land Tenure and the Mechanization of the Corn Harvest in Victorian Britain', in D. N. McCloskey (ed.), *Essays on a Mature Economy: Britain after 1840*. Princeton NJ: Princeton University Press, 145-205.

David, P. A., Mowery, D., et al. (1992). 'Analysing the Economic Payoffs from Basic Research', *Economics of Innovation and New Technology*, 2: 73-90.

Davis, L. E., Easterlin, R. A., et al. (eds) (1972). *American Economic Growth: An Economist's History of the United States*. New York: Harper and Row.

Dosi, G., Freeman, C., et al. (eds) (1988). *Technical Change and Economic Theory*. London:

Pinter Publishers.

Edge, D. (1995). 'Reinventing the Wheel', in S. Jasanoff, G. E. Markle, J. C. Petersen, and T. Pinch (eds), *Handbook of Science and Technology Studies*. London: Sage Publications, 3-23.

Ellul, J. (1977). *Le système technicien* (*The Technological System*, trans. Joachim Neugroschel). Paris: Calmann-Lévy (New York: Continuum, 1980).

Fagerberg, J., Mowery, D., et al. (2005). *The Oxford Handbook of Innovation*. Oxford: Oxford University Press.

Freeman, C. (1974). *The Economics of Industrial Innovation*. London: Penguin.

Freeman, C. and Soete, L. (1997). *The Economics of Industrial Innovation* (*third edition*). London and Washington, DC: Pinter.

Griliches, Z. (1958). 'Research Costs and Social Returns: Hybrid Corn and Related Innovations', *Journal of Political Economy*, 66 (October): 419-431.

Hackett, E. J., Amsterdamska, O., et al. (2007). *The Handbook of Science and Technology Studies* (*third edition*) Cambridge, MA: MIT Press.

Hall, B. and Rosenberg, N. (eds) (2010). *Handbook of the Economics of Innovation*. Amsterdam: Elsevier.

Jaffe, A. B. and Lerner, J. (2006). *Innovation and Its Discontents: How Our Broken Patent System is Endangering Innovation and Progress, and What to Do About It*. Princeton, NJ: Princeton University Press.

Jasanoff, S. (1990). *The Fifth Branch: Science Advisors as Policymakers*. Cambridge, MA: Harvard University Press.

Jasanoff, S. (2005). *Designs on Nature: Science and Democracy in Europe and the United States*. Princeton, NJ: Princeton University Press.

Jasanoff, S., Markle, G. E., et al. (1995). *Handbook of Science and Technology Studies*. Thousand Oaks, CA/London/New Delhi: Sage.

Jewkes, J., Sawers, D., et al. (1969). *The Sources of Innovation*. London: Macmillan.

Klein, J. T. (2010). *Creating Interdisciplinary Campus Cultures: A Model for Strength and Sustainability*. San Francisco, CA: John Wiley & Sons.

Kline, S. J. and Rosenberg, N. (1986). 'An Overview of Innovation', in R. Landau and N. Rosenberg (eds), *The Positive Sum Strategy: Harnessing Technology for Economic Growth*. Washington, DC: National Academic Press, 275-305.

Kuhn, T. S. (1996). *The Structure of Scientific Revolutions* (*3rd edition*). Chicago: University of Chicago Press.

Kuznets, S. (1962). 'Inventive Activity: Problems of Definition and Measurement', in R. Nelson (ed.), *The Rate and Direction of Inventive Activity*. Princeton, NJ: Princeton University Press, 19-51.

Langrish, J., Gibbons, M., et al. (1972). *Wealth from Knowledge: A Study of Innovation in Industry*. New York: Halsted Press Division, John Wiley and Sons.

Lundvall, B.-Å. (ed.) (1992). *National Systems of Innovation: Towards a Theory of Innovation and Interactive Learning*. London: Pinter.

Lundvall, B.-Å., Joseph, K. J., et al. (eds) (2011). *Handbook of Innovation Systems and Developing Countries: Building Domestic Capabilities in a Global Setting*. Cheltenham, UK: Edward Elgar.

Lundvall, B.-Å. and Maskell, P. (2000). 'Nation States and Economic Development— From National Systems of Production to National Systems of Knowledge Creation and Learning', in M. S. Gertler (ed.), *The Oxford Handbook of Economic Geography*. Oxford: Oxford University Press, 353-72.

Mansfield, E. (1980). 'Basic Research and Productivity Increase in Manufacturing', *American Economic Review*, 70 (5): 863-873.

Moed, H. F., Glänzel, W., et al. (2004). *Handbook of Quantitative Scence and Technology Research: The Use of Publication and Patent Statistics in Studies of S&T Systems*. Dordrecht/Boston/London: Kluwer Academic Publishers.

Mumford, L. (1964). *The Pentagon of Power*. New York: Harcourt Brace and Javanovich.

National Science Foundation (1969). *Technology in Retrospect and Critical Events in Science (TRACES)*. Washington, DC: National Science Foundation.

Nelson, R. R. (1959). 'The Simple Economics of Basic Scientifi c Research', *Journal of Political Economy*, 67 (June): 297-306.

Nelson, R. R. (ed.) (1962). *The Rate and Direction of Inventive Activity: Economic and Social Factors*. Princeton, NJ: Princeton University Press.

Nelson, R.R. and Winter, S. (1982). *An Evolutionary Theory of Economic Change*. Cambridge, MA: Harvard University Press.

Neumeyer, F. and Stedman, J. C. (1971). *The Employed Inventor in the United States*. Cambridge, MA: MIT Press.

Office of the Director of Defense Research and Engineering (1969). *Project Hindsight: Final Report*. Washington, DC: USGPO.

Rogers, E. M. (1962). *Diffusion of Innovations*. Glencoe, IL: Free Press.

Roy, R. (1999). 'STS and the BSTS: Retrospect and Prospect, 2000 C.E.', *Bulletin of Science, Technology and Society*, 19 (6): 461-464.

Ruttan, V. W. (2001). *Technology, Growth and Development*. Oxford: Oxford University Press.

Schumpeter, J. (1947). *Capitalism, Socialism and Democracy* (*Second Edition*). New York: Harper and Row.

Solow, R. M. (1956). 'A Contribution to the Theory of Economic Growth', *Quartely Journal of Economics*, 70 (February): 65-94.

Steinmueller, W. E. (1994). 'Basic Science and Industrial Innovation', in M. Dodgson and R. Rothwell (eds), *Handbook of Industrial Innovation*. London: Edward Elgar, 54-66.

Stoneman, P. (1995). *Handbook of the Economics of Innovation and Technological Change*. Oxford: Blackwell.

Tidd, J. and Bessant, J. (2009). *Managing Innovation* (*4th Edition*). Chichester UK: John Wiley and Sons.

Warde, A. and Southerton, D., (eds) (2012). 'The Habits of Consumption', COLLeGIUM of Studies Across Disciplines in the Humanities and Social Sciences (Volume 12). Helsinki, Helsinki Collegium for Advanced Studies (Open Access: downloaded from <http://www.helsinki.fi /collegium/e-series/volumes/volume_12/index.htm>).

Winner, L. (1977). *Autonomous Technology: Technics-out-of-Control as a Theme in Political Thought*. Cambridge, MA: MIT Press.

第 8 章　创新研究：一个正在涌现的议程

本・马丁（Ben R. Martin）

8.1　引言

创新研究领域已有近 50 年的历史，这在回顾并识别那段时期内主要贡献的多个研究中都有提及。在本章中，我将从创新研究历史上的 20 项重大进展出发，尝试指出创新研究领域未来几十年会出现的诸多挑战。本章的目标并不是要给出最终的挑战清单，而是要引发创新学者对我们面临的主要挑战以及未来我们期望的领域进行富有成效的讨论。我特意地通过一种直言不讳、有时带有批判性的方式讨论了挑战和基本观点，从传统认识的简单假设中唤醒读者，鼓励他们将通常用来看待别人的批判性眼光审视自己。

在 1900 年的巴黎国际数学家大会上，大卫・希尔伯特（David Hilbert）提出了挑战数学界的一些重大问题（Hilbert，1902）。这些挑战旨在激发数学家之后几十年的努力。有人能同样地为创新研究学者指出未来几十年要解决的一系列重大挑战吗？从某些方面来看，展望创新研究领域未来的这一尝试比希尔伯特面临的情况要更复杂，因为创新研究领域更容易受外部影响，这种不可预测性加大了展望创新研究未来的难度。这个问题更艰巨的另一个原因是数学问题一旦被确定，发现解决方法或证明时限比较清晰。

但是在创新研究中，某个挑战并不能一两句话就说清楚。鉴于此，有必要采用相对清晰目标的方式勾勒面临的挑战。而且，我认为一个挑战的边界条件是，克服挑战带来的巨大收益将远远超出创新研究领域。

要想放眼未来发现挑战，我们首先需要构建一个稳健的分析框架。考虑到连续性和路径依赖因素，框架的基础最好能由前几十年的重大成果构成，以提醒我们自己创新研究发展历程中取得的主要进步是有益的。在给出几个更具普遍性的结论之前我会提出创新研究领域的 15 个挑战。

8.2 过去几十年创新研究有哪些重大成果？

首先界定一下我关注的焦点。我关注的领域包括科学、技术和创新的经济、管理、组织和政策研究，以期为决策者在科学、技术和创新的政策和管理上提供有用的信息（Martin，2012a）。最初被称为“科学政策研究”（science policy research）经过 10 年左右的时间已被称为“创新研究”（innovation studies）。科学政策研究作为一种被认可的形式出现是在 20 世纪 50 年代，当时只有少数人对这个议题感兴趣（Martin，2012a），但是现在的创新研究队伍有来自全世界的数千名研究人员（Fagerberg and Verspagen，2009）。

在之前的研究中，我识别了前 50 年“科学政策与创新研究”中最重要的贡献（Martin，2012a）。其中许多贡献可以归纳在 20 项重大进展中进行理解（Martin，2010），如表 8.1 所示。

表 8.1　科学政策与创新研究的 20 项进展

1	从个体企业家到企业创新者（From individual entrepreneur to corporate innovators）
2	从自由放任到政府干预（From laissez faire to government intervention）
3	从两个生产要素到三个生产要素（From two factors of production to three）
4	从单一部门到多部门作用（From single division to multidivisional effects）
5	从技术采用到创新扩散（From technology adoption to innovation diffusion）
6	从科学推动到需求拉动？（From science push to demand pull?）
7	从单因素解释创新到多因素解释创新（From single factor to multifactor explanations of innovation）
8	从静态创新模型到动态创新模型（From a static to a dynamic model of innovation）
9	从线性模型到交互链环模型（From the linear model to an interactive “chain-link” model）

续表

10	从单一创新过程到一系列行业特有的类型（From one innovation process to several sector-specific types）
11	从新古典经济学到演化经济学（From neo-classical to evolutionary economics）
12	从新古典理论到新增长理论（From neo-classical to new growth theory）
13	从最优化的企业到基于资源视角的企业（From the optimizing firm to the resource-based view of the firm）
14	从单个创新主体到创新系统（From individual actors to systems of innovation）
15	从市场失灵到系统失灵（From market failure to system failure）
16	从研发的一面性到两面性（From one to two "faces" of R&D）
17	从模型 1 到模型 2（From "Mode 1" to "Mode 2"）
18	从单一技术企业到多技术企业（From single technology to multitechnology firms）
19	从国家创新系统到多层次创新系统（From national to multilevel systems of innovation）
20	从封闭式创新到开放式创新（From closed to open innovation）

资料来源：Martin（2010）——文中详细解释了以上每项进展，并列出了重要参考文献。

在这 20 项进展中，有哪些已经对科学、技术和创新的管理（或政策）产生了影响呢？其中大约 8 项（表 8.1 中第 1、3、4、7、13、16、18、20 项）有令人信服的例子表明其对产业技术和创新管理产生了重大影响。哪些对科学、技术和创新政策产生了重要影响呢？名单稍短一些，大约只有 4 项（第 1、2、13、14 项）。在这里我并不是要为影响政策制定项数的不足寻找原因①，而是指出我们需要开发一个更为复杂的政策研究和政策制定相互作用的模型。正如我在其他地方提出的一样（Martin，2012a），这也许类似于 Kline 和 Rosenberg（1986）提出的创新过程模型——链环模型。

8.3　挑战

如前所述，创新研究不能像数学一样精确地描述面临的挑战。创新研究前 10 个挑战的描述形式类似表 8.1 中前几十年的进步或重大转变的表述——从 X 到 Y 的形式，后 5 个挑战对创新研究及其实践者来说是更普遍性的挑战，因此我总共确定了 15 个挑战。

① 对此的初步尝试见 Martin（2010）。

8.3.1 从可见的创新到“暗（dark）创新”（不可见的创新）

组织和机构往往能反映它们所处的环境。创新研究领域至今已有近 50 年的历史，创新倾向于从几十年前的主导形式出发进行概念化、定义和测度。20 世纪 60 年代，制造业和第一产业依然占主导地位。在那个时代，创新主要是：①以技术为基础；②涉及优先研发；③由大型制造业企业开发，通常以内部研发为基础；④经常涉及专利。这鼓励了通过研发资助、研究人数和专利等指标测度创新活动工具的发展。但在今天来看，很多创新活动并不涉及这些指标，包括：①渐进的创新活动；②不以制造产品为形式的创新活动；③很少或没有正式研发的创新活动；④没有专利的创新活动。

多年来，创新研究领域的绝大多数实证研究都倾向于关注产品和工艺的创新而不是其他类型的创新，并且更关注原始创新而不是渐进创新。其他类型的创新往往被忽略，或者说常用指标基本上是“不可见的”，例如，更多地基于设计、品牌、软件或其他无形投资的非研发创新。但是，显然有大量与研发、科学家工作或专利等无关的“不可见的”创新活动在观测范围外存在，例如，中国和其他发展中经济体工厂中的渐进性工艺创新。

其他例子是关于服务创新的。在创新研究早期，制造业仍然占主导地位，而现在许多先进国家的制造业产值占 GDP 的比重已经下降到 20% 以下，与服务业相差甚远。尽管过去 10 年已经有所转变，但是创新研究领域的实证研究仍然主要集中于制造业（Martin，2012c，表 2）[①]。特别是在金融服务方面，过去几十年间已经有了至关重要的创新，尤其是信用衍生品。这些发展涉及大量的“研究”，通常由先前的科学家（所谓的“专家”）进行，但是创新研究几乎看不到这些。就像坚持为上一场战争战斗的将军，或者像被去世已久的经济学家束缚的政客，我们似乎在过去的问题上花了太多的时间。如果创新在制造业和服务业中相当均匀地扩散（没有理由认为事实情况不是这样），那么创新研究学者的挑战就是更均匀地分配实证研究的关注点，以符合服务业占 GDP 份额较大且不断增长的现实。

① 近期服务创新的高度影响研究包括 Evangelista（2000），Jansen 等（2006）和 Castellacci（2008）。

企业重组等组织创新常常是“不可见的”①，制度创新也是如此。2008 年金融危机部分是由监管框架变化引起的，换句话说是由制度创新引起的。这些创新对现有的创新测度工具来说往往是“不可见的”。同样地，对很多产生了深刻社会变革的创新来说也是如此，如与之相关的 Facebook、Twitter、印度“草根创新”（Gupta et al.，2003）、小额信贷（Morduch，1999）或非洲农民使用手机的创新方式（Bailard，2010）等。所有这些创新一般都不会在传统创新指标中表现出来。

这就好比宇宙学。天文学家的观察结果只能揭示宇宙的一小部分——大部分以“暗物质”和“暗能量”的形式存在。我们知道它就在那里，但是我们并不能借助现有的工具测量它。同样，我们意识到世界各地创新活动的数量不断增多，但是用现有的指标无法测量出来——这应该可以称之为“暗创新”②。创新研究领域的下一代研究人员面临的挑战是要抵制“引诱醉汉在灯柱下（因为那里有光的诱惑）寻找钥匙”，而要对“暗创新”概念化、下定义，并提出测量、分析和理解的改进方法。

8.3.2　从“男孩的玩具”到平凡但有效的创新

现在创新研究领域的许多领军人物都是在 20 世纪 80 年代或 90 年代扬名的，当时创新研究的焦点是美国、欧洲和日本在高技术制造业领域的竞争。对《研究政策》（*Research Policy*）上发表的实证研究的主题进行分析发现了一个明显的趋势，即将焦点放在可以称为“男孩的玩具”[如计算机、汽车、电视，详见 Martin（2012c），表 3] 上。这也许反映了以下事实：①这个领域的研究人员中男性的比例很高；②研究人员倾向于将实证工作集中在他们喜欢的领域。但是还有其他更平凡的创新在过去的 50 年间至少改善了人们的生活，尤其是那些将妇女从家务中解脱出来，但相对来说几乎没有得到创新研究共同体关注的创新。将高技术创新作为研究的核心可能会让我们寻求在方法论工具、概念、分析框架和模型等方面更好地理解创新过程时走偏。我们已经开发的方法论工具、概念、分析框架和模型最终可能与其他形式的创新不太相关。因此，创新研究领域的下一代研究人

① Lorenz（见第 3 章）等作者的研究是例外而不是常规。

② 这里没有贬义的意思，这个词只是用类比宇宙学。

员面临的挑战是要更均衡地关注已经或潜在的很有可能提升人类福祉的平凡的创新，比如将穷人从极度贫困中解脱出来的创新。

8.3.3 从国家和区域创新系统到全球创新系统

“国家创新系统”这个概念是创新研究领域过去 25 年发展出来的最重要的概念之一。我们从一开始就知道并非所有的创新活动都是国家范围的，但是这个观点最初较为合理是考虑到大部分研发是在国家内部进行的，而且有研发活动的企业大部分都是在自己的母国进行研发。随着时间的推移，这些假设离现实越来越远，因为跨国公司在全球范围内进行的创新和研发活动不断增加。同时，它们已经开始将之前独立的国家创新系统连接起来，在一些产业（或部门）也出现了全球创新系统。创新研究领域研究人员面临的挑战是分析这些全球创新系统，并理解其与国家创新系统之间的联系。这一定会像之前的国家创新系统概念一样产生重大的政策影响，最重要的是我们面临越来越紧迫的全球挑战而且需要尝试做出回应。在这里，伦德瓦尔（见第 11 章）提出的建立“挪威全球治理创新观察站”（Norwegian Observatory for Global Governance Innovation）的建议可以为创新研究领域学者提供一个应对挑战的制度环境。

8.3.4 从提高经济生产率的创新到“绿色创新”

20 世纪八九十年代的政治和经济议程主要与经济的竞争、增长、财富创造和生产率及其在欧洲、美国和亚洲之间的转变相关。创新被看作是实现这些目标的关键，因而发展了促进创新的政策。但几乎没有关注可持续发展或环境影响。正如创新研究论文的实证焦点分析所揭示（Martin，2012c，表 4），在创新研究领域内开发认知资源主要针对经济生产力创新。但是 20 世纪 90 年代后期见证了人们对环境破坏和全球变暖担忧的与日俱增。这吸引了创新研究领域的一些学者增加了对促进可持续发展的创新更有兴趣，在荷兰尤为明显。他们获得了科学和技术研究领域的大量投入，这种情形是近几十年少数情况之一。因此，诸如勒内・肯普（René Kemp）、约翰・肖特（Johan Schot）和弗兰克・吉尔斯（Frank Geels）等不少学者对体制转变、利基形成和社会技术转型进行了深入研究。这些研究现在开始产生重大影响（如 Geels，2002），但在完全转变为“绿色”创新（“green” innovation）前仍然有大量工作有待开展。

8.3.5　从以经济增长为目标的创新到以可持续发展为目标的创新 ①

尽管近几十年来中国和其他区域成果显著地让数亿人脱贫并达到一般城市生活水平，但世界大部分地区仍然受到贫困和发展迟缓的困扰。这并不是预演争论的时候，这些争论也不会对创新研究共同体造成挑战——这些争论在伦德瓦尔（第 2 和第 11 章，重点关注作者将创新系统研究与发展经济学联系起来的思路）和佩雷斯（第 4 章）的章节中进行了充分说明。虽然伦德瓦尔和全球创新学术网络（GLOBELICS）近几年做了大量研究，但还有很长的路要走。创新研究学者面临的挑战是对更公平发展的迫切需求做出回应，同时要确保有概念性的、方法论的和分析性的工具借助适当的政策促进创新向以可持续发展为目标进行转变。

8.3.6　从有风险的创新到担负社会责任的创新 ②

科学、技术和创新为经济和社会条件进步做出了重大贡献，尤其是大幅度地延长了我们的预期寿命。但是，它们也带来了风险和意想不到的后果，包括对环境的破坏和对生活质量造成的不利影响（见第 4 章，佩雷斯）。在过去的 50 年间，对风险的担忧已经引发了对诸如核能、杀虫剂和转基因作物等话题的激烈争论。对技术可能引发的潜在不利后果的评估支持了创新研究领域早期的探索，如技术评估和适用性技术。这也是强调需要一个更公开和民主的决策方式让所有的利益相关者都有发言权的科学和技术研究共同体做出重大贡献的领域。已开展的相关研究主题有建设性技术评估，公众对科学的认识，研究的伦理、法律和社会影响以及预警原理，这些研究通过共识会议机制、公民陪审团机制等方法及“公开”决策过程进行（Stirling，2008，2012）。呼吁“负责任的创新”（responsible innovation）的声音不断增多（如 Hellström，2003）。虽然已经有学者开始应对这一挑战

① 这个特殊的挑战我要感谢伦德瓦尔（第 2 章）。
② 其他人认为是“包容性创新”的相关概念（如 Utz and Dahlman，2007）。

（如 Owen and Goldberg，2010；von Schomberg，2011），但是在未来的几十年还要做大量工作。

8.3.7 从以财富创造为目标的创新到以幸福为目标的创新（从“越多越好”到“适可而止”）

几个世纪以来，“进步”基本上都是从“越多越好”的角度出发进行考量。政治议程主要由经济增长驱动。我们成为唯 GDP 论政权的受害者，因为大家相信拥有更多的财富和更多的“物质”会更加幸福这个假设成立。而且在人类存在的大部分时间里这个假设很有可能是真的。然而，关于幸福的一些研究表明，这个假设可能只是在收入达到特定的一个点时成立，即所谓的“伊斯特林悖论”（Easterlin paradox）（Easterlin，1974；Easterlin et al.，2010）。而且，很明显全世界符合美国生活水平的人口数不可能维持在 90 亿～100 亿，否则就需要 6 个地球来维持运转。因此，政治和经济议程以及更根本的是我们对进步的认识都需要改变。创新研究共同体同样需要将实证研究的重心从以财富为目标的创新研究（见 Martin，2012c，表 5）转向以幸福为目标的创新研究上（见第2章，伦德瓦尔）[①]。我们对进步的理解和社会目标的转变将需要全新的政策，相应地，这些政策又需要开发适当的实证方法、指标、分析工具和概念框架。关于这些问题的研究已经有学者推进，但是如果向以幸福为目标的创新转变成功，创新研究领域的下一代学者一定要在这个基础上开展自己的研究。

8.3.8 从“赢者通吃”到“人人公平”？

伦德瓦尔在第 2 章提到，两极分化和日益加剧的不平等似乎是全球化经济不可避免的。全球化的一个明显结果是“赢者通吃”的现象越来越多（Frank and Cook，1995），一个组织从创新中的获益比它的对手从稍微差一些的产品中的获益要多很多。这种现象表现得最为明显的有 IT 产业和其他如药品产业等。这种现象的潜在不利影响是让更多的人相信，极少数个人的极端财富是自由市场资本主义的一个必要方面——CEO 的工资应该是其下属员工平均工资的数百倍，或者如果要顶级银行家在之后的工作中不失

① 也与此相关的是苏特关于不太理想的创新和“明显创新”的讨论（见第 6 章）。

去动力，就要给其数百万英镑奖金。

创新研究显然不能因“赢者通吃”现象而受到责备，但是我们究竟在多大程度上也是造成这一现象的帮凶呢？通过加深对创新过程的理解，制定更有效的创新政策，提升技术和创新管理水平，创新研究似乎对“赢者通吃”争论中获胜的创新的发展起到了一定的作用。[①] 如果是这样，我们可以只是坐下来说后果不是我们的错，我们开发的知识、技巧和工具被他人如何利用与我们无关？或者像医生一样，我们有更高的道德责任感因此不会伤害人？我会争辩说我们确实有责任探讨是否可以谈论企业和其他组织如何产生对所有人更公平的创新，而不是将几个幸运的个人变成亿万富豪的创新（见第 4 章，佩雷斯；第 10 章，马祖卡托）。也许创新研究需要采用更为批判性的观点（见第 11 章，伦德瓦尔）。为了达到这个目标，创新研究很有可能在拉近与科学和技术研究——一个以处理公平问题为本行的更受认可的共同体——的联系中受益。

8.3.9　从政府作为市场失灵的调停者到企业型政府[②]

在新自由主义国家，一般认为政府发挥的作用有限，而且大部分是被动的。政府的任务是要确保宏观经济形势适合自由市场的资本主义无障碍运营，然后“走出去”。新自由主义的啦啦队长（鼓吹者）一般都是著名的主流经济学家。新兴自由主义意识形态的核心是对“有效市场”的近乎宗教的信仰，诺贝尔奖也授予证明了政府干预始终导致低效或其他不利影响的经济学家（第 2 章，伦德瓦尔）。公共和私营部门之间的对比总是用差异鲜明的词来形容——前者被视为动作迟缓的、官僚主义的、低效的，而私营部门则是灵活的、高效的，最重要的是“企业家型的”（entrepreneurial）（Mazzucato，2013b）。至少在诸如美国和英国这样的自由市场经济体中[③]，

---

① 除了生产者之间的“赢者通吃”效应，像苏特（第 6 章）所指出的，还有使用者之间谁受益的并行问题，许多创新的主要受益人群是经济金字塔顶端而不是底端的人群。“朴素创新”这个词用来形容相比之下“足够好，能够满足资源有限的消费者的需求又让他们买得起的产品”的创新（Zeschky et al.，2011，p.38）。

② 这个挑战我要感谢 SPRU 的同事——玛丽安娜・马祖卡托。

③ 正如“资本主义多样性”的文献所表明的那样，除自由主义市场经济体外，还有其他不同的类型，尤其是协调的市场经济体和国家影响的市场经济体，国家在其中发挥的作用非常不同。但是由于空间有限，我无法在这里处理这些问题。

政府几乎都只限于在固定的“市场失灵”，比如，在国防、健康、教育、科研及最近的银行领域遇到的市场失灵问题中发挥作用。

上述夸张、讽刺的描绘严重低估了国家在过去50年许多关键创新方面的“企业家”角色，包括药物、飞机、微型芯片、个人计算机、互联网、万维网、手机和GPS等创新（Mazzucato，2013b）。当然也有一大堆政府失灵的创新，如核聚变、超音速运输和合成燃料等。然而假设所有的政府政策都会取得成功是不切实际的。在研究中，我们并不认为所有的研究都会成功。对于创业项目，我们知道绝大多数会以失败告终。类似地，我们对于政府出台政策的预期也应该考虑到其失败的可能性吗？如果政府不在政策上冒险，那么他们可能没有失败，但是也就不会有什么大的成功。当下对解决气候变化的绿色创新的迫切需求不能通过“市场”或税收或甚至“微调”来解决，这是已有的既得利益的力量，也是几十年来沿原有轨迹的路径依赖本性。反而国家需要发挥企业家的作用——不仅是作为市场失灵的协调者或调停者，而且是作为战略家、主要投资者和风险承担者参与其中，直到技术达到风险资本和产业愿意接管的足够成熟阶段（Mazzucato，2013b）。

8.3.10 从基于信仰的政策（以及基于政策的证据）到基于证据的政策[①]

从事创新研究的创始人的驱动哲学是假设科学、技术和创新对经济和社会的进步至关重要，但需要有效的政策来确保潜在利益得以实现。进一步假设科学、技术和创新政策研究可以提供有助于制定更好政策的数据、方法、分析工具和概念框架，并且所产生的基于证据的政策反过来也会为人类带来更大的利益。多年来，科学、技术和创新研究在提供相关数据、方法和概念框架方面的确取得了一些进展（Martin，2012a）。虽然这些进展对政策产生了影响，但是如前所述，这种影响非常罕见。那些试图提供系统证据以支持特定政策选择的人常常会发现政策制定者可能会抵制他们的提议，这些政策制定者可能已经在政治上与特定的政策结盟（即基于意识形态或信仰的政策），他们只愿意采纳支持他们立场的证据（即他们寻求“基于政策的证据”），而非那些可能指向不同政策的证据（即“基于证据的

① 这个挑战由斯坦缪勒（第7章）提出。

政策”)。迄今为止，我们几乎没有证据表明我们的努力使政策变得更好了。至于这些政策是否使世界变得更加美好，尚没有证据可以证明！提供此类证据，并鼓励政策制定者转向基于证据制定政策是创新研究人员面临的另一个关键挑战。①

8.3.11 刺破学术泡沫

Perez（2002）注意到，经济史上有一系列不连续的乐观主义的时期，其间产生了迅速扩大的“泡沫”并最终导致了灾难性的后果。实例有 17 世纪荷兰郁金香投机事件、18 世纪晚期的运河建造狂潮、19 世纪的英国铁路狂潮和 20 世纪 20 年代的美国股市泡沫等。科学家似乎并不能免于受到这种从众本能的影响。在物理学中，有成千上万的“弦理论家”致力于研究一个没有直接科学证据的理论。几年前，科学家和社会科学家对“混沌”和“复杂度”的研究激增，但是可检验的预测结果一直令人失望。乍看，令人费解的是，理性且智力正常的研究人员容易受到“非理性繁荣”浪潮冲击的伤害。然而，对研究人员心理结构仔细分析能提供一种解释。一个充满激情的信念驱动着这些研究人员，他们认为自己的研究很重要——实际上比其他人的更重要。为了证明这一巨大的个人承诺，研究人员首先要说服自己，他们正沿着正确的轨道在知识中取得一些根本性的新进展。因此自信对他们来说是最重要的。

我们创新研究领域有时会成为类似狂热或泡沫的牺牲品吗？凭借后见之明，人们可以找出可能给予太多关注的主题吗？例如，过去对于全要素生产率和“剩余”强调过多，或者在 20 世纪 80 年代对日本的生产过程（如全面质量管理）的强调过多？在推动生物技术的炒作、夸大集群或网络潜在好处或中小企业创新潜力中，我们是否会不时地感到内疚？年轻的（甚至一些年长的）创新研究学者面临的挑战是如何拥有保持客观地对待事物的能力，并判断某一特定的研究是否有变狂热的危险，或者仍然代表着最有前景的研究方向？简而言之，我们需要几个甘愿被嘲笑的“唱反调的人”，告诉我们“皇帝新衣”的故事！

① 如前所述，我们还需要更好地了解政策研究人员和政策制定者之间复杂的相互作用。

8.3.12 避免学科僵化

最初，新兴的创新研究领域与其他学科有着千丝万缕的关系。因此它在本质上是跨学科的，是以多样性和选择性地从其他学科借用认知资源为特征的知识“熔炉”（Fagerberg et al.，2012a；Martin，2012a）。当时研究主要以探索性和定性研究为主，案例研究尤为突出（Nelson，2012，p.37；也可参见第 1 章）。研究主要由政策问题驱动（伦德瓦尔，第 2 章），尤其是关于冷战紧张局势和后期在美国、欧洲和日本之间不断升温的经济竞争的政策问题。随着时间的推移，创新研究成熟为一个研究领域（Morlacchi and Martin，2009；Martin，2012a）。目前，创新研究领域已经有数十个专门的创新研究中心，并能够培养自己领域的大部分博士生，而不再像以前一样招聘其他学科的博士。它到处宣扬自己的期刊和会议，并且开发了严密的方法论，本质上通常是量化的。简而言之，它开始表现出一定的学科特点（Martin，2012a），甚至也许处在库恩式转变（Kuhnian transformation）的痛苦中（见斯坦穆勒，第 7 章）。

虽然越来越具有学科特征是创新研究领域学术地位不断上升的证明，但是它也有需要停下来去思考的各种问题。一个问题是研究人员（大多数研究人员都有创新研究领域的博士学位，这伴随着知识“近亲交配”的危险）与其所做的研究（其中计量经济学的比例越来越高）和发表的论文（越来越多的论文采用相当标准的形式）越来越同质化。同行评议会非常粗暴地对待“非常规的”研究，甚至当文章的探索性主题让理论或假设与现实不符时，同行专家会谴责其缺少理论或假设。随着“斯坦福—耶鲁—萨塞克斯综合派”形式的一个可能的原型范式的出现（Dosi et al.，2006），有迹象表明创新研究可能会更多地以理论驱动，更少地以政策驱动（Martin，2012a）；更像“标准的科学”（Kuhn，1962），而不像勇于冒险的科学（斯坦穆勒，第 7 章）。现在到了该讨论创新研究想要成为哪种领域的时候。我们希望创新研究成为一个更学术的学科，还是继续应对政府、产业等决策者面临的挑战的学科，即使这意味着创新研究领域是具有较低学术地位的跨学科“杂交”而不是单个“纯种”学科？解决这个问题是创新研究领域下一代领导者面临的另一个挑战。

8.3.13　识别当前经济危机的成因

我们现在面对的经济危机可以认为是 20 世纪 30 年代以来最严重的。就像早期的崩溃催生了大量关于其成因的文献，我们也需要了解最近这次危机的成因。早些时候，我们注意到经济学专业对危机一般都是灾难性的贡献，但是和创新也有很大的关系。金融创新如债务抵押和信用违约掉期发挥了核心作用，引发了“破坏性创造”过程（苏特，第 6 章）。这里不是要说创新研究有助于这些创新，而是我们几乎完全没有提供关于这些创新的任何分析，因此无法提供任何警告。除了一些令人尊敬的学者（如参与最近FINNOV项目的学者），[①]创新研究共同体对银行业自由化后金融创新一直保持异常的沉默。相比之下，社会学家和人类学家发言更多（如 Beunza and Stark，2004；MacKenzie，2006；Tett，2009）。

我们该怎么解释这个“犬不吠的奇异事件”？这部分反映了创新研究学者对制造业和高技术产业创新的持续迷恋。与此相关的是，缺乏关于金融服务创新活动的数据和弥补这一点需要的大量努力。也许还有权限的问题，因为与工业企业相比，银行业对学术研究人员的欢迎程度不高。另外，很多创新研究人员也许因金融产品如金融衍生品的技术复杂性而受阻。年轻的创新研究人员面临的挑战是要克服这些阻碍，并告诉我们金融创新在带来当前经济危机中的作用，以及从中得出使类似事件再次发生的概率最小化的经验教训。

8.3.14　帮助产生一个新的经济学范式[②]——从托勒密经济学到?

伦德瓦尔（第 2 章）和多西（第 5 章）的章节毫无疑问地表明经济学家提供的政策建议对当前的金融危机负有重大责任。主流经济学似乎也没有什么可信的想法让我们走出困境。当前的金融危机和 20 世纪 30 年代的金融危机的相似之处在于将会出现对经济范式转变的强烈需求。因此我们需要讨论根植于经济学的创新学者如何促进这种范式转变。伦德瓦尔（第 2 章）和多西（第 5 章）提出了与范式转变可能相关的一些

① 见 http://www.finnov-fp7.eu/events/finnov-final-conference-2012（下载于 2012 年 11 月 7 日）。

② 这个挑战我再次感谢伦德瓦尔（第 2 章），尽管措辞更多地来自多西（2011）。

想法，因此我建议读者阅读第 2 章、第 5 章和佩雷斯写的第 4 章，在此不做赘述。

我发现现在的经济学家诡异得让人联想到托勒密天文学及其复杂的本轮（epicycles），我的这个观察与 Dosi（2011）类似。对于古希腊人和古罗马人来说，天体应该围绕地球做完美的圆周运动是不需证明的真理。因此为了解释行星运行轨迹的观察结果与其不同的原因，引用了一系列更加复杂的本轮。同样，新古典经济学想尽办法保护均衡、理性代理人、完全信息、效用最大化、有效市场和代表性企业等核心理念。但是面对不断增加的反面证据，尤其是来自创新研究的证据，就不得不引入越来越多的特定“修复性概念”，如有限理性、不完全信息、信息不对称、满意度、前景理论和认知偏差等，简而言之，是尴尬的“本轮”积累。正如 Kuhn（1962）所观察到的，“异常现象”的不断积累通常是正规科学时代结束的前奏和最终过渡到新范式的革命性科学的开端。如果这里是这种情况，那么创新研究学者似乎很有能力帮助构建一个新的，而且更有效的经济学范式，也许是一个包含大量新熊彼特经济学或演化经济学元素的范式（Dosi，2011，第 5 章）。

8.3.15 保持我们的研究诚信、道德和共治

在“科学共和国”（the Republic of Science）的大部分历史中，它都是在“自我监管”的基础上运作。它原有的假设是：不当行为是罕见的，一般都是低水平而且会自我纠正的，因此任何严重的不当行为很快就会被同行评审发现并停止，被抓住的风险和随之而来的严重后果使得几乎没有研究人员会因受诱惑而犯错（Martin，2012b）。但是剽窃（Martin et al.，2007）和研究中的其他不当行为（Martin，2013）不断增多让所有的假设饱受质疑。

作为一个领域，我们曾经幸运的是创新研究的“奠基人”——像弗里曼和纳尔逊等人——不仅做出了巨大的知识贡献，也塑造了我们运作的文化和规范。特别是这些人表现出开放、诚信和知识共享的精神。但是由于经费、职位和学术地位竞争的加剧，已经出现了我们领域的文化可能会变糟的迹象。作为期刊主编，我已经收到了被评阅论文的作者反馈他们的数

据如何未经允许就被使用的抱怨。一些担心自己想法被剽窃的研究人员显然不再愿意在会议期间提交早期的论文草稿。这种行为存在风险，包括弱化“无形学院”，消除提升论文质量及促进学者之间的相互得益（cross-fertilization）（对该领域未来至关重要）的机制。

有时候，也许是迫于最后期限的压力，个人不得不屈服于直接剽窃的诱惑。幸运的是，这种情况似乎较为少见。更常见并且肯定不断增多的现象是“意大利萨拉米香肠片式的出版”（Martin，2013）。随着出版物作为绩效指标越来越多地应用，充分利用自己的研究尽可能多地发表论文的压力也随之而来。因此，有些作者会“把香肠切得很薄”。最糟糕的情况是，这逐渐成为自我剽窃，作者重复使用早期出版物中的材料但是不明确地提醒读者早期工作的存在（Martin，2013）。这就引发了一个问题：“可接受和不可接受的研究行为之间的界限在哪里？”创新研究人员面临的挑战不仅在于确定大家普遍认同的行为边界，而且要确保我们保持管理边界的准则、激励和制裁措施，并因此确保领域持续的诚信。这是我提出的未来几十年创新研究领域的 15 个挑战中的最后一个（总结见表 8.2）。

表 8.2　创新研究领域的 15 个挑战

1	从可见的创新到“暗创新”（不可见的创新）（From visible innovation to “dark innovation”）
2	从“男孩的玩具”到平凡但有效的创新（From “boy’s toys” to mundane but liberating innovations）
3	从国家和区域创新系统到全球创新系统（From national and regional to global systems of innovation）
4	从提高经济生产率的创新到“绿色创新”（From innovation for economic productivity to “green innovation”）
5	从以经济增长为目标的创新到以可持续发展为目标的创新（From innovation for economic growth to innovation for sustainable development）
6	从有风险的创新到担负社会责任的创新（From risky innovation to socially responsible innovation）
7	从以财富创造为目标的创新到以幸福为目标的创新（从“越多越好”到“适可而止”）[From innovation for wealth creation to innovation for wellbeing（or from “more is better” to “enough is enough”）]
8	从“赢者通吃”到“人人公平”？（From “winner takes all” to “fairness for all”?）
9	从政府作为市场失灵的调停者到企业型政府（From government as fixer of failures to the entrepreneurial state）
10	从基于信仰的政策（以及基于政策的证据）到基于证据的政策？[From faith-based policy（and policy-based evidence）to evidence-based policy?]

续表

11	刺破学术泡沫（Pricking academic bubbles）
12	避免学科僵化（Avoiding disciplinary sclerosis）
13	识别当前经济危机的成因（Identifying the causes of the current economic crisis）
14	帮助产生一个新的经济学范式——从托勒密经济学到？？？（Helping to generate a new paradigm for economics—from Ptolemaic economics to???）
15	保持我们的研究诚信、道德和共治（Maintaining our research integrity, morality, and collegiality）

8.4 总结

鉴于创新研究领域的发展已经有半个世纪的历史，现在正是一个恰当的时候让我们回顾和反思我们已取得的成就，同时展望和讨论下一个需要解决的重大挑战，更广泛地说，是我们渴望将这一领域变成什么样子。2012 年 2 月举行的伦德瓦尔研讨会为开展这项工作提供了一个合适的机会。创新研究领域 50 年来取得了长足的进步，已经成为一个充满活力的，并有一份长长的、令人印象深刻的成就清单的研究团体（Fagerberg et al.，2012a，2012b；Martin，2012a），然而已获得的学术地位也带来了“中年化”和遵循既定方式的危机。

在本章中，我认为我们实证研究的重点并不能总跟上快速变化的世界和经济，尤其是无法跟上制造业向服务业的转型，以及对可持续发展和经济增长的日益增加的需求。此外，我们对“创新”概念化、定义、实施和分析的方式可能过多根植于过去，这使我们无法应对其他不太明显或“黑暗”的创新形式。对金融创新的相对忽视使我们在分析当前的金融危机和日益扩大的贫富差距，以及如果将来要避免类似的问题对经济学该如何从根本上进行重组或甚至转变为何种新的范式，贡献甚微。

最后，我再次强调，文中列出的 15 项挑战的清单并不是试图开药方。我的目的是与其他人开展一场辩论，如伦德瓦尔和本书的其他作者。我现在希望，这场辩论一旦开启，它将可能通过非正式的讨论，以及正式的讲习班或会议讨论，甚至是通过期刊论文或者其他出版物延续下去。这样的辩论可以塑造将来几十年的创新研究。

致谢

本章始于 2009 年一场展示创新研究在过去 50 年里所取得的 20 项重大进展的演讲，演讲中弗兰克・吉尔斯（Frank Geels）的一个问题促使我开始思考创新研究领域未来的发展。之后，与彼拉・奥拉基（Piera Morlacchi）的合作使我进一步思考了这个问题（Morlacchi and Martin，2009）。然而，直到被邀请参加伦德瓦尔研讨会并阅读了本特-奥克・伦德瓦尔、斯坦缪勒和其他人的文章，我才受到启发提出本文的观点。在这个过程中，我借鉴了玛丽安娜・马祖卡托的工作（2013b），利用了 2012 年经济合作与发展组织关于"变革中的创新地理"研讨会的成果，并吸收了最后的"金融、创新和增长"（FINNOV）会议上的报告。所有这些都促成了我在这里阐述的观点。我很感谢以上所有人对我的启发。我可能在阅读和聆听他人的过程中获得了更多的灵感；如果我没有直接标注引用，我为此道歉。本文还受益于卡帝・劳尔森（Keld Laursen）等在伦德瓦尔研讨会上对早期初稿的意见，此外詹・法格博格、欧文・费勒（Irwin Feller）、弗兰克・吉尔斯和安迪・斯特林（Andy Stirling）等也对早期初稿提出了宝贵的建议。关于本文的一个更长更详细的版本目前正在准备中，其中确定了 20 项挑战（Martin，2012c）。

参 考 文 献

Bailard, C. S. (2010). 'Mobile Phone Diffusion and Corruption in Africa', Liberation Technologies Seminar Series, Stanford University, 14 October (downloaded on 6 December 2012 from <http://iis-db.stanford.edu/evnts/6254/Mobile_Phone_Diffusion_CB.pdf>).

Beunza, D. and Stark, D. (2004). 'Tools of the Trade: The Socio-Technology of Arbitrage in a Wall Street Trading Room', *Industrial and Corporate Change*, 13: 369-400.

Castellacci, F. (2008). 'Technological Paradigms, Regimes and Trajectories: Manufacturing and Service Industries in a New Taxonomy', *Research Policy*, 37: 978-94.

Dosi, G. (2011). 'Economic Coordination and Dynamics: Some Elements of an Alternative "Evolutionary" Paradigm', Institute for New Economic Thinking (downloaded on 9

November 2012from<http://ineteconomics.org/blog/inet/giovanni-dosi-response-john-kay-elements-evolutionary-paradigm>).

Dosi, G., Llerena, P., and Labini, M. S. (2006). 'The Relationships between Science, Technologies and their Industrial Exploitation: A n Illustration through the Myths and Realities of the So-Called "European Paradox"', *Research Policy*, 35: 1450-64.

Easterlin, R. A. (1974). 'Does Economic Growth Improve the Human Lot? Some Empirical Evidence', in P. A. David and M. W. Reder (eds), *Nations and Households in Economic Growth: Essays in Honor of Moses Abramovitz*. New York: Academic Press, 89-125.

Easterlin, R. A., McVey, L. A., Switek, M., Sawangfa, O., and Zweig, J. S. (2010). 'The Happiness-Income Paradox Revisited', *Proceedings of the National Academy of Sciences*, 107: 22463- 68.

Evangelista, R. (2000). 'Sectoral Patterns of Technological Change in Services', *Economics of Innovation and New Technology*, 9: 183-221.

Fagerberg, J. and Verspagen, B. (2009). 'Innovation Studies—The Emerging Structure of a New Scientifi c Field', *Research Policy*, 38: 218-33.

Fagerberg, J., Fosaas, M., and Sapprasert, K. (2012a). 'Innovation: Exploring the Knowledge Base', *Research Policy*, 41: 1132-53.

Fagerberg, J., Landström, H., and Martin, B. R. (2012b). 'Exploring the Emerging Knowledge Base of "the Knowledge Society"', *Research Policy*, 41: 1121-31.

Frank, R. H. and Cook, P. L. (1995). *The Winner-Take-All Society: Why the Few at the Top Get so Much More than the Rest of Us*. New York: Free Press.

Geels, F. W. (2002). 'Technological Transitions as Evolutionary Reconfi guration Processes: a Multi-Level Perspective and a Case-Study', *Research Policy*, 31: 1257-74.

Gupta, A. K., Sinha, R., Koradia, D., Patel, R., Parmar, M., Rohit, P., Patel, H., Patel, K., Chand, V. S., James, T. J., Chandan, A., Patel, M., Prakash, T. N., and Vivekanandan, P. (2003). 'Mobilizing Grassroots' Technological Innovations and Traditional Knowledge, Values and Institutions: Articulating Social and Ethical Capital', *Futures*, 35: 975-87.

Hellström, T. (2003). 'Systemic Innovation and Risk: Technology Assessment and the Challenge of Responsible Innovation', *Technology in Society*, 25: 369-84.

Hilbert, D. (1902). 'Mathematical Problems', Bulletin of the American Mathematical Society, 8 (10): 437-79 (previously published in German in *Göttinger Nachrichten* (1900): 253-97, and *Archiv der Mathematik und Physik*, 1 (3rd series, 1901): 44-63 and 213-37).

Jansen, J. J. P., Van Den Bosch, F. A. J., Volberda, H. W. (2006). 'Exploratory Innovation,

Exploitative Innovation, and Performance: Effects of Organisational Antecedents and Environmental Moderators', *Management Science*, 52: 1661-74.

Kline, S. J. and Rosenberg, N. (1986). 'An Overview of Innovation', in R. Landau and N. Rosenberg (eds), *The Positive Sum Strategy: Harnessing Technology for Economic Growth*. Washington, DC: National Academy of Sciences, 275-305.

Kuhn, T. S. (1962 / 70). *The Structure of Scientific Revolutions*. Chicago: University of Chicago Press.

MacKenzie, D. (2006). *An Engine, Not a Camera: How Financial Models Shape Markets*. Cambridge, MA: MIT Press.

Martin, B. R. (2010). 'Science Policy Research—Having an Impact on Policy?', OHE Seminar Briefi ng, No. 7, Office of Health Economics, London (downloaded on 6 December 2012 from<http://www.ohe.org/publications/article/science-policyresearch-having-an-impact-on-policy-14.cfm>).

Martin, B. R. (2012a). 'The Evolution of Science Policy and Innovation Studies', *Research Policy*, 41: 1219-39.

Martin, B. R. (2012b). 'Does Peer Review Work as a Self-Policing Mechanism in Preventing Misconduct: A Case Study of a Serial Plagiarist', in N. H. Steneck and A. Mayer (eds). *Promoting Research Integrity on a Global Basis*. London and Singapore: World Scientific Publishing/ Imperial College Press, 97-114.

Martin, B. R. (2012c). 'Twenty Challenges for Innovation Studies', working paper, SPRU, University of Sussex.

Martin, B. R. (2013). 'Whither Research Integrity? Plagiarism, Self-Plagiarism and Coercive Citation in an Age of Research Assessment', *Research Policy*, 42: 1005-174.

Martin, B. R. et al. (2007). 'Keeping Plagiarism at Bay—a Salutary Tale', *Research Policy*, 36: 905-11.

Mazzucato, M. (2013b). *The Entrepreneurial State*. London: Demos.

Morduch, J. (1999). 'The Microfinance Promise', *Journal of Economic Literature*, 37: 1569-614.

Morlacchi, P. and Martin, B. R. (2009). 'Emerging Challenges for Science, Technology and Innovation Policy Research: A Reflexive Overview', *Research Policy*, 38: 571-82.

Nelson, R. R. (2012). 'Some Features of Research by Economists on Technological Change Foreshadowed by *The Rate and Direction of Inventive Activity*', in J. Lerner and S. Stern (eds), *The Rate and Direction of Inventive Activity Revisited*. Chicago: University of Chicago Press, 35-41.

Owen, R. and Goldberg, N. (2010). 'Responsible Innovation: A Pilot Study with the U.K. Engineering and Physical Sciences Research Council', *Risk Analysis*, 30: 1699-707.

Perez, C. (2002). *Technological Revolutions and Financial Capital: The Dynamics of Bubbles and Golden Ages*. Cheltenham and Northampton, MA: Elgar.

Stirling, A. (2008). ' "Opening Up" and "Closing Down"—Power, Participation, and Pluralism in the Social Appraisal of Technology', *Science, Technology, & Human Values*, 33: 262-94.

Stirling, A. (2012). 'Opening Up the Politics of Knowledge and Power in Bioscience', *PloS Biology*, 19: e1001233.

Tett, G. (2009). *Fool's Gold: How Unrestrained Greed Corrupted a Dream, Shattered Global Markets and Unleashed a Catastrophe*. London: Little, Brown.

Utz, A. and Dahlman, C. (2007). 'Promoting Inclusive Innovation in India', in M. A. Dutz (ed.), *Unleashing India's Innovation: Towards Sustainable and Inclusive Growth*. Washington, DC: World Bank, 105-28.

von Schomberg, R. (ed.) (2011). *Towards Responsible Research and Innovation in the Information and Communication Technologies and Security Technologies Field*, Luxembourg: European Commission (downloaded on 6 December 2012 from<http://ec.europa.eu/research/science-society/document_library/pdf_06/meprapport-2011_en.pdf>).

Zeschky, M., Widenmayer, B., Gassman, O. (2011). 'Frugal Innovation in Emerging Markets', *Research Technology Management*, 54 (4): 38-45.

第 9 章　对创新研究工作和从事创新研究人员的反思

理查德·纳尔逊（Richard R. Nelson）

我的使命是回顾前面章节的内容，以及对创新研究领域现状的反思和对未来发展方向的讨论。

首先要注意到，当今不同的学术共同体对创新的多个方面进行了研究。本书将这些研究集结在一起，或许是此类著作中最大的和最多样化的成果。在这里，学者讨论的广泛议题包括将创新视作过程的研究、支持和塑造创新的制度、创新对社会整体特别是对经济的影响，以及与科学、技术和创新相关的公共政策问题。共同体的很大一部分与特别关注这些话题的中心和机构有关系。

还有其他领域的学术共同体研究创新和科技动力学。科学社会学是现代社会学的重要组成部分。科学史的研究有悠久的历史传统，而技术史的研究是近期的事情。商学院有相当一部分学者研究创新管理，经济学系至少有小部分学者在研究技术变革经济学。

我注意到，与其他学术共同体相比，我们的学科交叉更多，研究的议题更加广泛。同时，多年来本领域内发展出一套使我们的研究更紧密的共享概念和语言体系。但另一方面，我们的学术部门趋于被排斥在以专业院系和职业学院为主的主流大学结构之外。我随后将讨论这一问题。

虽然我们的兴趣范围非常广泛，但本书的作者提出的将来研究的议程具有浓厚的经济学特征。这并不奇怪。本书的很多作者都有经济学的学术背景，另一些来自其他背景的研究人员也表现出对创新的经济活动和经济效益的巨大兴趣。当前经济的萎靡不振很明显促使了这些学者和本领域的其他学者从事这一方向的研究。

本书的多个章节阐述了现代经济如何在不同维度运行，以及如何将现代经济的运行体系理论化。在大多数情况下，作者认为现代经济在一些重要方面的表现不是很好，并且所有作者认为他们观察到的现代主流经济分析对现代经济运行的理解非常不充分。

对标准经济学缺乏热情的一个核心原因，其实是后者不能充分认识到创新作为经济活动和结果推动者的重要性。无须赘述，我同意这一观点。然而，我方阵营的学者倾向于夸大创新对经济的影响，将涉及众多因素的正在发生的经济现象归功于或归咎于创新。

本书几个章节的中心主题是，近几年在许多国家，无论是高收入国家还是低收入国家，创新驱动的经济发展几乎无助于降低贫困的发生率，并且各种形式的贫困无疑实际已经增加了。这肯定属实，并且引起了担忧。但一些作者或明或暗地陆续指出，这在很大程度上是各种正在发生的创新的一种结果，有效地应对这一问题需要对已经发生的创新再明确地进行定位。这一论点使我感到不安，有以下几个原因。

我承认在许多国家中，可能的是，某些推动经济发展的创新是收入分配不均等的一个肇因。然而，据我的判断，在改善公司的组织和管理模式上，创新在这一方面已经起到了最重要的作用；最突出的是金融行业，以及制造业和非金融服务业，并非技术创新。这些类型的创新并不是我方阵营的学者主要的研究内容，随后我会详细说明。此外，还有许多其他的事情进展顺利。特别在许多国家，政府的政策对缓解贫困起到了作用。我认为，经济发展可能已经大幅降低了贫困率，甚至考虑到提供不同政策下的多种创新驱动。相关地，我建议我们无须改变有效应对贫困问题的创新类型。现有的五花八门的政策几乎都取得了进展，问题是这些政策能否被用在恰当的地方。

我也想提醒我的同事，至少对于目前我们已知和未知的事情来说，以一个可靠的方式改变创新的方向是一件非常困难的事情。在这种特殊的情况下，目前还不清楚哪种创新在减少贫困的问题上特别有效。即使我们知道答案，我们的知识和能力对于想要改变社会已有的创新类型也是非常有限的。想要做这些可能天生就非常困难。很清楚的是，目前在任何情况下我们都没有足够的知识去解决如何做的问题。

这一讨论让我深入创新研究的三个重要领域，创新研究界在这些领域中还有很多工作去做：其一是在创新方面对技术的研究还很有限；其二是哪些因素作用于各种创新的产生，以及我们能够如何影响这些因素；其三是我们需要更好地了解什么决定了创新成果是被更广泛地享有还是很大程度上服务于特定的群体和利益关系。

大多数参与到本书编著中的学者都对科学技术政策产生了极大的兴趣。他们对创新的兴趣有广泛的动因，这意味着他们研究的创新几乎已经完全是新技术的核心内容：新化学品与流程的发展、医药、计算机、通用的电子设备、炼钢过程等。熊彼特在 100 多年前提出的不同类型的创新列表中，将新产品和其生产过程的创新排在列表前端。但他的创新也包括工作组织的新模式、市场运行的新方法，以及许多与目前至少在一定程度上涉及新技术实践不同的内容。创新领域的学者几乎很少在这方面进行研究。

我们在商学院的同事已经做了一些更出色的工作。钱德勒（Chandler）的精彩研究开辟了商业组织和管理的演进这一研究领域，并且有一些学者追随了他的脚步。但作为创新的一般领域——商业组织的模式和管理实践仍缺乏探索。如果我的判断是正确的，即这些创新在过去的半个世纪里已经对经济发展的性质和结果产生了重大影响，那么创新研究学者是时候在这方面投入更多的工作了。

我注意到本书前面的几个章节认为我们需要在创新服务方面投入更多的研究，我对此赞同。但与我的论点并不是一回事。一方面，我所关注的是包括制造业在内的经济领域范围内的各种类型的组织和管理创新；另一方面，对于在不同部门发生了哪些类型的创新及其原因和后果这一问题，是非常有必要研究的。

我的第二个建议是：创新学者需要做更大量的工作去理解不同类型的

创新得以产生的深层次因素，以及影响创新不同方向的因素和政策。正如前几章所建议的，当今的创新学者应比25年前的学者更深刻地理解社会中产生的创新类型的决定因素和体系。现在我们清楚地认识到创新受需求和供给两方面因素的共同影响。需求侧因素——客户有兴趣购买什么（可通过如何体现在潜在的创新者激励中得以改进）；供给侧因素，如科学知识状态和能够被允许的可用的技术能力。这两个方面也包括在技术范式和轨迹的概念之中。当前创新系统概念的广泛使用涉及扩大对涉事活动者的认识，包括价值链不同位置的公司，以及他们的客户、大学和政府机构，还有他们之间的互动模式。

虽然该理论的主体部分有助于我们了解或理性思考一些问题，比如，激发已研究领域的能源技术和产业结构变革的各种创新，但是我们在提供关于如何改变管理体制以改善全球变暖的有根据的建议方面，仍有很长的路要走。与许多经济部门的同事相比，我们的理解更为深刻，需要做的远比简单地“制定正确的价格”要多。但是我们没有自信能够提出合理建议，哪怕是指出其他的问题。这是创新学者面临的一个主要挑战。

我注意到正如其他章节所反映的问题一样，本书涉及的学者对于创新所持有的兴趣主要源于他们坚信创新是经济发展的关键驱动力（包括高收入和低收入国家），也源于他们坚信经济发展的益处应该被广泛共享。从他们对创新的经济价值和相关机制的信仰来看，他们是广义的熊彼特主张者。现代创新学者在创新系统概念中对现代资本主义复杂制度结构的认知已经大大超出了熊彼特。然而，尽管认识到创新驱动的经济发展涉及创造性破坏，但他们在对这一过程和其利弊的研究中并没有明显超过熊彼特的理论，也没有提出有效措施以避免最严重后果的产生。更普遍的是，几乎没有人仔细研究创新的速度和模式如何影响经济体中的不同群体。

因此，除少数特例外，这一阵营的创新学者只做了少量的“扩散”研究。对在新产品和新工艺中的应用如何出现与发展以及用户群如何运作，几乎没有系统的研究。虽然我们越来越普遍地将发展作为一个“学习”过程，大部分的研究学习一直着眼于企业如何学习，而不是关注群体如何学习，该群体的就业和技能模式已被创新侵蚀，也没有帮助他们学会如何让自己高效地开展新生活。正如我之前提及的，对有希望使创新驱动经济发展更具包容性的政府政策的研究太少，更普遍的是，需要有更多人研究创新驱动的经济发展的分配效应，以及影响分配的各种因素。

我们在这一议题上取得进展的能力在某种程度上取决于我们争取其他研究创新的共同体有兴趣参与我们的研究的能力，并与他们一起工作。我已指出，我们对“技术”创新的研究是不够的。如果我们扩大研究范围，并以充分的理由将组织和管理创新包括其中，那么与商学院学者在这些创新研究领域更紧密的合作是有显著优势的。目前两个团队之间的信息沟通是开放的，但在我看来是相当有限的——在此开展更多的合作肯定会富有成效。

相比之下，对发生的各类型创新的影响因素的研究一直是我们研究内容的重要组成部分。问题在于我们在发生之前对影响该种创新的力量和变量有宽泛的理解，从那时起，对这一理解的深化仍然很少。我认为对这条路更清晰的理解几乎肯定会包括详尽的历史研究，也可能需要对创新共同体的相关成员如何互动以发现共享的视角或技术范式有更好的理解。与历史学家一起工作的优势之大令我震惊。我们与历史学家和社会学家在创新研究领域的现有关系是非常友好的，但不是特别活跃。

特别是我已经涉足的第三个研究领域——研究旨在了解创新驱动发展过程的分配效应——让我们更紧密地融入经济学家研究的问题中，并且我们必将受益于能够借鉴他们的知识并进行研究合作。然而，由于共同体内的学者对这些问题的了解都足够深，近年来我们与主流经济学家的关系并不十分友好，合作更是少之又少。

在我看来，本领域未来几年的价值如何，将会强烈受到我们与潜在合作伙伴关系如何演变的影响。在本章之前的部分，我聚焦于重要领域研究质量和数量更多相互作用下的收益。但学术团体之间的关系也会强烈影响学者的流动。我相信如果我们能从其他领域中吸引和聘用一批最好的年轻学者，我们将大大受益。如果商学院、历史和社会部门、经济部门及研究机构能成为潜在雇主，本领域的博士生也将获益。目前跨领域的流动虽然存在，但程度比较有限。

目前，本领域思想活跃、高度跨学科化并多样化。有很多出色的研究正在进行当中，并且我们的一些训练项目也非常好。然而，我们的项目倾向于相对独立于其他有助我们更有效交流的学术团体，以及我们新引进的学者一大部分都是本土的。这既是因为我们还没有特别有效地将在其他地方受训的一流年轻学者引入和整合在我们的研究团队内，也是因为我们训练好的年轻学者往往没有其他机构可以前往。因此本领域有变得狭窄（同质化）的危险，虽然这尚未发生，但我们需要警惕这种危险。

最后，我也要承认，以我们当前自身的创新研究能力，面对未来一段时间内吃紧的学术预算，保持我们的学术地位会很吃力，除非能与更广泛的创新研究领域的学者建立更紧密的联系。作为科学技术政策学术研究的主要群体，我们在领域内的专业知识是受到认可和重视的。虽然在艰难的时刻通常会受到学术官员的保护，但我们在学术机构中的位置往往处于核心之外。目前很少有本领域之外的学者充分了解我们在做什么，并且很少有学者倾向于积极地支持我们。多与处在核心位置的其他创新领域的学者们加强联系将有助于保护我们。我认为在未来的几年中我们需要这样一种帮助。

第 10 章　精明增长与包容性增长：重新思考政府的作用及风险-收益关系

玛丽安娜·马祖卡托（Mariana Mazzucato）

最近，国家层面及跨国层面上的经济增长（EC，2011；OECD，2012）都强调了对创新型经济学家的渴求，以期更好地理解为什么在创新领域以具有高投资率而著称的时期（例如，20 世纪 90 年代在互联网、纳米技术和生物技术等领域的高投资时期）往往伴随着不平等的急速加剧。本章认为在经历一个世纪的独立研究后，这一挑战需要我们重启兼顾创新与不平等的研究。我也认为重新展开对不平等的讨论需要重新思考一个问题："创新系统"型政策所引导的政府对"价值创造"的投资如何为纳税人创造更加直接的回报，并缩小由少数人进行的"价值萃取"（value extraction）的范围?

10.1　创新与不平等

作为一门学科，经济学的起源与哲学及政治学理论不同，是随着工业革命的到来及其对分配问题的影响而产生的，这种起源与哲学及政治学理论相对独立。亚当·斯密、卡尔·马克思和大卫·李嘉图等古典经济学家充分意识到了创新和分配问题从根本上是紧密联系的，但随着对创新感兴趣的经济学家更加关注诸如技术、学习及能力的动力等领域，久而久之，二者不再被联系在一起，从而使得分配和不平等问题主要由经济学家用传统的新古典方法进行研究。近年来，通过所谓的“新”增长理论（Aghion et al.，1999；Acemoglu，2002），创新和不平等之间的关系正得到越来越多的关注。按照这一方法，20 世纪应该被理解为是由技术工人供应的快速增长所促进的技能型技术变革的时期，这反映了教育的高回报，也衍生出了技能互补技术。然而在美国，从 2000 年到 2007 年，90% 的底层工薪阶层实际收入仅仅增长了 4%，那些在收入顶端 0.1% 的人群的收入却攀升了 94%（Atkinson et al.，2011）。仅仅从技术的角度解释这种激剧的增长现实吗？再者，尽管提出了与技能和技术相关的重要经验性问题，此方法仍完全脱离创新实际上如何发生的。

正是这一挑战激励 Lazonick 和 Mazzucato（2012）在一个关注创新动力特点的框架内将创新和不平等联系在一起的。我们聚焦创新的“集体性”、“不确定性”及“积累性”特点，这也是创新共同体在文献方面做出的贡献（Dosi et al.，1997）。我们认为对所有集体成员而言，当来自（不确定的）创新过程的奖金分配反映了成员对该过程贡献的分布时，创新可能会降低不公平。然而如果一些成员获得与他们的贡献不匹配的奖金报酬，创新则趋向于加剧不平等。由于创新是“积累的”，除非存在减缓这一过程的政策，否则不当报酬可能占有非常大的部分——基本上是累积（分配）曲线下方的整体面积。

然而应该强调的是，这只是一种方法，肯定还有许多其他以创新为中心的方法有助于我们理解不平等。

10.2　创新和政府——修补市场失灵与构建创新系统之外还要做什么

虽然创新可以带来经济增长是显而易见的，但是增长红利是否会在那些参与投资的人之间共享还未可知。如何认知政府的角色是其中一个问题。特别是政府在创新“生态系统”中的角色仍然被认为主要是“为创新创造条件”，不太被强调其在私人部门不愿涉足的高风险和不确定性的领域中的投资角色。这是因为，尽管“创新系统”理论取得了成功（Lundvall,

1992；Nelson，2007），但是人们仍然主要基于传统的新古典“市场失灵”理论去理解政府的角色。政府对大部分激进性新技术的上下游领域的积极干预很难通过市场失灵理论来解释（Mazzucato，2013b）。

市场失灵理论从个人收益和社会收益之间的差额来讨论“风险”，这可能是源于物品的“公共”属性或者不同类别的外部性（Laffont，2008）。这是被用来为政府的基础研究投入做出解释的古典理论观点。然而在许多发达经济体中，约占公共部门投资 75% 的任务导向型投资却很难借此得到解释（Mowery，2012；Mazzucato，2013b）。无论是“登月”，还是发展互联网［通过美国国防部高级研究计划局（DARPA）实施］，这些任务都不是由私人-社会收益差额所驱动，而是由本章讨论的政府直接目标所驱动。的确，几乎所有的通用技术基本上都是政府资助的。每一个互联网（技术）当然都有许多次失败。不愿意经历失败，就不会有成功。

其实不仅仅“研究”是这样。虽然很多人把风险资本和商业天使投资或者风险投资联系在一起，但实际上，在包括硅谷在内的许多国家和地区，也经常是公共基金而非私人基金弥补了高风险资金缺口。例如，在那些资本密集度高、市场／技术风险高的绿色科技领域里，实际上非常缺乏私人风险投资。这是因为风险资本家更偏好于投资那些能在 3～5 年的时期里产生回报的低风险领域。事实上，Pisano（2006）认为风险投资的“短期主义”使得风险投资模式不适合驱动科学领域的创新，如纳米技术，因为这类创新都需要较长的时间。

将政府看作主要的风险承担者会引出一个问题，即我们是否已经有合适的风险－回报关系。可以说考虑政府的直接回报并不恰当，因为政府已经通过税收体系间接获得了投资回报。然而现实中的逃税避税的现象非常普遍（并且实际上不会消失），全球资本流动又非常频繁，这意味着特定地区可能不会从投资创新中在就业创造上获得好处，因而上述论点有待商榷。

的确，苹果电脑就是一个例子。苹果公司从美国政府的 SBIR 项目中获得了早期资金，并且所有使得苹果手机更加“智能”的科技都是政府资助的，如互联网、GPS、触屏显示，甚至是最新的 Siri 语音激活个人助手功能（Roush，2010；Breakthrough，2012）。然而苹果公司采取了常用的避税做法，大大降低了需向政府缴纳的税款。根据美国《纽约时报》的调查，苹果公司在内华达州的里诺市成立子公司，这是因为内华达州不征收公司收入或资本利得税，从而可以避免向其公司总部所在的加利福尼亚州政府交税。据报道，从 2006 年起，苹果公司获得了 25 亿美元的利润和股息红利，但是为了避免向加利福尼亚州政府缴纳资本利得税，这些报告都是在内华达州发布的（Duhigg and Kocieniewski，2012）。可以说，如果苹果等公司能够在它们创造价值（发现、设计、销售、营销等）的地方充分披露它们的美元收益，那么加利福尼亚州政府的财政赤字就会显著减少。

应该怎么办呢？对于因政府定向的干预措施而出现的科技突破，政府有可能通过保留一小部分知识产权的所有权来获得部分财务回报，这就是 Burlamaqui（2012）所建议的“黄金股份”。这不是说政府应该拥有独占性许可证，也不是占有创新价值的一大部分，因为这都会阻碍创新的广泛传播。但是政府应该探讨是否有可能保留它曾有助于创造的一部分价值，久而久之，就可以产生显著的价值并随后重新进行经济成长型投资。再者，贷款和补助金可以附加一些条件，如和学生贷款类似，可按收入比例返还贷款（ICL）。当然，也可以持有部分普通股，比如，芬兰主要的公共资助机构之一——SITRA 保留了对诺基亚早期投资的股权，这样产生的收益可以被用于资助其他新公司。由政府投资银行保留股权也非常重要。德国国家投资银行（KWF）和巴西发展银行（BNDES），不仅提供重要的反周期贷款，而且帮助指导一些私人资本不敢轻易进入的关键新领域的投资，如可再生能源（GWEC，2012）。

因此，需要更多地去思考如何奖励成功的投资，成功的投资既可以弥补部分最终损失（在创新中不可避免），也可以为将来的投资筹集资金。就算在互联网上的公共投资只有 1% 的回报，今天也会有更多的钱投资到绿色科技中。虽然很多人担心政府“有目的”，但实际上问题不在于政府应不应该扮演这个角色，而在于政府能否从这种做法中得到足够的酬劳。

10.3 寄生性还是共生性生态系统？

最后，我想强调另外一个可能有助于指导我们的创新群体研究的问题：我们怎么能够确定创新系统是共生而不是寄生的？也就是说，在这一生态系统中，政府投资增加会导致私人投资减少使留存利润聚焦于促进股价等，而非人力资本形成和研发领域吗？

通常这种问题是以“挤出效应”理论为框架的，这一理论假设政府积极的投资策略存在危险性，因为这样会耗尽有价值的资源，从而导致私有部门只能通过它们自己的投资计划来支持研发活动（Friedman，1979）。凯恩斯主义者曾经反驳过政府投入会挤出私人投资这一观点，并强调这只会在资源被充分利用时发生。然而这一问题又引出一个更深的话题：政府经常投资的与创新有关的领域，包括上游的基础研究和下游的公司融资（如果投资正确），是私人资本即便有资源也不愿投资的领域。商业投资不是被储蓄限制了，而是被勇气的缺乏所限制（或者如凯恩斯主义者所说的“动物精神”）。但是倘若由于公共资本弥补了这一缺口，私人资本那种充满潜在勇气的一面恰好减少又会怎么样？这又是一个不同于“挤出效应”的问题，也是为了防止私人资本在研发等领域减少投资而必须解决的问题，而且在某些领域，这已经是一个明显的趋势。

在制药业中，确实存在政府增加研发等部门的投资、私有部门减少投资的趋势。例如，在过去 10 年中，美国国立卫生研究院（NIH）投资了 3000 多亿美元（仅 2012 年就投资了 310 亿美元），但私人制药公司逐渐减少了制药研究，而致力于将留存利润用于发展、市场及股票回购。一些学者用研发的生产力危机来证明研究开支减少的合理性，然而其他学者，如 Angell（2004，《新英格兰医学杂志》的前编辑）一直坚持认为大部分关键性新药出自公立实验室，而私人制药公司则更加关注“我也有新的药品”（如现有药品的稍微变化）和营销。大制药公司的首席执行官已经承认，缩小规模或者在某些情况下撤销他们的研发实验室是因为他们相信在“开放式创新”中大多数研究工作是由小的生物科技公司或者公立实验室完成的（FT，2011）。因此他们更关注从外部寻求新知识，而不是资助内部研发。然而，同时他们也将大量资金用于回购自己的股票——提高股价的策略之一。例如，最大的生物制药公司安进公司从 1992 年开始每年都会回购股票，2002 年以来每年（除了有一年例外）回购股票的成本都超过了研发支出（Lazonick and Tulum，2011）。顶级生物制药公司逐渐减少研发支出，同时增加股票回购投入，而同时政府投入越来越多，这一事实使得这一特定的创新生态系统更像是寄生关系而不是共生关系。的确，过去 10 年，财富 500 强企业已在股票回购上花费了 3 万亿美元。虽然最大的回购者（尤其是在石油行业或者制药业）宣称这是由于缺乏新的投资机会，实际上大多数情况下，有新机会（伴随着高的市场和技术风险）时最昂贵（如资本密集型）的投资如制药和生物再生领域，都是由公共部门投资的（GWEC，2012）。这提出了一个问题，即所谓的“开放式创新”是否处于功能失调的险境。

不幸的是，同样的问题在新兴的清洁能源科技领域似乎也出现了。2010 年，美国能源创新理事会（AEIC，一个工业协会）要求美国政府每年增加 3 倍于当前投入的 160 亿美元用于清洁能源科技领域，并另外给先进能源项目机构（ARPA-E）10 亿美元。然而 AEIC 的公司从 2001 年到 2010 年用于股票回购的资金不低于 2370 亿美元。AEIC 的主要董事来自那些 2011 年总的纯收入为 370 亿美元及总的研发投资将近 160 亿美元的公司。他们相信他们自己公司巨大的资源还不足以培育更伟大的清洁能源科技创新，这一情况也体现了现实中正在发生的事情（Mazzucato，2013）。

10.4 总结

本章提出了关于创新和不平等之间关系的一些启发性的想法，可以为未来相关研究提供一些指导。人们认为只有通过创新共同体直接干预二者之间的关系（这也是古典经济学的核心）才有希望获得不仅是“精明的”增长，而且是“包容性”的增长。这需要重新思考政府在创新生态系统中的角色（如跳出弥补失败的窘境或者创造良好的环境条件）来探究公共部门是否从高风险、使命导向型的投资中获得足够的回报，以及怎么样限制那些不道德的公司获取价值以使创新生态系统更加共生而不是寄生。

参考文献

Acemoglu, D. (2002). ‘Technical Change, Inequality and the Labor Market’, *Journal of Economic Literature*, 40: 7-72.

Aghion, P., Caroli, E., and Garcia-Penalosa, C. (1999). ‘Inequality and Economic Growth: The

Perspective of the New Growth Theories', *Journal of Economic Literature*, 37: 1615-60.

Angell, M. (2004). *The Truth Behind the Drug Companies*. New York: Random House.

Atkinson, A., Piketty, T., and Saez, E. (2011). 'Top Incomes in the Long Run of History', *Journal of Economic Literature*, 49: 3-71.

Breakthrough Institute (2012). 'Where Do Good Technologies Come From?' (downloaded May 2013 from <http://thebreakthrough.org/archive/presentation_where_good_techno>).

Burlamaqui, L. (2012). 'Knowledge Governance: An Analytical Perspective and its Policy Implications', in L. Burlamaqui, A. C. Castro, and R. Kattel (eds), *Knowledge Governance: Reasserting the Public Interest*. London: Anthem Press, 3-26.

Dosi, G., Malerba, F., Marsili, O., and Orsenigo, L. (1997). 'Industrial Structures and Dynamics: Evidence, Interpretation and Puzzles', *Industrial and Corporate Change*, 6: 3-24.

Duhigg, C. and Kocieniewski, D. (2012). 'How Apple Sidesteps Billions in Taxes', The New York Times iEconomy Series (downloaded on 1 November 2012 from <http://ec.europa.eu/research/innovation-union/pdf/state-of-the-union/2011/state_of_the_innovation_union_2011_brochure_en.pdf#view=fi t&pagemode=none>).

European Commission (2011), 'State of the Innovation Union' (downloaded on 1 November 2012 from <http://ec.europa.eu/research/innovation-union/pdf/state-ofthe-union/2011/state_of_the_innovation_union_2011_brochure_en.pdf#view=fi t&pagemode=none>).

Friedman, B. M. (1979). 'Crowding Out Or Crowding In? The Economic Consequences of Financing Government Defi cits', NBER Working Paper, 284.

GWEC (2012), 'Global Wind Report: Annual Market Update 2011', GWEC.org, Global Wind Energy Council, March, Web 19 July (downloaded on 30 November 2012 from <http://www.gwec.net/fileadmin/documents/NewsDocuments/Annual_report_2011_lowres.pdf>).

Laffont, J.-J. (2008), 'Externalities', in S. N. Durlauf, and L. E. Blume (eds), *The New Palgrave Dictionary of Economics*. London: Palgrave.

Lazonick, W. and Mazzucato, M. (2012), 'The Risk-Reward Nexus in Innovation', Industrial and Corporate Change (forthcoming) (downloaded May 2013 from < http://www.policy-network.net/publications_detail.aspx?ID=4201>).

Lazonick, W. and Tulum, O. (2011). 'US Biopharmaceutical Finance and the Sustainability of the Biotech Business Model', *Research Policy*, 40: 1170-87.

Lundvall, B.-? (ed.) (1992). *National Systems of Innovation: Towards a Theory of Innovation and Interactive Learning*. London: Pinter Publishers.

Mazzucato, M. (2013a). 'Towards a Fairer Capitalism: Let's Burst the 1% Bubble', The

Guardian, 16 January (downloaded on 18 January 2013 from <http://www.guardian.co.uk/commentisfree/2013/jan/15/fairer-capitalism-bubble-value-creation>).

Mazzucato, M. (2013b). *The Entrepreneurial State: Debunking Private vs. Public Sector Myths*. London: Anthem Press. London: DEMOS.

Mowery, D. C. (2012). 'Defense-Related R&D as a Model for "Grand Challenges" Technology Policies', *Research Policy*, 41: 1703-15.

Nelson, R. R. (2007). 'Building Effective "Innovation Systems" Versus Dealing With "Market Failures" as Ways of Thinking About Technology Policy', 20 October mimeo.

OECD (2012). 'Promoting Inclusive Growth: Challenges and Policies' (downloaded on 18 January 2013 from <http://www.oecd.org/eco/labourmarketshumancapital andinequality/promotinginclusivegrowthchallengesandpolicies.htm>).

Pisano, G. P. (2006). 'Can Science Be a Business? Lessons from Biotech', *Harvard Business Review*, 84: 114-25.

Roush, W. (2010). 'The Story of Siri, from Birth at SRI to Acquisition by Apple—Virtual Personal Assistants Go Mobile', Xconomy.com, 14 June (downloaded on 2 July 2012 from <http://www.xconomy.com/san-francisco/2010/06/14/thestory-of-siri-from-birth-at-sri-to-acquisition-by-apple-virtual-personal-assistantsgo-mobile/>).

第 11 章　未来的研究议程

本特－奥克·伦德瓦尔（Bengt-Åke Lundvall）

11.1　引言

创新研究领域的进步需要团队形式的集体研究，这样可以给不同学科背景、研究风格和应用方法能力的研究人员提供多样化的空间。领域内的主要进步都与大型研究项目有关。Yale 研究、Sappho 项目和 MIKE 项目都对我们理解创新做出了巨大贡献。起到同样作用的还有由纳尔逊和伦德瓦尔组织的国家创新系统合作项目。

20 世纪 90 年代中期，欧洲框架计划集结了创新研究最活跃的欧洲机构中的学者来成立几个大型项目。全球创新学术网络及其年度会议已经成为几个应用创新于经济发展的大型研究项目的服务平台。由乔斯·卡西奥拉托（Jose Cassiolato）协调的“金砖五国”项目联合了来自巴西、俄罗斯、印度、中国和南非的著名学者，他们研究了这些新兴经济体中创新的作用。由迪克·纳尔逊协调的追赶项目主要研究如何在特定部门实现追赶。还包括另一个全球性的项目——研究高校在创新系统中所扮演角色的 Unidev 项目——在内，这些项目对重新诠释创新如何影响经济发展起到了重要作用（Lundvall et al.，2011）。

另外要说明的是学生参与大型项目是一种理想的研究训练形式，因为他们可以在为项目做贡献的同时结合项目完成自己的论文工作。在导师的指导下的学徒式学习可能为学生提供出国访问其他研究团队的机会。

专门成立项目来解决已有问题和新出现的问题是挑战旧理论的一种方式，这可以在旧的理论和工具不足以解决问题时促进理论和新工具的发展。聘用世界不同地区的初级和高级学者参与主要项目将有助于确保在创新这一研究领域继续开辟新的天地，并且持续吸引有创造力和好奇心的学生。

11.2 研究项目和研究问题

接下来，我将从10个方面概述集体项目，在这些方面，以问题为基础的项目或许会成为巩固和发展创新研究这一领域的重要基石。我选择的项目反映了我认为创新研究所面临的重大全球挑战和被忽视的问题，也体现了我从本书其他章节获得的灵感。选择不是排他性的——与所提议的项目并行的还会有很多由需求驱动的关于创新管理、区域和部门创新系统、国际竞争力等的应用研究。

11.2.1 在全球化背景下重新定义国家创新系统和互动式学习的角色

在寻找创新研究理论内核的过程中，第2章将“创新是一个互动过程”作为创新的一个可以与其内核相关联的概念，与由此产生的国家创新系统概念有关。至少有两个原因导致需要批判性地重新审视这些基本定义。

首先，国家层面的治理和监管承受的压力日益凸显。这反映了一个事实，即技术和经济正变得越来越国际化，而国家仍保持通过教育、劳动力市场政策和福利措施来发展人力资源的架构。未来将如何解决这个矛盾仍不清楚。就如斯坦缪勒所说，我们不能排除可能出现向民族主义和贸易保护主义策略退步的结果。

其次，创新过程中的重要环节所处的地理位置正变得越来越分散。美国和欧洲的大型跨国企业正将研发部门放在中国；而越来越多的“金砖五国”跨国企业正在硅谷以及美国和欧洲的其他高科技产业园区设立研发部门。

该项目可以专注于研究全球范围内运营的跨国企业，但同时也要考虑不同国家里创新系统的具体情况和政府所扮演的角色。最终目标是要测试在新的、更加全球化的背景下，运作交互式学习与国家创新系统等概念的有效性。

11.2.2　创业型和学习型的国家

各国政府在不同的国家系统中的做法迥然不同，这与国家和市场的简单刻板印象形成鲜明对比。这个项目将跨国界对比对创新有直接或间接影响的国家活动的目标、过程和成果。为了使其具有操作性，该项目可能会比较政府在研究、卫生和教育等领域中所扮演的不同角色。该项目可能会对响应型和创业型功能有所区分。它也可能研究政府在设计公共政策时会多大程度上系统性地利用从研究中获得的知识。这个问题在本书由佩雷斯所著的第 4 章中作为一个研究主题被提了出来。

11.2.3　信息科技时代的家庭生活

信息技术在传媒和通信设备领域的应用使得当代的家庭生活发生了巨大改变。这包括马丁提到的男孩玩具和家用技术。信息技术让美国中产阶级家庭的屋子里堆满了先进的电子设备，也让在北京工作的农村务工人员可以用手机和他的家人交流。

关于家用技术对不同任务完成时间所产生的影响的早期研究发现了一些令人惊奇的结果。比如，使用新电子设备节省的时间经常会被用来维护该电子设备。理解在向信息密集型家庭转变的不同阶段技术如何影响性别维度、孩童教育和家庭开放度是非常重要的。当然，技术使用和家庭生活组织之间并不存在简单机械的因果关系。可能具有影响效果的情境变量与工作中的性别平等、教育系统等因素有关。这个项目的成果可以反馈给监管机构、内容制作商和软件开发商。

11.2.4　经济发展和工作组织

当商业领域越来越全球化时，工作范围却依旧越来越局限于本地。从贫穷区域移居到富有区域要承受很大压力，但是高收入国家仍在设置移居障碍，这可从工作组织的国家间差异中反映出来。我与洛伦茨、瓦莱尔等合作的一系列论文分析了欧洲不同地区的工作组织。欧洲范围内国家间对比的重要结果包括两方面：第一，不同的欧洲国家在工作场所获得学习的渠道存在巨大的差异；第二，我们发现拥有大量自主学习职位的国家在创新方面更趋于活跃。

在全球范围内开展这种分析具有巨大的潜力。在发展中国家，很难通过企业调研问卷获得工作组织和学习的可靠数据，而一个更加实际的策略通常是减少对统计学数据分析的依赖，同时增加对案例的研究。如果将欧洲工作状况调查问卷设计成让雇员在他们的主要住所接受一对一的访谈，那么这是否可以获得可靠的统计资料就变得非常有趣。这种方法的另一个优势是它有助于获得对于雇员在非正规部门里工作、创新和学习的见解。数个非洲国家都有超过 50% 的家庭在非正规部门工作，因此在创新的扩散和使用过程中理解非正规部门和正规部门的互动机制非常重要。

11.2.5　欧元危机和南欧的追赶

对于如何解决欧元危机的建议并不少见，但是大多数建议要么是关于未来财政同盟的抽象想法，要么是关于欧洲中央银行如何才能成为欧洲的中央银行。当前的策略把向周围国家进行财政转移与实施严苛的国家紧缩与私有化的方案结合起来。该策略假设危机背后的结构性紧张状态可以通过减少工资和公共支出的方式得以解决。这个项目试图寻找造成这些紧张的其他原因。破坏南欧国家追赶上北欧国家竞争力的外围的创新和能力建设系统的特征是什么？社会能力的何种要素和制度变迁的何种形式是实现追赶的必要条件呢？这个项目应该引入来自欧洲不同地区的学者和欧洲以外地区的学者。其中的一个目的是要发展使得欧洲项目成为可能的战略，另一个目的是揭示创新视角的实用性。

11.2.6　金融产业复合体、金融创新及其对增长和稳定的贡献

该项目需要重要的社会学家、政治学家、创新学者、金融专家和金融机构的通力合作。最终目标是要分析金融业如何才能服务社会：一方面引导储蓄资金投入创新和投资，另一方面促进国内贸易和跨国贸易。

这个项目将把特定国家的“金融产业复合体”作为共享某些基本理念的共同体进行研究；也会分析影响公众和政府的各种机制。金融产业复合体如何民主地控制？重要机构的国有化是必须要走的一步吗？除此之外，其他的问题与“金融创新”和评估机构相关联，涉及特定创新的传播效用和传播风险的评估、通过信息技术实现投机自动化的效果的评估、国家监管政治制度与全球化运营的银行之间紧张关系的评估。这个项目也可能会研究金融全球化如何影响中小企业创新资金来源的机制，这里的中小企业特指在当地的、非大都市环境中运营的中小企业。该项目也会考虑建立一个全新的全球金融架构的可能性，在此架构中新兴经济体根据其对世界经济贡献的重要程度分饰不同的角色。

11.2.7　军工产业复合体、战争和新技术

本书的其他章节未提过的一个破坏性创造案例是可以实现远程杀戮的新式武器的发展过程。在侦查和消灭敌人方面，无人驾驶飞机的发展和信息技术的使用对阻碍战争发生有重大效果。

关于工业界、国防部和军队之间的合作如何影响新技术发展的研究项目有助于弄清新技术的发展轨迹是如何形成的。该项目另一个非常重要的原因是民用和军用的技术发展之间存在相互外溢性。如果缺乏有威信的公众支持，这样的项目很难进行设计，因为这可能会存在被认为损害国家利益而遭受指责的风险。然而，战争是一项对民主国家的公民造成巨大影响的活动，因此公民应当享有知情权。

11.2.8　绿色创新和可持续发展

人类社会未来将面临的最严重的威胁之一就是对减小或消除造成全球变暖的二氧化碳所做的努力还不够。本书的其他几个章节也提及了这个挑战。应该开展一个大型研究项目，其重点是研究和比较某些特定的可再生能源的技术路线图，如太阳能、风能和水电。这个项目要同样重视科学理论基础的演化，新技术解决方案的提供，以及中间用户和终端用户的角色。它会识别锁定（lock-in）的情况，此时为了使变革方向更令人满意，外部干预可能是必要的。也可以对有助于促进创新和开拓新机遇的公共政策进行案例研究。

这个项目的目标是厘清可再生能源技术在发展、应用、使用和扩散的过程中存在的最重要的障碍。项目可以扩展到全球层面，分析可再生能源技术在北半球和南半球的应用。关于经济效益和知识共享的一个主要问题是对全球协作的需求，以及实现正和博弈合作的可能性。

11.2.9 移民和创新

从根本上来说，人比任何其他事物都要重要。今后，跨越边界，甚至跨越大洋的流动模式将塑造创新的未来。历史上英国曾经鼓励欧洲大陆的铁匠移民到英国，来帮助英国建立第一座炼铁厂与枪工厂，英国工业革命也因此大大加速。目前来看，不同地区的人口发展极不均衡。北非国家年轻人的比例强劲增长的同时，南欧国家的出生率却很低。地中海两岸国家的年轻人失业率很高的同时，欧洲国家的收入却更高，增加了一些移民的愿望和其他人欢迎新移民的意愿之间的紧张关系。

这个研究项目应该考虑移民带来的人才循环、人才流失和人才流入。这个视角有助于发展国际合作新形式，可提供正和博弈。一个需要解决的现实问题是，在富有国家的专利受到保护的同时，贫穷国家技术移民的离开和知识的移出却没有获得任何补偿。①

11.2.10 个人和集体创造力的来源和障碍

此领域的一个有趣的集体项目汇集了不同领域学者的知识，比如，试图弄清楚大脑如何对刺激做出反应的神经科学家，以及研究文化与宗教在支持或阻断创造性思维过程中作用的研究人员。不同的教育系统、组织形

① 需要注意的是，技术创新在解决对人类非常重要的问题，如其在欧盟危机、金融危机、军事技术、可持续发展和人口结构失衡等问题时发挥的巨大作用。但目前最重要的问题不是缺少技术创新，而是治理某些问题时当下主流采用的民族国家治理框架和全球治理需要之间的矛盾。人们很容易将民族国家治理框架视为自然现象并实践“方法论的民族主义”。但也存在将全球化视为产生人类进步的不定向过程的倾向。以上两个观点似乎都没有指出全球可持续发展的路径。当下是多层次治理系统呼唤创新治理方案的时代。否则多种危机可能会持续存在，而且会引起民族主义回归和贸易保护主义抬头。在这样的情况下，技术创新的破坏性可能会超出其创造性。技术创新会更多地被用于与其他创新对抗或竞争，而应对全球挑战时非常关键的知识共享却不复存在。因此我建议挪威政府设立一个新的机构——挪威全球治理创新监测站（the Norwegian Observatory for Global Governance Innovation，NOGGI），该机构主要用于提出和传播有助于世界经济、生态和社会可持续发展的基于研究的全球治理改革理念。

式和激励机制是怎样促进集体创造力的呢？只有创造阶层在从事创造性的工作吗？经验的多样性和与他人在组织内、组织间互动的多样性会在多大程度上促进创造呢？另一个子主题可以聚焦在能够从创造性产业和文化性产业获得的知识或经验的方面。建筑业可能是一个有趣的案例，在此领域建筑师的创造性作品通常会与最终建筑物相差甚远。重要的或许是建筑业长期以来一直以低生产率和缺乏生产工艺创新为特征。

11.3　关于创新研究未来的最后评论

以上列出的有待研究的主题清单表明还有很多可以从事的有趣项目。这些研究项目都将需要国际性和跨学科的学者团队，而且这些研究会产生一些新见解，将为下一代创新学者打好基础。如果创新研究能恰当使用多种方法工具，并且合理搭配团队里的博士生和初级、高级学者，那么就能够在保证创新研究不仅得以留存而且将继续作为精彩的工作领域的同时，让创新研究使世界发生显著改变。

这一点非常重要，因为做研究应该是有趣的，至少大部分时间是这样的！创新研究的工作团队有一个独特的积极特征，即在会议和培训活动中形成了批判性的辩论与友好宽容的氛围相结合的文化。这样的文化反映了该领域的奠基人——弗里曼、纳尔逊和其他学者——设定的高标准，尤其是在鼓励和指导年轻学者方面。我们在讨论创新研究未来的基础设施和研究训练的时候，应该意识到我们所继承的这些无形资产是珍贵无价的，我们要竭尽全力将它们传承下去。

参考文献

Lundvall, B.-Å, Joseph, K.J., Chaminade, C., and Vang, J. (2011). *Handbook of Innovation Systems and Developing Countries: Building Domestic Capabilities in a Global Setting*. London: Edward Elgar.